二战全史

THE HISTORY OF WORLD WAR II

《二战全史》编委会　编著

中国铁道出版社有限公司
CHINA RAILWAY PUBLISHING HOUSE CO., LTD.

图书在版编目（CIP）数据

二战全史 /《二战全史》编委会编著 .—北京：中国铁道出版社有限公司，2021.4（2024.5 重印）
ISBN 978-7-113-25918-1

Ⅰ . ①二… Ⅱ . ①二… Ⅲ . ①第二次世界大战 - 历史
Ⅳ . ① K152

中国版本图书馆 CIP 数据核字（2019）第 111284 号

书　名：二战全史
ERZHAN QUANSHI
编　著：《二战全史》编委会

策划编辑：田　军　　读者热线：（010）51873038
责任编辑：刘建玮　叶凯娜
封面设计：刘　莎
责任印制：赵星辰

出版发行：中国铁道出版社有限公司（100054，北京市西城区右安门西街 8 号）
印　刷：三河市航远印刷有限公司
版　次：2021 年 4 月第 1 版　2024 年 5 月第 8 次印刷
开　本：787 mm×1 092 mm　1/16　印张：24.5　字数：490 千
书　号：ISBN 978-7-113-25918-1
定　价：72.00 元

前 言 | 二战全史

The History of World War II

第二次世界大战是以德意志第三帝国、日本帝国、意大利王国三个法西斯轴心国和匈牙利王国、罗马尼亚王国、保加利亚王国等仆从国为一方，以反法西斯同盟和全世界反法西斯力量为另一方进行的第二次全球规模的战争。

这是一场空前的关乎人类命运的大较量。亘古以来，人类还从来没有面临过如此惊险的抉择。面对突如其来的疯狂挑战，正义者没有退缩，他们选择了抗争，选择了强力的应战方式。

战争范围从欧洲到亚洲，从大西洋到太平洋，先后有 61 个国家和地区、20 亿以上的人口卷入战争，作战区域面积达 2200 万平方公里。据不完全统计，战争中军民共伤亡 9000 余万人，5 万多亿美元付诸东流，是人类历史上规模最大的世界战争。

第二次世界大战最后以中国、苏联、美国、英国等反法西斯国家和世界人民战胜法西斯侵略者、赢得世界和平与进步而告终。同时，第二次世界大战带动了航空技术、原子能、重炮等领域的发展与进步，客观上推动了科学技术的发展。

可是，令人嗟叹的却是从第一次世界大战结束到第二次世界大战爆发，二者相隔才不到 20 年的时间。为什么人们没有从刚刚结束的那场浩劫中汲取足够的教训呢？

第一次世界大战后战败国被处置，这极大地伤害了战败国人民的自尊，而在战后经济危机的打击下，这种伤害极容易被当地的独裁统治者加以利用，独裁者要做的，仅是为本国人民的愤怒树立一个合适的标靶，并将其说成是一切罪恶的根源。而在战胜国方面，他们开始对此并不十分在意，他们那时注意的是战败国是否还在履行他们曾经签署的协议，是否还在偿付他们要求的赔款，而当战败国的集权力量发展到一定程度并开始威胁其利益时，他们想的并不是马上扑灭这股力量，而是如何将其引向自己的敌人，因而他们愿意为保护自己利益付出更多的代价——特别是当这些代价是由别人来代为付出时。

从第二次世界大战的爆发过程不难看出，这次战争的爆发是一个渐进的过程。很多次，只要当事人能够说一个“不”字，或者仅是能够一声不响地站在天平的另一侧，人类的命

运就会从此被改写，而这只能是一个推想。历史的残酷之处即在于：它以或动或静的姿态出现在人们面前，但后来的人们却永远不能改变什么，被污辱与被损害的人们的嘶喊将永远在历史的长廊里回响。

在阿拉曼战役纪念馆外阵亡将士的陵园中，有这样一篇碑文最令人深思，那是一位阵亡将士的母亲由衷的表白，其中充满了一个普通百姓对暴力和战争最强烈的控诉。让我们一起静静地聆听这感人肺腑的话语："对于世界，你只是一名普通士兵；对于家庭，你却是我的全部。"是啊，这里表面上埋葬的只是一个在战争中牺牲的普通战士的尸体，但实际上，它却也一同埋葬了一位母亲的全部希望与欢乐。

70 多年过去了，当年激烈交战的轴心国和同盟国早已化干戈为玉帛，和平与发展成为当今时代的主题。然而，当我们沐浴着新技术革命的曙光，奔向灿烂未来的时候，我们却发现，战争的幽灵并没有走远，和平的愿望仍旧可能随时遭到践踏。

确实，两次世界大战结束后，全球性战争尚未发生，但局部战争和地区冲突却此起彼伏，从未间断。从朝鲜半岛到越南密林，从海湾港口到阿富汗山区，到处火光冲天、硝烟弥漫。有资料显示，在第二次世界大战结束后的几十年里，世界上共发生各种局部战争和武装冲突 180 场以上，造成的生命和财产损失更是已远远超过了两次世界大战。

回顾历史是我们不可推诿的责任，而了解军事斗争历史，寻找战争与和平的内在规律，更是兵家学者及一切爱好和平人士的共同心愿。特别是当今世界，随着以信息技术为核心的高新技术在军事领域的广泛应用，新军事变革风起云涌，不少国家凭借其军事上的高科技优势，已经悄然挑起了一场以质量建设为核心的新一轮世界军备竞赛。在这种情况下，我们更没有理由忘记过去，更没有理由对潜在的战争阴影盲目乐观，掉以轻心。

目 录 | 二战全史

The History of World War II

第一章 乱世崛起的意大利独裁者

受俄国十月革命的巨大影响，从 1919 年起，意大利工人运动走向高潮。在工人阶级汹涌澎湃的革命浪潮前，意大利的掌权者们慌了手脚，他们并非不想镇压，实在是力不从心。意大利需要一个“英雄人物”，需要一个“救星”来挽救他们的命运。这个人物就是本尼托·墨索里尼……

第二章 边陲小镇走来的流浪汉

当战胜的协约国在 1919 年创造发疯的《凡尔赛和约》时，他们也创造了希特勒。1918 年，德国相信了美国总统威尔逊的“十四点意见”，“光荣地”放下了武器。协约国把“十四点意见”看作一纸空文，草拟了一份合约，瓜分了德国，制造了一个欧洲的政治经济疯人院。

第三章 日本军国主义的幽灵笼罩远东

第一次世界大战结束后，日本成为真正的赢家，其势力范围和经济得到飞速发展。在巴黎和会上，日本以大国身份参加，成为新的国际秩序的制定者之一。

第四章 中国共产党发出抗日救国呼号，开启局部抗战

在中国共产党的积极促进和各方爱国人士与全国人民的不懈努力下，以国共两党第二次合作为基础的抗日民族统一战线终于初步形成。抗日民族统一战线的初步形成，奠定了中华民族抗战的政治基础。国共两党着眼于各自的实际情况，分别从不同方面加快了全国抗战的准备。

第五章　法西斯魔爪张开

1939 年 9 月 1 日凌晨 4 时 40 分，德国空军开始轰炸波兰本土。仅过了 5 分钟之后，德国的地面部队即越过德波边界向波兰境内挺进，而与此同时，在清晨的薄雾中，一艘德国旧式战列舰开始炮轰位于韦斯特普拉特的波兰要塞。第二次世界大战在欧洲爆发了。

第六章　日本全面侵华

1937 年 7 月 7 日夜，日军在北平西南卢沟桥附近演习时，借口一名士兵“失踪”，要求进入宛平县城搜查，遭到中国守军第 29 军严词拒绝。日军遂向中国守军开枪射击，又炮轰宛平城。第 29 军奋起抗战。日本全面侵华战争由此开始……

第七章　德国入侵法兰西

战胜者对战败国德国的苛刻勒索，埋下了复仇的种子。德国人在忍受痛苦的同时，暗暗地积攒力量，准备在适当的时机，卷土重来。

第八章　不列颠的危急时刻

希特勒在 1939 年秋决定向西欧发动攻势时，他天真地相信法国一旦被击败，英国就会接受和谈。于是他频频向英国人摇晃橄榄枝，还通过瑞典和梵蒂冈教廷向伦敦做出和平试探，但他听到的回答始终是一个坚决的“不”字。于是，德国对英的作战计划开始形成，这个计划被定名为“海狮”作战计划。

第九章　开拓东方战线

1941 年 6 月 22 日，当 300 万德国军队从 1500 公里的战线上发起突然袭击时，苏联部队几乎毫无准备，大量指战员在睡梦中就牺牲了。德军闪电般的快速进攻的势头持续了一个多月，大量苏军主力野战军还没有展开作战就已经被合围……

第十章　血染莫斯科

为夺取莫斯科，德军制订了代号为“台风”的作战计划，企图先将莫斯科正面的苏军分为两个包围圈加以歼灭，然后顺势攻占莫斯科。希特勒狂妄叫嚣：“我们下一个进攻的目标就是莫斯科！莫斯科将在冬季到来之前被毁灭，完全从地球上抹掉！”

第十一章　太平洋战争爆发

日本帝国统治者为了建立他们梦寐以求的所谓“大东亚共荣圈”，南下太平洋成了其最重要的战略目标，而美国则是他们实现这一梦想的一大障碍。珍珠港是当时美国在太平洋上最大的海军基地，也是美国太平洋舰队的主要驻扎地。由此，珍珠港成为日本攻击美国太平洋舰队的聚焦之地。

第十二章　日军向南突进

“明治维新”后，日本国力迅速膨胀，一举踏入世界强国之列。日本坚持逢强必霸的强盗信仰，忘记了自身作为一个自然资源极为匮乏的岛国，没有油田，缺少煤炭，铜铁等主要矿产资源稀少，农产品较为单调，其国民主产业以农耕及手工小作坊生产为主这一系列先天不足的条件，开始做起“大日本帝国梦”。

第十三章　中途岛大海战

中途岛位于太平洋中部，是北美和亚洲之间的海上和空中交通要道。1942 年 4 月 18 日，美军杜利特尔航空队空袭东京后，日本认为威胁来自中途岛，遂决心对中途岛发起进攻。可是令日军没有想到的是，他们的一举一动早已在美军的掌握之中……

第十四章　斯大林格勒保卫战

经受了 200 个日日夜夜战火洗礼的斯大林格勒，骄傲地屹立在伏尔加河畔，屹立在世界人民的心中。人们从这里清楚地看到了世界反法西斯战争胜利的曙光。这次决战是世界反法西斯力量由暂时退却转入全面反攻的起点，也是法西斯军队由疯狂进攻走向全面崩溃的标志。

第十五章　日本法西斯日落黄昏

中途岛海战后仅仅两个月，美国和日本便不约而同地把目光瞄向了南太平洋地区一座默默无闻的小岛——瓜达尔卡纳尔岛，一场空前规模的大战由此爆发了。

第十六章　盟军北非大反攻

英军在阿拉曼战线展开全面进攻，隆美尔企图实施边打边撤的计划，然而希特勒“不成功，毋宁死”的命令只能令他的计划胎死腹中。当生存的希望变得日渐渺茫之时，隆美尔终于下定决心违抗一次元首的命令，幸存下来的部队开始向富卡防线缓缓撤退。

第十七章　意大利投降

1942 年末，战争形势已经发生了根本性的转变，盟军在北非势如破竹，美英联军登陆北非摩洛哥和阿尔及利亚。至 1943 年 5 月，多谋善断的艾森豪威尔将军和具有血胆英豪之称的巴顿将军率领的美军，与亚历山大和蒙哥马利率领的英军密切配合，一举击败北非的德意联军，并俘虏了 13 万意军和德军。

第十八章　诺曼底登陆

在法国西部，从挪威到西班牙数千公里的大西洋沿岸，德军在两年多时间里，构筑了一道有相当防御能力的防线——“大西洋壁垒”，防线的重点设在加莱地区，因此诺曼底一带的工事比较薄弱。盟军经过反复分析研究，最终确定将诺曼底地区的奥恩河口到科唐坦半岛南端的地域，作为盟军的登陆地域。

第十九章　对德国法西斯的最后进击

希特勒做梦都没有想到，几年之后，当初被自己打得落花流水的“俄国熊”重新奋起，乃至攻守易势，将他和他的最高军事统帅部撵回到柏林——这个标有狗熊城徽的城市里。

第二十章　远东终局

日本天皇宣布投降的诏书在广播之后，日本举国上下一片悲号之声。他们听惯了广播中传来的“皇军”捷报，而这一次，却是足以令大和民族精神支柱崩溃的消息。但是，不知日本人民有没有意识到，从此之后，尽管他们不能靠蹂躏别的民族而生存，但他们的孩子再也不用充当肉弹，他们再也不用担心夜晚会响起警报，那令人生畏的原子弹再也不会光顾日本。

第一章

乱世崛起的意大利独裁者

1918 年，第一次世界大战以协约国一方的胜利而宣告结束。不过大战过去，新的噩梦却开始了。在战争结束时，战胜国和战败国一样，几乎都面临经济崩溃、资源枯竭的窘境。作为协约国一员的意大利，面临的形势尤其严峻。

受俄国十月革命的巨大影响，从 1919 年起，意大利工人运动走向高潮。在工人阶级汹涌澎湃的革命浪潮前，意大利的掌权者们慌了手脚，他们并非不想镇压，实在是力不从心。意大利需要一个“英雄人物”，需要一个“救星”来挽救他们的命运。这个人物就是本尼托·墨索里尼……

No.1 工作和面包

1918 年 11 月，第一次世界大战的战局开始扭转，德国代表在德法边界的贡比涅森林里的一节火车厢里，垂头丧气地签署了投降书，第一次世界大战以协约国一方的胜利而宣告结束。

大战过去，新的噩梦开始。在战争结束时，战胜国和战败国一样，几乎都面临经济崩溃、资源枯竭的窘境。

作为协约国一员的意大利，面临的形势尤其严峻。意大利动员了 527 万人参加了战争，其中 65 万人死亡，约 100 万人员伤残，战时军费耗资达 460 亿里拉。付出了如此惨重代价的意大利，举国上下在胜利的狂热中觉醒，人们渴望和平的到来，更对即将到手的胜利果实，翘首企盼。但是，意大利战后政局动荡不安。

德国签署停战协定之后，意大利大批军人从前线返回原籍，工作成了棘手的问题，大部分士兵无法找到工作，或失业在家，或流浪街头。

▼ 1918 年第一次世界大战结束后，被遗弃的战壕。

战争使本来就比较落后的意大利经济受到严重破坏。战时物资奇缺，人们生活水平大大下降，战后，人们狂热地购买各种商品，而生产力水平一时无法得到恢复，从而导致物价飞涨。

这些问题突出体现在复员军人身上，“要面包，要工作”成了他们的迫切要求，这也是意大利极为严重的社会问题。

受俄国十月社会主义革命的巨大影响，从1919年起，意大利工人运动走向高潮，主力军便是退伍军人。罢工浪潮迭起。1919年，罢工人数是150万；1920年，增加到220万。罢工的规模和方式也步步升级。

传统的罢工方式是工人走出工厂，走上街头游行示威。但这已经不能够满足工人们的需求，工人们开始发动起来夺取工厂。工人们组织武装赤卫队保卫工厂，自己组织起来管理工厂，组织生产经营。意大利北部的许多工厂、矿山都掌握在工人手中。

在工人阶级汹涌澎湃的革命浪潮前，意大利的掌权者们慌了手脚，他们并非不想镇压，实在是力不从心。当时的意大利总理吉欧利蒂坐卧不安，狼狈至极。

意大利需要一个“英雄人物”，需要一个“救星”来“挽救”他们的命运。

这个人物早已准备多时，他就是本尼托·墨索里尼。他是参加过第一次世界大战的意大利“爱国者”，也是第二次世界大战中荼毒世界的法西斯主义的肇始者——当人们总结第二次世界大战的经验教训的时候，不能不把目光回溯到更遥远的过去。

风暴不是突然降临的，大风起于青萍之末。

本尼托·墨索里尼生于1883年7月29日，父亲是意大利东北部弗利省普雷达皮奥区的一名铁匠，名叫亚历山大·墨索里尼。

虽然安家在亚平宁山脉脚下的穷乡僻壤，但是铁匠亚历山大·墨索里尼却并没有被眼前泥泞不堪的土路蒙住眼睛，他的铁匠铺也成为一个“地区活动中心”。每天，都有很多戴着加里波第式帽子、系着黑色老式领带、蓄着胡子的工人们（这是当时革命者的一般装束）聚集在铁匠铺里，兴致勃勃地讨论政治问题，铁匠铺的长子小墨索里尼就在旁边静静地听着。

老墨索里尼认为自由是无比重要的，他信奉无政府主义，不太把政府权威放在眼里。由于他经常发表一些对意大利社会不满的攻击性言论以及与当局警察作对，所以难逃一场3年之久的牢狱之灾。虽不务正业，但老墨索里尼却有一套笼络人心的本事。他自己穷得家徒四壁、四处借钱，却把钱财看得很淡，并且乐于接济自己的朋友，再加上他善于慷慨陈词，演说富于煽动性，敢率领伙伴砸碎选举箱，甚至恐吓保皇派的警察人员，又不怕坐牢监禁，因而在普雷达皮奥一带小有名气，并被推选为本地区的社会议员。

▲ 14 岁时的墨索里尼外表一副桀骜不驯的神情。

对现实的不满，让老墨索里尼把希望寄托在儿子本尼托・墨索里尼身上，他把自己所接触的思想意识，不加筛选地灌输给本尼托・墨索里尼。后来爬到权力顶峰的墨索里尼回忆其父亲时说，父亲的影响对他个人的性格及信仰形成作用极大。这真应了一句话："有其父必有其子。"

在老墨索里尼铁匠铺的隔壁，是小墨索里尼的母亲罗莎・玛尔托妮用来教书维持生计的地方。夫妻两个，一个不正经打铁，一个教书获取微薄的收入，家境并不富裕，因此，小墨索里尼被母亲送进了法恩扎教会学校。这个学校是一个慈善机构，穷人的孩子可以寄宿到学校。平时喜欢读伟人传记、以恺撒为偶像的小墨索里尼虽然喜爱读书，但是他受不了教会学校里的刻板制度：每天早上 6 点起床，晚上 10 点熄灯，定时休息，一切都要服从教士们的安排，不得违反，否则就会受到惩罚。例如早晨起床后要去做弥撒，但是小墨索里尼是个自由散漫成性的人，他拒绝按学校规定的时间做弥撒。

另外，在教会学校里，小墨索里尼并没有体会到上帝面前人人平等的原则，反倒是感受到非常大的不公平。法恩扎教会学校的学生分上、中、下三个等级，上等级的伙食费是 60 里拉，中等级为 45 里拉，下等级为 30 里拉。不同等级享受不同的伙食，而且就餐座位也不在一起。

加上其他方面的挫折，小墨索里尼的自尊心受到巨大伤害，也使他产生了强烈的报复心理。他常常想，一旦时来运转，飞黄腾达，他或许可以建立恺撒那样的功绩。他要成为"恺撒"，向这个不公平的世界发泄所受的不公平待遇。于是他愤怒地退学了。

小墨索里尼从学校离开，回到铁匠铺里。从此以后，他就与正规的学校教育无缘了。

意大利革命志士加里波第为人民的自由和解放，将人民鼓动起来，让大家团结在萨瓦议院的周围。之后，人们对国事就更加关心了。但是，新王国的出现，粮食和就业问题仍然没有得到解决，人们仍然要面对饥饿和失业。并且，新政府还效仿其他国家，滥用财政经费，妄图用穷兵黩武的政策在非洲建立殖民地，转移国内矛盾。意大利在维克多・伊曼纽尔三世的统治下，境况没有丝毫改变，跟意大利未获得独立之前毫无两样，意大利工人的不满情绪与日俱增。而且，他们认为执政当局完全背叛了加里波第的理想，每个人都蓄势待发，非常愤怒。

在铁匠铺的耳濡目染之下，小墨索里尼对政治产生了浓厚的兴趣。并且，随着见多识广，他还有了自己的认识。他认为，思想是为人服务的，不管什么思想，无论是巴枯宁、马志尼，还是马克思的思想，只要能给工人阶级指出一条光明道路，他就坚决拥护。

▲ 1904 年，移民瑞士时的墨索里尼。

小墨索里尼的家乡经常有各种重要人物藏匿，这里的人们常常冒着被捕或者杀头的危险，去保护这些人物，防止他们被政府逮捕。小墨索里尼曾经听他父亲讲过，1848 年意大利统一运动后，领导人加里波第被逐出罗马，政府曾以重金悬赏他的人头。加里波第于是逃到弗利省普雷达皮奥地区，也就是墨索里尼的家乡。这里的人们热心地为他安排藏身之处，整个地区的人们都知道加里波第藏在什么地方，可是没有一个人向罗马当局告密。家乡的这种气氛也深深地影响了本尼托，凡是因政治原因逃避警察追捕而投靠墨索里尼铁匠铺的人，都逃不过他的眼睛。

社会在动荡，失业队伍越来越庞大。普雷达皮奥地区也不可避免，动荡越来越激烈，尤其是那些因机器增多而失业的工人们，更是惶惶不可终日。

19 世纪末 20 世纪初，经济危机连锁反应，几乎席卷整个欧洲。为了活下去，意大利有几百万人移居南美洲和美国。在小墨索里尼 15 岁那年，他所在的村庄里，也有一些村民背井离乡，去巴西谋生。这时候，小墨索里尼刚刚获得了小学教师资格证，但也找不到工作。于是，他也决定走出去。

如果在外面的世界能够找到合适的安身之所，可能本尼托·墨索里尼只是众多意大利移民中的一员，安分地度过一生。遗憾的是，去往异乡的墨索里尼面对的将是更艰难的境况，以至于他甚至开始想念贫瘠的家乡。

世界性的经济危机，没有地方能够幸免。

No.2 活跃的工人领袖

1902 年 6 月，日本的伊藤博文即将第二次出任枢密院议长，十几岁的希特勒也尚未对政治产生浓厚兴趣。在意大利，本尼托·墨索里尼开始流亡生活。但是瑞士，并非意大利移民的天堂。

墨索里尼四处流浪，失业是家常便饭，意大利移民自发组织起的俱乐部是他赖以栖身的主要地方。在俱乐部，墨索里尼常常就意大利的社会问题慷慨陈词，居然打动了咖啡厅的听众。事后大家推举本尼托为“洛桑建筑工人及手工业者协会”秘书长。每当大楼竣工时，大家便请他到楼顶去插旗帜，以示竣工。这让墨索里尼尝到了受人崇拜是怎样一种味道。

1903 年 6 月，墨索里尼跑到伯尔尼，组织那里的石匠举行了一次罢工，伯尔尼市警察与罢工的石匠展开了肉搏战，警方出动万余名警察，并临时增添了保安人员，才将这场风波平息。警方逮捕了一批活跃分子，对他们逐个进行秘密审讯，拷问罢工的组织者。

▲时任《前进报》编辑的墨索里尼。

慌乱之中的墨索里尼逃到苏黎世进行政治避难，在那里墨索里尼被选为流亡者和革命者办的《前进报》的编辑。一天上午，他拆开一个邮件，大吃一惊，继而欣喜若狂，原来是意大利决定对全部逃往国外的政治避难者和逃避兵役犯实施大赦。

回乡与家人团聚，这是浪迹多年的墨索里尼求之不得的事。很快，在瓦拉诺·迪科斯塔——这个普雷达皮奥区的小镇，墨索里尼一家团圆了。

然而，按照大赦条件，回国探亲的墨索里尼的罪名虽被解除了，徒刑赦免了，但是回国后还得服兵役，墨索里尼被第 10 特种兵团征召了。墨索里尼在军队的集体生活里如鱼得水，训练刻苦，因为他喜欢有战斗力的部队。入伍不久，连里训练时举行赛跑，他跑在最前面，后来，又举行跳高比赛，他又夺得了第一名。

墨索里尼善于长跑的美誉很快传开了，这也提高了他在连队里的威望。

1906 年 9 月 4 日，墨索里尼复员后先在托尔梅佐镇当老师。在那里，他与在瑞士相识的塞拉蒂重逢。塞拉蒂的两个弟弟曼利奥和卢齐奥都是当地社会党的领导成员，因他们的关系，墨索里尼辗转获得了《锉刀》杂志的领导权，使得他开始步入社会党地方领导岗位。墨索里尼的野心被激发了，他的权力欲也日益膨胀。

1908 年 7 月，学校放假，墨索里尼返回故乡多维亚探亲。他敏锐地意识到家乡农民们对现实有很多的不满情绪，在墨索里尼的秘密策划下，几个雇工出面召集了一次群众大会，四五百名农民被组织起来，去袭击一家农场。然而农场主事先已得知了他们的计划，早已做了布置，等他们赶到时，农场门口出现了荷枪实弹的警察，村民即刻作鸟兽散。

当局以武装威胁罪逮捕了墨索里尼，审讯后判了他 3 个月的有期徒刑，但社会党及时组织了工人运动并设法营救他，当局慑于工人群众的压力，将他关押了 10 天后，决定予以释放。

经此一事，墨索里尼成为工人们公认的最有魄力和胆识的领导者。1909 年 2 月，墨索里尼走马上任特兰托市工会领导人，并将斗争的锋芒直指掌握特兰托地区政治、经济、文化等大权的宗教界人士，发表煽动性文章，对意奥边界问题指手画脚。这使当地政府和奥地利当局极为恼火。

8 月 29 日，特兰托合作银行 30 万克朗巨款被盗，警方出动大批人员，对嫌疑分子进行大规模搜捕。墨索里尼是他们的眼中钉，自然未能幸免。

警方怕引起群众的抗议，便悄悄地把墨索里尼押送到特兰托以南的一个偏僻小镇，小镇的名字为洛维列托。

当局怕把事情闹大，决定释放墨索里尼，可是特兰托地方政府借口墨索里尼未缴纳 100 克朗的罚金而拒绝立即执行这一决定，墨索里尼在狱中开始绝食斗争。

统治阶层担心由此会触发一场大规模的反奥运动，便命令特兰托地方政府急速将墨索里尼从洛维列托监狱运送到意大利与特兰托领地交界地阿拉镇，进而将其驱逐出奥地利领地。

那天晚上，墨索里尼乘火车返回意大利。

之后一段时间，墨索里尼为宣传他的政治纲领而奔波。为了制造舆论，提高自己的身价，墨索里尼自筹资金创办了一份四版的周报《阶级斗争》。但社会党领导层和他的意见分歧较大。社会党领导们对形势的估计比较保守，他们担心墨索里尼盲目瞎干，势必招致资产阶级的反扑，又要有人坐牢。

果然，事情来了。

1911 年 9 月，意大利的吉欧利蒂政府决定吞并土耳其在北非的资产——利比亚的的黎波里贸易中心。

墨索里尼在公开演讲中喊道：“入侵利比亚只意味着愚蠢和无谓的流血！白白浪费人力财力，破坏欧洲和平，其好处何在呢？利比亚是个什么好地方？是一块不毛之地！是一片沙漠！政府吞并它想干什么？没人知道，甚至政府自己也不知道。”

千万人的怒吼声震荡着整个公园。

工厂停工，街垒比比皆是，洪水般的人流在市区里激昂地拥来拥去。有许多士兵也参加到示威者行列。

10 月 14 日，墨索里尼同彼得罗·奈尼一起被捕入狱。政府为他们罗列了 8 个罪名（包括这次弗利闹事在内）。他被判监禁 5 个月。

1912 年年初，因原社会党主要领导人雷欧尼达·毕索拉蒂参与国王举行的活动，被墨索里尼指责背叛无产阶级，最终社会党大会表决开除了毕索拉蒂以及其他 3 名领导成员，并罢免了特雷维斯《前进报》编辑的职务。墨索里尼大获全胜。

在发动工人阶级对其敌人——拥护君主制度者、共和党人、神甫、将军、右翼社会党人、军火商和共济会会员——激起满腔怒火的过程中，墨索里尼的威望不断增高。

不久，一个千载难逢的好机会来临了。忠实于政府的斯特罗帕上校在给即将开往的黎波里战场的军队作关于爱国主义的长篇演讲时，被一个名叫奥古斯特·马塞蒂的士兵开枪打伤。吉欧利蒂总理看到人们的反战情绪十分高昂，害怕公开审理可能引起政治骚乱，于是便秘密指使部下将这个无政府主义者送进医院进行了一次“身体检查”，宣布他患有精神分裂症，把他关进了精神病院。

社会党人立刻认识到这种骇人听闻的不公正现象在人民心目中所激起的反感，会有助于团结所有同情劳动人民阶层、反对战争的力量，汇成一股反对君主政体的洪流。

1914 年 4 月，在安考纳举行的社会党代表大会上，代表们决定把 6 月 7 日定为全国抗议日。

“警察若是出动干涉我们的示威游行，”墨索里尼对着群情激怒的代表们高声喊道，“我们就立即举行大罢工，让全国都陷入瘫痪！”

在墨索里尼的指挥下，示威者冲击了兵营，捣毁了警察局，焚烧了教堂大门，破坏了街垒，炸掉了军火库，占领了富人的农场。到了周末，政府军队还是把这次轰轰烈烈的起义镇压了下去。

虽然这次起义未能推翻吉欧利蒂的统治，可墨索里尼却赢得了“红色周的列宁”的称号，他被选进了米兰市政委员会。

1914 年 6 月 28 日，当奥匈帝国的王子阿克杜利·弗朗西斯·裴迪南在萨拉热窝被一个塞尔维亚的国家主义者击毙后，欧洲大陆迅速地分裂成两大敌对阵营——一方是中部的列强：德国和奥地利；另一方是英、法、俄组成的协约国集团。8 月，双方终于摆开阵势开火交锋。

墨索里尼积极鼓吹战争，并走上了战场，加入了战斗。

1917 年 2 月 22 日，一门已经烧得过热的迫击炮继续发射炮弹时，炮身发生了剧烈爆炸，当场炸死 5 人，多人受伤。墨索里尼被弹片崩出去好几米远，弹片崩碎了他的骨头。军医们都断然认为他当夜就会死去。在经历了 27 次手术后，求生欲极强的墨索里尼再次成为战争英雄。

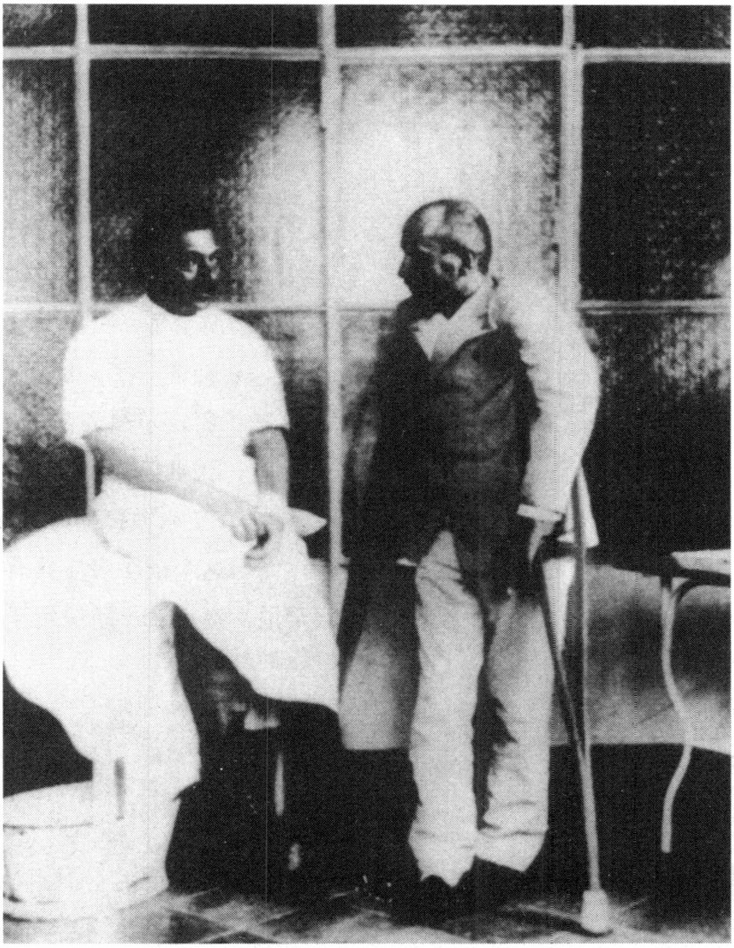

▲墨索里尼（右）负伤住院，前后共动了 27 次手术。

此后，意大利在战场上的溃败之势难以挽回，意大利人民要求和平的呼声势不可当。

墨索里尼的左臂虽然处于半麻木状态，但他仍旧连续撰文，热情地呼吁人们要相信意大利军队。他辩解说，“胜败乃兵家常事，历史上是没有常胜将军的。我们要坚持！”

他的这种持之以恒的争辩精神，确实发生了作用，意大利政府压低了应征加入志愿军的年龄，成千上万的 17 岁少年穿上了军装。新军队组成后，立即开赴前线，在皮阿威河畔的两军激战数日，终于把奥德联军挡住了。

No.3 建立法西斯，独揽政权

意大利社会党曾经是一个中间派的政党，它在“左”的词句下奉行着机会主义的政策。意大利社会党的头子纵容党内右派分子为所欲为，听任他们与资产阶级政府暗中勾结，奉行破坏工人阶级斗争的阴谋路线。

意大利垄断资产阶级骂英法“不公”，骂意大利“自由派”政府“无能”。资产阶级已经被弄得焦头烂额，急于寻求摆脱困境的出路，他们在物色可靠的代理人。

此时一本叫《罗马的征服》的书应运而生了，喊出了垄断资产阶级的心声：

“罗马是个世界性的骄傲的城市。它知道一切，因为它见过一切，因此它对于一切也就似乎司空见惯、漠不关心了，它总是沉着，总是安静，它的灵魂变得麻木不仁，简直变成了不知爱情为何物的美女。但是总有一天要到来，总有一人一事要到来，要打破它的沉着与安静而征服它……这个征服罗马的人，要有铁打的心肠和钢铁的意志，年轻、顽强、正派、勇敢、坚毅、坚韧、沉着、无弱点，尤为这个征服者应具有的要素。”

这个呼之欲出的人物便是墨索里尼，垄断资产阶级终于物色到他们的“救星”。

▲法西斯黑衫党成员向墨索里尼敬礼。

▲墨索里尼在米兰《意大利人民报》的办公室。

本尼托·墨索里尼似乎胸有成竹地对那班渴望有人出来收拾残局的人说："不要怕，意大利这场病不久会康复。但如果我们不重视，这病也许会变成绝症。我们要说的是奋斗！奋斗！两年之内，我将扭转乾坤。"

墨索里尼以维护战争胜利果实的卫士自居，也就是向垄断资产阶级发出了信号，墨索里尼愿做他们的代理人，他抬出"阵亡将士"的灵牌，索要的是统治活人的权力。"我们从前线归来而没有死的人，有能力有资格问鼎意大利的最高统治权。"

墨索里尼这套蛊惑人心的言辞，着实把一批亡命的退伍军人煽动起来了。他们纷纷投到墨索里尼的麾下，成了早期法西斯"敢死队"打手的骨干力量。

1919 年 3 月 23 日，墨索里尼在米兰组织了一个叫意大利"法西斯战斗团"的组织。

"法西斯"一词来自拉丁文"fasceces"，原意指古罗马官吏外出巡视时所执的象征权力和威势的棒状武器，大棒的中间插有一把斧头，意指复兴古罗马帝国。

法西斯战斗团的成员，都身穿黑衫，因此又得名黑衫党，墨索里尼解释说："黑衫是忍苦耐劳的标记。"他宣称：建立法西斯战斗团，目的是要一个"新观念"，建立一个新运动的基础，寻求一种"新计划"和推进一种"新方法"，"避免亡国灭种的灾难"。墨索里尼把法西斯以外的政治势力都视为"恶势力"，他叫嚷着要打倒一切政党，"把自由主义观念，强弩之末的民主主义和布尔什维克的洪水猛兽般的乌托邦精神一起扫荡"。

参加"法西斯战斗团"的多半是失业退伍军人，其中有邓南遮的信徒，也有国家主义党的党员，起初只有四五十人，一年以后也不过 150 人左右。

"法西斯战斗团"刚出现时影响微小，如果当时人们要除掉这个毒瘤，易如反掌，然而当时以社会党为代表的意大利进步力量没有能看清法西斯的疯狂性和危险性，听任他一天天恶性发展。当时，在意大利，许多人都这样说，他们不明白法西斯的目的是什么。可以说，法西斯在意大利犹如花草生长在无花匠的花园里。

社会党中的右派和中间派领袖们，对法西斯睁一只眼，闭一只眼，听任其蔓延，实质是以自己的姑息为法西斯主义扫清了道路。

1920 年 6 月 15 日，吉欧利蒂再度出任王国首相。这位年已八旬的老翁，上任伊始，重谈镇压革命运动的老调。墨索里尼的机会来了。

10 天之后，墨索里尼即在《意大利人民报》上发表署名文章，声称吉欧利蒂的施政纲领与法西斯战斗的新纲领精神一致，几乎一字不差。

这番话向垄断资产阶级露骨地表明新选出的法西斯战斗团愿意为统治阶级效劳，公开亮出了法西斯战斗团的旗帜——反人民，亲政府。

法西斯战斗团不仅是这样表白的，也是这样做的。

1920 年 11 月，波洛尼亚举行地方选举，社会党以 18170 票对国家集团的 1985 票获胜，吉欧利蒂政府并不甘心自己的失败，于是制定了报复的计划。

11 月 21 日，新当选的社会党政府举行就职仪式，数百名法西斯分子冲入会场，蓄意制造事端，当遭到劝阻时，便大打出手，造成 10 人死亡、48 人受伤的惨案。

随后，这伙暴徒又袭击了波洛尼亚市工会和社会党市党部。

社会党人遭到袭击后，才回过味来，明白了这是一场阴谋，一场蓄谋已久的阴谋。

波洛尼亚事件后，法西斯行动队作为统治阶级镇压革命运动的工具，开始明目张胆地进行疯狂的反革命活动。

法西斯行动队借口整顿秩序，冲进市镇机关大楼、工会办的图书馆，把室内所有的东西统统扔到大街上，然后倒上汽油，付之一炬，并查封办公大楼。

对工作人员，则大加训斥，遇到不满和抗议时，就对社会党成员大打出手。

法西斯暴徒在欧奇奥贝洛城，将城内工人机构全部破坏，打死平民数人，见到他们认为形迹可疑的人便抓，结果数以万计的市民被抓起来，遭到严刑拷打，重伤者达 5000 余人。

就这样，到了 1922 年的下半年，法西斯行动队基本上已把威尼斯朱利亚区和威尼托区以及除克雷莫纳、帕尔马和罗马尼阿以外的整个波河流域、托斯卡纳区，翁布里亚和普里亚区的社会党市、镇、村政府和社会党领导的群众组织——人武部捣毁。

这些地区多数已控制在法西斯手中。

在统治阶级的资助下，法西斯战斗团在仅仅一年多的时间里，就已发展成为一个能够左右意大利政局的政治团体，具有举足轻重的分量。

到了 1921 年 3 月，其成员猛增到 80476 人，5 月底又增加到 187098 人。

截至 1922 年 5 月 31 日，法西斯党徒已达 322310 人。

法西斯运动已扩展成为一个全国性的运动。墨索里尼的政治野心急剧膨胀起来，一心

▲独裁的墨索里尼在政变后上台，身着黑色服装的法西斯分子高举旗帜在罗马欢呼。

谋求成为意大利政治舞台上的主角。

1921 年 11 月 7 日，罗马的一个大会议室里，墨索里尼在党徒们狂热的欢呼声中，宣布法西斯战斗团正式易名为“国家法西斯党”，仍以身后的棒束为“党徽”。

正是这次大会通过的新纲领表明，国家法西斯要问鼎最高权力了，要夺取全国政权，不再甘心做统治阶级营垒中的附庸。也正是这次代表大会上，墨索里尼建立了党内个人绝对专制。

在墨索里尼的指挥下，法西斯占领了几个具有战略意义的城市，甚至一度占领了米兰市政府大楼。

意大利王国首相法克塔早就获悉墨索里尼在准备发动政变，但是这个软弱无力的内阁，不愿与法西斯分子发生正面冲突，担心会诱发更大的动荡，再加上内阁成员之间的意见不一致，只好听之任之。

墨索里尼看到了王国政府的虚弱，摸到了它的脉搏。知道它无力维护法律秩序，对付工人革命运动。

墨索里尼扬言：“在意大利使资本主义繁荣兴旺的最好方法，就是抛弃民主制，实行独裁统治，因为这是战胜社会主义和使政府恢复有效地行使权力所不可缺少的。”

自 1922 年 6 月开始，法西斯公开与王国政府相抗衡，宣布要夺取国家政权。6 月 25 日，墨索里尼在一篇文章中宣称，“法西斯起义是不可避免的”，随后，他喋喋不休地宣称，“马上要夺取政权”“向罗马进军”。

就这样，法西斯要夺取政权了。

10 月 24 日，在那不勒斯召开的法西斯代表大会上，墨索里尼狂妄地宣布：“法西斯武装队伍已达 50 万人，普通党员 100 万人，另外还有属于法西斯控制的 250 万人，他们属于工会或其他社团。”

“假使我们不能和平接手国家政权，便带兵到罗马去，用武力攫取政权。”

墨索里尼话音刚落，台下党徒们就狂叫起来：“到罗马去！到罗马去！跟我们的领袖到罗马去！”

No.4 夺权，成为主宰者

吉欧利蒂自 1892 年以来先后五次拜相组阁，执政十余载，年已八旬，尽管他被迫退位，但在意大利政坛上仍颇具影响。他起初坚决反对法西斯分子入阁，主张在政治上打击法西斯分子。

墨索里尼对吉欧利蒂采用“捧”的方法，公开颂扬他的政绩，另一方面又悄悄建议吉欧利蒂再度组阁。

吉欧利蒂经不住墨索里尼的吹捧，转变了对法西斯的态度，利用其影响极力要把法西斯党拉入内阁。大资本家奥利维蒂、皮雷利自然受吉欧利蒂的影响，支持墨索里尼及其同伙入阁。

甚至时任首相的法克塔，也向法西斯暗送秋波，希望能成为解决政府危机的最大受益者，暗示要和法西斯分子同流合污，共同组阁，并渴望能继续担任首相这一肥职。

1922 年 10 月 16 日，墨索里尼在米兰举行的法西斯领导人会议上斩钉截铁地说：“吉欧利蒂认为可以给我们两个部，而我们要求的则是六个部，要么就一个也不要。”如果谈判不成，就只有诉诸武力了，到时候可就不是几个部的问题了。

10 月 24 日，墨索里尼在那不勒斯会议上公开要求首相一职，“法西斯主义者不想为几个可怜的大臣职位而放弃我们那令人敬畏的理想的长子权，不想从奴隶的门走向权力”。

意大利形势进一步恶化。银行倒闭，物价失控，物价像脱缰的野马般一路飞涨，工人的罢工浪潮一浪高过一浪。面对如此复杂险恶的形势，法克塔政府无能为力，一筹莫展。

墨索里尼认为他出山的机会到了。想要意大利的局势好转，得到挽救，非他莫属。“只有法西斯的力量可以挽救，这也是我们的一个机会。”

法西斯进一步得势，越来越猖狂，意大利王国的政府内阁进一步软弱下去。墨索里尼意识到时机成熟了，7 月 19 日，他在国会中公开向法克塔摊出他的底牌，进行逼宫。

在墨索里尼的威逼下，法克塔内阁倒台了。但是，人民并不买法西斯的账。

8 月 1 日，意大利人民群众示威游行，抗议法西斯摧残民主，剥夺人民的自由，工人再次举行总罢工，抗议法西斯暴行。人民群众对法西斯的抵抗，大煞法西斯的威风，墨索里尼气急败坏了，说道：“说法西斯将剥夺人民自由，世界上哪有比这再不通、再不公、再混账的话？”法西斯分子大打出手，驱散游行队伍，破坏罢工，并利用冲突为夺取政权制造借口。

1922 年 9 月 17 日，墨索里尼在《意大利人民报》上撰文：“我们要将‘陛下’从魔鬼筑成的坛上推下来。”他发出了将要进行政变的信号。

随即他奔走在南北各地，在那不勒斯、米兰、卡莱蒙那等地召开法西斯会议，亲自部署动员。当然他们也是善于伪装的，那不勒斯会议对外佯称法西斯第二届“年会”，实际上是叛乱总动员大会，他要求各地法西斯黑衫队在规定的时间里迅速夺取邮局、警察局、车站、兵营、政府机关。

会后，法西斯大小头目迅速散到各地去做准备。

▲墨索里尼一行抵达罗马时受到其党徒的欢迎。

10 月 16 日，墨索里尼在米兰召集法西斯中央会议，密谋策划政变的最后行动。他布置黑衫队按军队形式改编，“进军”日期定在 10 月 28 日，接着他下达了法西斯总动员令。由法西斯党四个巨头：米・比昂基、依・巴尔博、戴・韦基、戴・波诺，分别率领四个军团，随时准备从四条道路向罗马进军，墨索里尼自任最高指挥。

在墨索里尼下达了进军罗马的命令后，这支浩浩荡荡的大军在夜色掩护下向罗马的方向挺进。这支队伍松松垮垮，倒像是一伙退下来的散兵游勇。许多人根本没有武器，也缺乏必要的军事训练，其战斗力是可想而知的。

进军宣言发表后，随着大队人马向罗马开进，各地法西斯分子闻风而动，米兰、克列蒙那、波罗涅、阿利山等地都发生了流血冲突。

这支法西斯黑色大军节节胜利。

他们并没有遇到真正的抵抗。当天晚上，墨索里尼就收到了攻克雷莫纳、亚历山大里亚和波伦亚的消息。沿路的政府军队和警察，奉命严守中立，没有阻击，只有少数由共产党领导的革命群众进行了阻击，但力量过于弱小，被法西斯分子残酷地镇压了。

消息传到罗马，意大利都城震惊了。

此后，米兰的大工业集团、金融集团和上层贵族决定寄希望于墨索里尼，他们认为组成墨索里尼政府是结束国家瘫痪状态的唯一良方，也是结束暴力和法西斯非法活动的一种手段。

王室中颇有影响的人物，达奥斯塔公爵、德·卡皮塔尼侯爵和贡扎加亲王等人均持此种态度，尤其是达奥斯塔公爵公开表示，如果国王反对法西斯上台，他将采取行动谋取王位。

在上述人员的压力下，国王没有签署戒严命令，他选择了由墨索里尼组阁。

11月3日，墨索里尼组成新内阁。他深知，法西斯立足未稳，仅在议会中占有35个席位，力量太弱小了。为了笼络人心，墨索里尼并不打算马上组成清一色的法西斯内阁，而是建立议会制合作内阁。内阁组成后，墨索里尼立即着手解散法西斯军队，张贴有关文告。

作为一个讲究实际的人，墨索里尼一刻也没有忘记，他之所以能再次当上法西斯党领袖，全凭对意大利最有实力的“全国工商业者联合会”的许诺。他曾做出保证要消灭劳工运动，但他知道，如果自食其言，他们马上就会看到反对劳工的法西斯集团“四人行动小组”惩治他的一出好戏。

同时，他还得让意大利人民群众相信他是拥护工农的；相信他准备纠正工农在资本家和地主手下所犯的全部错误；相信唯有他——而不是社会主义者、共产主义者、天主教徒、民主党人或者自由党人——能在地球上迅速地为他们建立一座乐园。他必须做出一些可以看得见的成就来。

为此，凡是标志着经济发展的事件，墨索里尼一定到场。诸如某小河上架起一座桥、一艘商船下水之类的事情，他都要前来参加剪彩仪式。为了鼓励工人以爱国主义热情进行高速生产，他曾作过数百次动人心弦的讲演。“努力——不断地努力！”他总是这样地号召人们，“消极、停滞就意味着死亡！”与此同时，他还开展了一场猛烈的运动，反对官僚主义的懒惰表现，严厉批评火车误点，申斥邮局工作不紧张。“社会活动和生产的任何部门都必须达到空前的高度，必须消除保守思想！”

墨索里尼执政的头几年正是法西斯主义的黄金时代。为了笼络工人，他提倡翻修道路，架设桥梁，兴办学校，开设医院，建筑低价的房舍以及扩大工厂。不到几年光景，政府排干了一些沼泽地，铁路实现了现代化运输，粮食产量也在逐年提高。他提议发放母婴福利津贴，抓紧社会治安工作，搞好房屋住宅建筑规划，加强卫生设施和兴修水利。墨索里尼所开创的这些为社会谋福利的事业，后来有不少方面被各民主党派所仿效。

但是另一方面，秘密警察组织已经开始行动，他们在有计划有步骤地清除法西斯纲领中指出的“异己分子”。各城市秘密警察组织——契卡的头目直接受命于墨索里尼，从他那里领取名单，注明各地该教训哪些单位，拷打和暗杀哪些人员。霎时间，腥风血雨笼罩了整个意大利。许多人被暗杀在街头、医院、教室、监狱、教堂和家中，甚至有人正坐在法庭上作证即遭暗算，中弹身亡。如果某个政治敌人潜逃了，就要由他的儿子来抵罪。

一番整顿后，墨索里尼觉得实行完全的专制已有十足的把握，于是打算把所有的其他党派成员从国会里驱逐出去，以便实行法西斯专政。但是，他苦于找不到争取人民支持的借口，又怕赤裸裸地夺权会使外国政府指着鼻子骂他强盗。他必须向全世界表明，意大利人民是真心实意拥护他作领袖的。

“投票选举是儿戏，”他轻蔑地说，“这种依法行事，已经使我们国家蒙受耻辱几十年了。”尽管这样，他在1924年春天还是举行了特别选举。200万选民不顾谋杀和恫吓，仍然投了法西斯党的反对票。但是这并没出黑衫党所料，墨索里尼仍然获得了500万张选票。他可以进一步扩大势力了。

▼大议会实际成了墨索里尼手中的一块橡皮图章。这是他神情严峻地出席一次立法机构会议。

1924 年上半年，马泰奥蒂在其他反对党的支持下，始终猛烈攻击墨索里尼政府。

1925 年 1 月 3 日，墨索里尼在议会发表讲话，这标志着意大利法西斯运动的一次重大转折——法西斯党彻底抛弃议会民主制，加紧全面确立极权制。

从 1 月 6 日起，三天来有 95 个被怀疑的团体和俱乐部被查封，150 个公共团体、25 个“颠覆性”组织和 120 个“自由意大利”小组被解散，111 名重要的“危险分子”被逮捕，655 户居民被抄家。各地行政长官“毫不犹豫地”使用了墨索里尼给予他们的权力。

与此同时，墨索里尼逼迫自由党人卡萨蒂和萨洛基辞去大臣职务。他甚至把与他有所离心的法西斯大臣德·斯特法尼和奥维利逐出内阁，代之以被他称为法西斯主义立法者的罗科及自己的心腹朱里亚蒂和费代莱。紧接着，墨索里尼于同年 4 月 4 日、5 月 8 日、5 月 14 日和 7 月 10 日连续四次改组内阁，把政府中的非法西斯大臣统统逐出内阁。

墨索里尼在 1925 年 1 月 3 日的讲话及其后采取的一系列行动表明，通过向罗马进军建立法西斯政权的第一阶段已经结束，随后开始了他确立法西斯极权统治的新阶段。

第二章

边陲小镇走来的流浪汉

当战胜的协约国在1919年创造发疯的《凡尔赛和约》时，他们也创造了希特勒。1918年，德国相信了美国总统威尔逊的“十四点意见”，“光荣地”放下了武器。协约国把“十四点意见”看作一纸空文，草拟了一份合约，瓜分了德国，造成了一个欧洲的政治经济疯人院。

No.1 “小人物”逆袭，爬上总理“宝座”

墨索里尼初步建立起他的法西斯王国的时候，他不知道，远在德国，他有了一个年轻的仰慕者，他叫阿道夫·希特勒。

1889 年 4 月 20 日，阿道夫·希特勒出生于奥地利最西端的一个鲜为人知的小县——瓦尔德维特尔。瓦尔德维特尔这个词的含义是“林区”，地处多瑙河与波希米亚—摩拉维亚边界之间。名副其实，这里水草丰盛，林木葱茏，浓荫遮日。天然的地理环境，决定了这里居民的劳作方式——靠着山坡地耕种，兼作狩猎、捕鱼的营生。

投身政治之前，希特勒的生活过得颠沛流离。他 16 岁就离开了学校，成了一个自由自在、到处游逛、藐视权威的人物，除了有很短一段时间有幸进入慕尼黑美术学校学习之外，他再也没有登过学校的大门，他所学的每一种知识，都是靠自学得来的。

据希特勒自己说，从 1909 年到 1913 年的 4 年，是他一生中最悲惨的时期。从各方面的情况来看，这 4 年也是他最重要的转型期：他性格的形成、思想的逐渐成熟都是在这个时期完成的。

1910 年春，21 岁的希特勒表现出了对政治的浓厚兴趣。此后，希特勒的政治思想开始成熟起来。1913 年 5 月 24 日，希特勒背着一个装有他全部财产的破口袋离开了维也纳，前往慕尼黑去寻找他的前程。

他到慕尼黑来，是为了躲避服兵役。奥地利警察在搜寻他，但他巧妙地把他们甩开了。他认为，战争即将开始，那时德国必将参战。

尽管希特勒要尽手腕逃脱服兵役，但终究还是没能躲过奥地利警察局的搜寻。那年底，奥地利当局已经知道他住在慕尼黑了，他们向慕尼黑警方提出请求。1914 年 1 月 10 日，慕尼黑警方查到了希特勒的详细住址。两天后，希特勒便接到一张传票，要他到林茨去服兵役。

但是，希特勒精心策划了一封半真半假的信，骗过了领事馆的官员们，又一次躲过了服兵役。这时，一场战争已迫在眉睫了。

1914 年 6 月 28 日上午 11 点钟的前几分钟，在波斯尼亚首府萨拉热窝，一辆轿车因走错了路，正缓缓从一条街退出来。此时，年轻的塞尔维亚民族主义者加夫里洛·普林希普举枪向坐在车里的人连射了两发子弹。正是普林希普开的这两枪点燃了第一次世界大战爆发的导火索。

整个欧洲都被萨拉热窝的枪声震撼了。

1914 年 7 月间，战争全面爆发的步伐加快了，欧洲步履踉跄地走进了战争。奇怪的是，要去打仗的年轻人却兴高采烈。8 月 3 日，一直想逃避兵役的希特勒态度反转，毫不顾忌自己是奥地利国籍，向巴伐利亚国王路德维希三世上书请愿，要求加入巴伐利亚的一支军队。

1918 年 3 月 7 日，一位普通的德国工人德莱克斯勒成立了德国工人党，它的前身是“争取公正和平自由劳动者委员会”，大约由 40 名铁路工人组成。他们之所以能够走到一起，是因为他们都有着强烈的民族主义情绪——反犹太人并支持战争。

1918 年 11 月 11 日，第一次世界大战以德军无条件投降而告终。德皇逃到荷兰，新的日耳曼共和国成立了。一场为争夺控制德国的新战争，随时都有可能爆发。

就像当时其他千百万德国人一样，希特勒无法接受这个铁一般无情的事实：德国在战场上已经失败了，他们输掉了这场战争。也像其他千百万德国士兵一样，在战场上，希特勒前后两次负伤，多次荣获嘉奖，并且对未来充满信心。

“我终于看清了自己的前途，于是我决定投身政治。”结果证明，不仅对阿道夫·希特勒本人，而且对整个欧洲乃至整个世界，这都是一个命运攸关的决定。

很快，希特勒加入德国工人党，并凭借他出众的政治能力，逐渐掌握了德国工人党的权力。希特勒把德国工人党的名称改为国家社会主义工人党，并在 1920 年夏，把纳粹符号用做了该党的党徽。于是，纳粹符号第一次出现在维持会场秩序的纠察队的红臂章上。接着，纳粹符号几乎成了徽章、旗帜和党的标志。

▲“一战”中受伤住院的希特勒（后排右二）。

随着党的不断发展，希特勒的个人野心也不断膨胀起来。他打算搞一次向柏林进军和随之发动政变的计划，他已经酝酿很长时间了。

1923 年 11 月 8 日晚，巴伐利亚军政首脑在慕尼黑贝格勃劳凯勒啤酒馆聚会，希特勒带着他的冲锋队冲进去，围攻军事首脑，宣布全国革命开始。不过这次暴动很快失败，希特勒被抓了起来，被判 5 年监禁。

在监狱里，他写了《我的奋斗》一书。问世以后，这本书当时并没有成为畅销书，第一版销量只有 9473 册，但以后随着纳粹党的发展，年年再版，销量逐年增多，到 1933 年即希特勒担任总理的头一年，《我的奋斗》已销售了 100 万册。到 1940 年，该书销量竟高达 600 万册，这在德国历史上是前所未有的。

出狱后，希特勒重整旗鼓。然而，在 1928 年 5 月的大选中，希特勒的纳粹党只得到了 81 万张选票，仅占总票数的 2.6%。

1929 年，希特勒突然改变了他原来的生活方式。他开始大肆用金钱为他的虚荣心服务，并改变了试图通过革命登上政治顶峰的目标。也许，依附在资本身上，能够让他更快实现目的。

世界上没有哪个国家比德国更容易感受到世界经济大萧条的影响。德国的大银行家和工业家们也急于找到一个能够帮助他们改善境况的政治人物；他们很快跟希特勒结成了同盟：大银行家和工业家们为希特勒提供资金援助，希特勒成为他们的政治代言人。

尽管希特勒进行了伪装，但是在后来新一次投票中，纳粹党还是失去了 200 万张选票，在国会里丢掉了 34 个席位。统计结果表明，纳粹党得票数只占总数的 33.1%；而三个月前，他们还有 37%的选票。

希特勒绝不是一个甘心失败的人，他压根儿也不承认失败。在他看来，一个人取得政权不一定非得经过选民投票，还有许多别的办法：除了希特勒以外的任何人当德国总理，希特勒都会让他当不长。

最终，德国总统兴登堡勉强同意让希特勒担任总理，但同时提出，在 11 个部长的职位中，只给纳粹党人三个。

随后，希特勒和其他新任命的部长庄严宣誓：“我将为德国人民的幸福尽心竭力，保卫德国人民的宪法和法律，真正地尽我所应尽的义务，秉公执法，公正无私。”

在凯撒霍夫饭店的窗口，罗姆望眼欲穿地注视着希特勒必经的入口处。午后不久，从人群中爆发出了喊叫声：“来了！”罗姆跑下台阶走到希特勒的汽车跟前，打开车门，与希特勒一同走进饭店。当希特勒走进房间时，他的副手和下属们纷纷涌上前去向他表示祝贺。不大可能发生的事情终于在历史上发生了：阿道夫•希特勒，这个奥地利边境小镇小职员

▲纳粹冲锋队员和党卫队员在勃兰登堡门前狂欢，庆祝希特勒当选总理。

的儿子，救济院里贫困潦倒的青年，李斯特团的传令兵，如今当上了德国的总理。

当天，天刚一黑，就有一支浩浩荡荡手持火把的游行队伍经过总统府和总理府，穿过勃兰登堡门。25000 名冲锋队员和党卫队员从动物园里出来，然后走进威廉大街，边走边唱着歌。走过总统府和总理府时，他们在火炬光焰中仰视着站在总统府窗前的那位 85 岁的老人和站在总理府窗前的 43 岁的总理。过了一会儿，兴登堡举起了双手，微笑着向他们祝福；兴登堡看不清人的面孔，只能看见他底下白色的光流。希特勒看得见那些面孔并且知道自己突然上台意味着什么，他的表情显得有些莫名的紧张，他眼里饱含着激动的泪水。如果他认出游行队伍中的某个人，他就把双手搭在屁股上向那个人轻轻点头，或稍稍鞠一躬。戈林、弗立克、赫斯和巴本站在他后面。一个小时又一个小时过去了，他站在窗前，享受着人群对他表示的欢呼和敬意。

从此，希特勒时代开始了。

No.2 消灭一切国内对手

希特勒上台后，首要的任务是迅速地摆脱国内对手对他的牵制，从而使自己的党成为帝国的唯一主宰。然后，他再以极权主义的政府及其警察的力量，实行纳粹革命。

1933 年 1 月 30 日下午，在新政府成立后的头几个小时中，希特勒就派戈林去同中央党的领袖谈判。戈林回来后向内阁报告，中央党坚持要求“一定的让步”。戈林因此建议解散国会，举行新的选举，希特勒立即表示同意。

这次选举，在经济上得到了银行家和工业家的全力支持，可以说是德国历史上规模最大、花钱最多的一次选举。竞选的一切事务都由戈培尔一人全权处理，希特勒则集中精力用政令治理这个国家。

在竞选运动逐步展开的时候，纳粹党的挑衅行动也在不断增加，他们毫不讳言地把共产党看作自己的死敌。1933 年 2 月 24 日，希特勒的干将戈林就命令冲锋队和警察袭击了卡尔·李卜克内西的住宅，即柏林共产党的总部，目的是摧毁它并抢走全部档案材料。为了证明共产党在准备发动政变，希特勒命令他的部下把抢到的材料当作涉嫌叛国的文件发表，德国共产党遭到了严重的损失。

为了进一步打击共产党，纳粹分子仍在不断挑起事端。1933 年 2 月 27 日晚 9 时，位于柏林市中心的国会大厦窗口闪出一道红光。几分钟后，那道红光的颜色变深了，接着便是玻璃破裂的声音，浓烟从窗子里滚滚而出。国会大厦着火了。赫尔曼·戈林向起火现场跑去，挥汗如雨，吼声如雷。他说，国会大厦起火，肯定是共产党起义的一个信号，共产党人必须为他们的罪行付出代价。其实，根本没有发生什么起义，共产党人也没有任何理由要在国会大厦纵火。根据从卡尔·李卜克内西家中抄出的全部共产党员名册，准备逮捕的 4000 名共产党员的名单早已开列就绪。当夜，普鲁士警察部队和他们冲锋队与党卫队的辅助部队就对大约 1000 名共产党员进行了搜捕，除了少数逃到国外的共产党员外，其

▲ 1933 年德国国会大厦起火时的情景。

余的人都在第二天遭到了逮捕。到选举举行的时候，多数共产党领导人都已经被捕入狱。

其实，纵火焚烧国会大厦一案完全是戈林一伙搞的鬼。

戈林虽然一手策划了国会大厦纵火案，但真正的元凶是希特勒。希特勒授意焚毁国会大厦的最根本原因是，兴登堡对签署一个接一个的法令已经感到厌烦不安了，必须给他拿出明显可见的证据，证明共产党搞阴谋叛乱。那天晚上，兴登堡被邀请赴宴也是精心策划、仔细安排的。第二天，希特勒就又给兴登堡送去一个要他签字的新法令——《保护人民和国家安全法》。希特勒把此法令说成是反对共产党人搞暴力活动和危害国家的一个防范措施。这个法令使宪法中保障公民个人自由的一些条款丧失效力。新的法令规定：对个人邮件、电报、电话进行检查；限制结社、集会自由；限制出版自由；限制表达和坚持个人意见；取消对逮捕公民个人的法律保护——所有这些由宪法保障的公民个人的自由和权利都被一笔勾销了。希特勒下定决心要摧毁所有反对派。

为了尽快实现自己的愿望，纳粹党的恐怖活动愈演愈烈。希特勒的主张非常简单："不让任何一个敌人逃脱他的惩罚。"

于是，长期建立起来的国家机构和制度被从根本上铲除了。各邦政府的权力纷纷落入纳粹党徒的手中。他们采用的手段非常简单：向邦政府派进成连的武装冲锋队。他们的第一个行动是在邦政府大楼上竖起纳粹旗；第二个行动是逮捕各部部长；第三个行动是强占办公室，抢夺档案、印章和电话总机。这些邦政府里的官员，除非得到纳粹党徒的信任，否则不是被捕，就是被打发回家。

工会的遭遇更加惨烈：他们的办公大楼被没收，大部分工作人员被捕。工会领导人被认为是最危险的人物，都被赶进了集中营。这些强硬措施很快使工会丧失了元气，工人们的发言权也被剥夺了。

为了巩固自己的权力，1933 年 4 月 26 日，希特勒的得意助手赫尔曼·戈林发布命令，建立一支由普鲁士内务部长即由他本人指挥的国家秘密警察——盖世太保。

盖世太保的基本任务是严厉制裁对纳粹信条提出异议的行为，消灭一切与纳粹主义为敌、对抗元首意志的人。

希特勒的下一个步骤也是最重要的步骤也开始进行了：消灭政敌。

共产党早已被消灭了，下一个目标是社会民主党。中央党已于人民党之前屈服于无法逃避的命运——于 1933 年 7 月 4 日解散了。

出乎所有人预料，曾经在德国政治上各据一方的六个政党竟然在无声无息中被取缔或归并于纳粹组织，而且没有发生任何意外的事情。这成了希特勒嘲笑一切权威和力量的资本。这也使内阁中的反对势力在暴力浪潮前屈服。

到 1933 年中，希特勒已经得到了大部分德国人的支持。资产阶级和工人，军界和政界，种族主义者以及国内某些最有头脑的人物，纷纷加入纳粹党，使它庞大起来。

1934 年 8 月 2 日早晨，兴登堡总统逝世，德国陆军将士履行了他们的诺言，宣誓向希特勒个人效忠。希特勒摇身一变，成了国家元首和武装部队总司令。这样，不仅德国从此被完全控制在这个独裁者的铁腕之下，而且整个欧洲乃至于世界都将面临一场大灾难。

No.3 国际“和平”烟幕

在 1934 年冬季到来之前，德国已经生活在战时经济环境中。于是，希特勒公开宣称，德国已经“重新获得她在防务上的行动自由”。就这样，德国开始重新扩编武装和进行全面军事化行动，从前的德国国防军成了纳粹政府的防卫力量；希特勒为自己保留了三军最高统帅的头衔；从前的国防部长瓦格纳・冯・勃洛姆堡成了军事部长和武装部队总司令；路德维希・贝克将军成了总参谋长。将军们高升了，制造轮船、飞机、枪炮子弹的军火商们也发财了。德国正在变成一个庞大的武装兵营。

希特勒为了积蓄力量，一边在德国国内疯狂地扩军备战，一边对外继续施放“和平”烟幕。

1935 年 3 月 16 日，希特勒在国内公布了一项惊人的法令：实施普遍兵役制。《凡尔赛和约》对德国的军事限制被希特勒彻底摧毁了。

▼ 1935 年 3 月，希特勒征集的新兵。

1935 年 5 月 21 日晚，希特勒在国会又发表了一篇“和平”演说。这次演说是他自认为最动听的，而且无疑也是最巧妙、最能迷惑人的演说之一。希特勒当时显得心情舒畅，流露出一种不仅自信，而且使听众感到意外的宽容与和解的精神。演说词中没有对凡尔赛和约国家进行谴责和表示不满，倒是有许多保证，说他所要的是对大家都公正的和平谅解，他不要战争；说战争是没有意义的，没有用处的，而且是令人极端憎恶的。

希特勒宣称，德国丝毫没有要征服其他国家的念头。德国要和平，是基于它的基本信念；德国要和平，还由于它认识到这样简单而朴素的事实：没有一个战争在本质上能改变欧洲的苦恼，每一次战争的主要后果都是摧毁国家的精华。他大声疾呼：“德国需要和平，希望和平！”

这些和平、理智与和解的甜言蜜语正是欧洲的西方民主国家所爱听的话。

就在欧洲以及美国的西方民主国家被希特勒施放的“和平”烟幕所笼罩的时候，在希特勒向国会发表这篇激动人心的演说之前，德国实际上已完成了一项大胆的冒险行动的策划工作。

6 月 16 日，德国国防会议工作委员会的第 10 次会议进一步讨论了进军莱茵兰的计划。在会上，刚刚就任国内防务处处长的阿尔弗雷德•约德尔上校报告了这个计划的各项细节，并强调对此需要保守最严格的秘密。

1936 年 3 月 2 日，希特勒的手下爱将、陆军元帅勃洛姆堡遵从希特勒的训示而发出了占领莱茵兰的正式命令。他告诉武装部队的高级指挥官们说，这必须是一个“突然的行动”。勃洛姆堡预料这是一个“兵不血刃的行动”。如果结果不是那样，就是说法国竟然为此而战的话，那么总司令保留“决定任何军事上反措施的权利”。这些反措施就是：赶紧从莱茵河对岸撤回！

1936 年 3 月 7 日，星期六，凌晨，德军开进莱茵兰。

“莱茵兰危机”发生后，希特勒坐卧不安。他知道，作为《凡尔赛和约》的补充而签订的《洛迦诺公约》中有明确的规定，莱茵兰属于永久性的非军事区，毁坏这个公约就意味着拿自己的政治生命孤注一掷。只要英法等国采取军事行动，那他就会立即撤出。他心急如焚地等待着各种反应，主要是法国和英国的反应。

接下来，法国政府催促总参谋部采取行动。但是，此时，法国参谋总部反而退缩。法国已经由于内讧而陷于瘫痪，法国人民则陷入了失败主义的情绪中。尽管萨罗总理再三努力，仍不能改变军方的态度，法国政府完全放弃了军事反击的考虑。

英国是《洛迦诺公约》的保证国，按规定，一旦德军进入莱茵兰非军事区，英国有义务调集武装部队来支持法国。可惜当政的英国首相正热衷于推行对德国的绥靖政策，他们

▲刚刚当选德国总理的希特勒，正在拜会兴登堡总统。

不但没发一兵一卒到莱茵兰，反而要求内阁“应该力阻法国对德国采取军事行动，不要求希特勒撤出莱茵兰”。这正是希特勒求之不得的，英国的声明一发表，希特勒真是大喜过望。

至于《洛迦诺公约》的另一个保证国意大利，由于在入侵阿比西尼亚的事件上已经同德国达成默契，当然不会去履行条约的义务了。

▲ 1923 年 11 月 9 日，希特勒（左二）伙同前帝国将军鲁登道夫（左一）发动了啤酒馆暴动。

希特勒的赌注就这样赢得了“大满贯”。

除了遭到严厉的谴责外，德国未受到任何其他制裁。本来波兰政府认为法国绝不可能容忍德国在莱茵兰的行动，并于 1936 年 3 月 9 日建议使它与法国的军事联盟开始生效；而当波兰人发现法国不准备采取行动时，便有点尴尬地为自己的姿态辩解。

莱茵兰冒险的成功给希特勒带来了想象不到的胜利。在国内，希特勒的声望和权力得到了大大的加强，达到了过去德国统治者从未达到过的高度。

1937 年 5 月底，尼维尔·张伯伦接替斯坦莱·鲍尔温担任英国首相。令德国人高兴的是，这位新首相比前任更为积极地过问外交事务，而且入主唐宁街十号后，立即开始推行绥靖政策。

No.4 奥地利和捷克斯洛伐克被送上“祭坛”

占领莱茵兰之后，希特勒蠢蠢欲动。

他认为，德国的盟友意大利一旦在地中海同时与英、法开战，那么，德国就可以在这场战争的掩盖下，对奥地利和捷克斯洛伐克发动秘密的、迅雷不及掩耳的进攻。这不仅是可能的，而且还有希望一举成功。

1938 年夏天，纳粹政府做好了战争准备。希特勒选择的第一个目标是养育他的故乡奥地利。在希特勒看来，没有必要等着地中海出现一场大规模的战争，只要在奥地利内部造成骚乱，然后以德军制止流血事件、平息骚乱为借口就足够了。希特勒及其幕僚加紧制订入侵计划，与此同时给奥地利的纳粹党人下达了密令，要求他们在 1938 年春天公开叛乱，反对奥地利政府。希特勒在给军事首脑的讲话里曾提到的所有那些可能发生的欧洲事件，现在被认为没有意义了。战争什么时间发生，完全由希特勒来决定。恩斯特·台尔曼曾经写道：“希特勒就是战争。”

希特勒先是邀请奥地利总理库特·冯·许士尼格到上萨尔斯堡讨论重大问题。显然，双方要讨论的问题事关奥地利的主权。1938 年 2 月 12 日，两国总理第一次，也是最后一次举行了会晤。

会晤过程中，希特勒情绪激动的长篇大论和粗俗、恶劣的态度，是许士尼格从未想到的，也是从未遇到过的。在向许士尼格发动心理上的进攻时，希特勒采用了诸如暴跳如雷、蛮不讲理、恐吓威胁等粗鲁手段。他的具体要求是：奥地利在经济上与德国并为一体，解除对奥地利纳粹党人的禁令，3 天后大赦奥地利纳粹党的在押党员，让给奥地利纳粹党人 3 个主要的政府部门——内政、军事和财政部。按希特勒一伙的预谋，如果奥地利纳粹党人得到这些权力，两三周后就能拿下整个奥地利政府。

许士尼格拒绝签字，于是希特勒威胁对奥地利动武，许士尼格不得已才签了字。他签署的实际上是一份投降书。

签字后，许士尼格悲观失望、六神无主地回到了维也纳。在回奥地利的途中，许士尼格决定拼死冒一次险。在与部长们商量很久之后，他做出了最后的决定：对希特勒回答的最好方式是举行一次公民投票。1938 年 3 月 9 日，他在因斯布鲁克发表了一个公告：4 天后举行公民投票，以决定奥地利独立，还是与德国合并。希特勒闻听后气坏了，因为许士尼格的做法显然是背叛了他，显而易见，公民投票结果自然是绝大多数愿意独立。因此，希特勒下令，在公民投票的前一天，即3月12日，调军队进攻奥地利。

1938年3月12日中午刚过，希特勒本人就越过了德奥边界。

希特勒在奥地利的林茨度过了第一个夜晚。他有些紧张，好像是被胜利冲昏了头脑。他是傍晚乘一辆黑色汽车，在一队摩托车的保护下来到这里的。夜里，当地的国家社会主义者都一直在高唱“德意志高于一切”。他睡觉的时候，大群的人还静静地站在旅馆外面的大街上，最后一个人离去时，已经是凌晨四点钟了。

▼ 1938年时的希特勒（左）与他的宣传部长

第二天，希特勒乘坐带装甲防护的轿车去利昂丁看他少年时代住过的那套宅院，并到他父母的坟上放了一个花圈。

从奥地利得手之后，希特勒继而明确表示，要将苏台德日耳曼人并入大日耳曼帝国。苏台德日耳曼人因苏台德山而得名。苏台德山是波希米亚与德国的分界线。

1938 年 4 月 21 日，希特勒召见了凯特尔将军，要他的参谋人员制订新的侵略计划。

希特勒下一步的侵略目标是明确的：从他在维也纳流浪的时候起，他就痛恨捷克人。那时，在他看来，捷克人正是斯拉夫这一“劣等民族”中的典型代表，他们在向哈布斯堡君主国中日耳曼人的优越地位挑战。捷克斯洛伐克作为一个统一的国家，是《凡尔赛和约》的产物，是凡尔赛和约的象征。

希特勒预谋以捷克境内的 300 多万日耳曼少数民族问题为借口，动用 96 个师的兵力进攻捷克斯洛伐克，时间定在 1938 年 10 月初。捷克斯洛伐克政府对希特勒的企图是有所了解的，但不能肯定进攻的准确时间，所以在 5 月 21 日只是下达了进行部分动员的命令。希特勒知道以后气坏了，对他的将领说，他没有打算威胁捷克，反倒受到了贝奈斯的威胁，他感到自己受到了侮辱，此前还从来没有人如此侮辱过他。他对捷克斯洛伐克的怒气爆发了，于是在 5 月 30 日密令最高统帅部：“在不久的将来以军事力量摧垮捷克斯洛伐克是我不可更改的决定。”

整个夏天，英国、法国和苏联都知道希特勒在准备进攻捷克斯洛伐克的苏台德地区，甚至整个捷克斯洛伐克都会受到打击。

来自捷克斯洛伐克的大量报告使英国首相尼维尔·张伯伦深感不安，他怕苏台德事件会引起新的一次世界大战爆发。

1938 年 9 月中旬，希特勒在纽伦堡的一次讲话中，造谣生事，编造说捷克斯洛伐克政府在用一切残暴的手段消灭苏台德地区的日耳曼人，以此挑起德国人民的情绪以及国际舆论的同情。希特勒讲话语气的激烈和对捷克斯洛伐克攻击的凶猛，使张伯伦感到战争在所难免，于是，他要求与希特勒立即会晤，而希特勒也同意了。

张伯伦此次德国之行，完全落入了希特勒设下的圈套中。这是一次普通的谈话，从第一次世界大战、《凡尔赛条约》、国际联盟以及作为战胜国的同盟国加给战败国头上的所有苦难开始，然后到对贝奈斯总统和捷克斯洛伐克进行恶毒攻击，说它是个“不应当存在的国家”。再后来，更多的是对英国的报界和舆论界干涉德国内政的攻击。

第二天上午，张伯伦飞回伦敦，立即召集了一次内阁会议。伦希曼勋爵也被从捷克召了回来。在张伯伦看来，如果能说服希特勒，就会避免一场大战，或把战争推迟。他不想为捷克斯洛伐克而苦苦奋斗。

▲慕尼黑会议上张伯伦与希特勒微笑握手。

捷克斯洛伐克与法国签订了互助条约，贝奈斯总统错误地认为，捷克斯洛伐克一旦遭到无端侵略，法国人肯定会帮助他。其实，达拉第总理和乔治·庞尼外长早已惊慌失措，他们非常害怕跟德国打仗。

英、法两国驻布拉格大使开始说服捷克斯洛伐克人答应德国的要求，把苏台德地区割让给德国。英、法两国出面作保，保证德、捷新边界的安全。其实，这个保证是没有任何意义的，张伯伦和达拉第都清楚，他们什么都保证不了。绝望中，捷克斯洛伐克在苏台德问题上投降了。他们接受了保证，而这使他们对生存的希望，即使是合理的希望也失去了。捷克斯洛伐克人要求参加决定他们命运的会议，张伯伦对他们解释说，希特勒没心情与他们讨论这个问题。

1938 年 9 月 23 日晚 10 点 45 分，在德莱森旅馆，张伯伦与希特勒又举行了最后一次会晤。希特勒这次准备的具体要求是一份附带地图的备忘录，主要要求是：“9 月 26 日上午 8 时以前，捷克斯洛伐克武装部队必须从苏台德地区开始撤退，9 月 28 日必须全部撤完。48 小时之内，必须把苏台德地区交到德国人手里！”

9 月 26 日，霍拉斯·威尔逊爵士带着张伯伦的一封信来到柏林，他们通知希特勒：捷克斯洛伐克政府认为新建议完全不能接受。希特勒一听到这话，立刻暴跳如雷，大声吼叫道：“再谈判下去，已毫无意义！”

第二天下午，按照希特勒的命令，一列纵队的坦克和装甲车威风凛凛地驶过柏林的威廉大街，而希特勒则不时地出现在总理府的窗前，频频举手致意。这时的希特勒表现出十足的胸有成竹，因为此前的一系列事件都是按着他的愿望在发展，今后也将会按他的愿望发展下去：受他摆布的人和政府的每个行动都是事先征得他的同意的；张伯伦准备悄悄牺牲捷克斯洛伐克，爱德华·达拉第这位法国总理也要这样做；墨索里尼将支持希特勒的要求，贝奈斯博士不久就会被赶下台；几小时后，希特勒就会接受职业政客的协议，然后让他的敌人签署那份投降文件。

1938年9月29日中午12点45分，慕尼黑会议在“元首宫”举行。意大利领袖没有做任何调停；张伯伦和达拉第没有谈什么实质性的问题；捷克斯洛伐克派出的两名代表被安排在隔壁房间等待，根本没能出席会议。

一个荒唐的协定就这样出炉了，希特勒胜利，苏台德地区已经归属于他所有。此外，双方一些有争议的地区，再举行一次公民投票；任命一个国际委员会，负责执行最后协议；英、法两国保证割地后被削弱了的捷克斯洛伐克边界线的安全。但这都是口头和书面上的东西。实际情况是，第二天，德国的装甲兵纵队就开进了捷克斯洛伐克国境。

▼慕尼黑会议后，法国总理达拉第回到巴黎，人们夹道欢迎。公众舆论普遍感到欣慰，认为签订了条约即可避免战争，挽救和平。

第三章

日本军国主义的幽灵笼罩远东

在第一次世界大战爆发前，日本已经成为亚洲唯一的强国，当时日本的国力在世界排行第八。而在战争开始后，欧洲各国打得一塌糊涂，根本无力顾及亚洲。此时的日本经过对局势的认真分析后，决定加入协约国阵营。

战后，日本成为真正的赢家，其势力范围和经济得到飞速发展。在巴黎和会上，日本以大国（英、法、美、意、日）身份参加，成为新的国际秩序的制定者之一。

No.1 军国主义思想影响下的东条英机

与欧洲的两个法西斯头子齐名的另外一个著名的法西斯人物，便是东条英机。他是带领日本军国主义分子侵略中国、侵略亚洲的首要战争罪犯之一。因为地域、文化背景的巨大差异，东条英机的法西斯之路，跟希特勒、墨索里尼有很大不同。

对东条英机产生重大影响的，是日本的军国主义思想。

从1880年起，日本举国皆兵理论的基本教条就已浮现在教育之中。教师对国家的责任远比其个人的教育理念重要。

1885年，法国舰队占领了澎湖岛，英国舰队占领了朝鲜的巨卅岛。此外，俄国舰队经常出没于朝鲜近海，风传企图占领对马，加上清朝对日本的态度，日本感到四面局势紧张。

1886年11月，日本制定了警备队条例，并在对马设置警备队，着手修筑炮台，准备在沿海布设水雷。由于修筑炮台费用巨大，日本国民踊跃捐款，甚至明治天皇也拨出皇室费用作为海防经费。可见，日本当局对于国防的态度是极为严肃认真的。同一年，日本小学教师纳入准军事组织，学校的教师们居住于军营中接受严格的纪律与思想灌输。文部省的大臣宣称，儿童的个人成就并不重要，学校不是为学生利益而设，乃是为国家利益而设。新的小学条例指出，教育目标是：道德训练、国粹养成及追求知识，其重要性即依此顺序而定。

1890年，日本设置议会并颁布了举国皆兵的文件——天皇的教育敕诏，即是军人守则的平民版。其对象不但是教师与学生，更是全日本的男人与女人。教育不限于学校，而是造就忠君爱国的日本人民的终生过程。

教育敕诏是一套伦理原则，旨在规范人民与国家之间的一切关系，培养人民自动敬重天皇的统治权威。

从那时起，天皇敕诏的道德教育就已成为小学课程的必要部分。每一所学校均将教育敕诏与天皇像一起悬挂，并于每日早课时大声诵读，当时人们都以能背熟教育敕诏为荣。全国有好几位老师，因为不能在诵读时朗朗上口，而被认为有亵渎神圣文书的嫌疑，最后自杀。对于敕诏的进一步注解，如修身、道德故事和格言，均为扩大并解说敕诏而编成特种课程，以供研习。在学校的任何一种科目乃至校内各种日常生活中，都巧妙地渗透进政府认可的思想：历史教材的编纂也以说明日本帝国的成长为目的；地理课本则把日本说成世界的中心；神道神话则把日本国描绘成一棵大树，皇室是树干，人民是枝叶。

日本陆军更是把加强家庭的思想用于新兵训练上，他们接收新兵时，就把他当作家庭新增的一分子。官长在新兵入伍之前就向新兵的父母索要个人资料，并要求父母协助完成子女的教育，让部队和家庭成为一个环节。营区里园内的樱社则被作为家庭的象征。

▲日本对中国的侵略拉开了其妄图称霸整个亚洲的序幕。

▲日本士兵出征前举行仪式发誓效忠天皇。

▼狂热的日军士兵。

东条英机便生长在这样一个时代。他出生在东京一个军人家庭，父亲东条英教是个狂热的军国主义者，母亲千岁是个普通的日本妇女。他的父亲更是希望儿子以后能成为一名出色的军人。于是，1899 年 9 月 1 日，东条英机 16 岁时，便进入了其向往已久的东京陆军幼年学校，开始走向军人生涯。

1904 年 5 月，21 岁的东条英机从幼年学校顺利毕业，升入了向往已久的陆军学校，当上了士官候补生。1905 年 4 月 21 日，22 岁的东条英机被授予陆军步兵少尉军衔。从这一刻起，东条英机就下定决心，要为天皇效忠，为国家利益而努力进取，为日本在国际上开辟新的生存空间。

1904 年 2 月 9 日，一艘俄国炮艇在朝鲜港口与一艘日本船发生冲突，发射了 2 颗炮弹。第二天，日本海军在海军大将东乡平八郎的率领下，未经警告就进攻旅顺，日俄战争迅速爆发。

当东条英机所在的第 15 师团开赴战场时，战争已接近尾声，东条英机只是在战争的后方担任勤务，没能够上前线作战。不久，全线撤军的命令下来了，东条英机也只好跟随部队回国。

日俄战争中，英、美为了维护其在远东的利益，积极地支持日本。但是战争的结果，不仅使日本攫取到独霸朝鲜的特权，而且取代俄国将中国东北纳入其殖民势力范围之内。

1915 年，32 岁的东条英机以优异的成绩从陆军大学毕业。1915 年 5 月 7 日，日本向中国提出“二十一条”，1915 年 9 月，中国方面予以承认，交涉告成。中国的软弱表现，让东条英机热血上涌，战意澎湃，心中忍不住开始构筑“大日本帝国”对外发展的狂妄计划。

日本国内的气氛与东条英机的思想动态基本同步。

为提高军事实力，日本派出一批年轻的军官出国，东条英机正是其中之一。1919 年（大正八年）8 月，东条英机被派往瑞士和德国任驻外研究员。1921 年，东条英机驻欧洲三年后，收到了回国的命令。

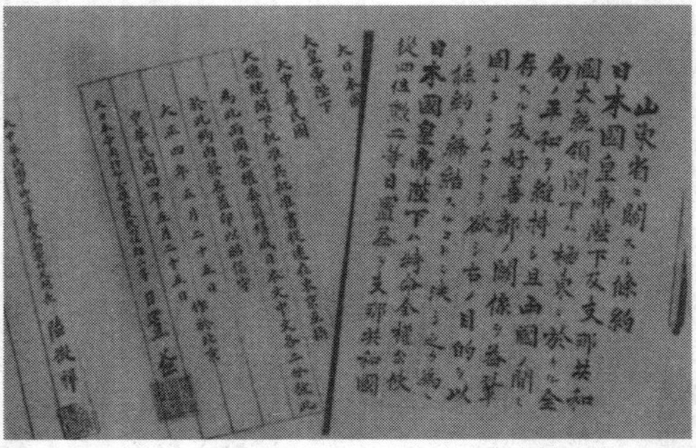

▲“二十一条”条约的中、日文约本。

三年的驻外生涯，让东条英机学到了不少东西，也深受西方先进科技的刺激，这使他感到有一种责任，有一种压力，去扩张日本的利益。美国无疑是一个强大的榜样，东条英机回国途中决定取道美国。

1921 年 12 月 13 日，美、英、法、日四国签署了《美英法日关于太平洋区域岛屿属地和领地的条约》，简称《四国条约》。条约规定：缔约各国同意相互尊重它们在太平洋区域内岛屿属地和岛屿领地的权利；如果相互之间发生涉及上述权利的争端而不能通过外交途径获得满意解决时，应邀请其他缔约国召集会议受理全部问题，以便考虑解决；当缔约国在太平洋区域的权利遭受到任何国家侵略行为的威胁时，缔约各国彼此之间应全面、坦白地进行协商，以便采取最有效的措施。条约有效期为 10 年，此约批准生效后，英日同盟即失效。

舆论界普遍认为这是美国取得的一项重大胜利，因为它以四国条约的形势葬送了英日同盟。这样也使四国在太平洋地区的现状暂时稳定下来。

在拆散英日同盟以后，美国又首先提出了限制海军军备的方案。由于战后英国经济实力的削弱，无力与发了战争横财的美国竞争，所以英国首先被迫同意美国的建议，而放弃了自己所主张的海军“两强标准”。

而日本代表则竭力反对美国的方案，强调日本由于国家安全的特殊需要，不能接受美国提出的海军军备发展的 5：5：3 的比例，他们要求 10：10：7 的比例。美国代表于是威胁说，要是日本继续坚持下去，那么日本每造一艘军舰，美国就造 4 艘来回应。由于英美的联合压力，日本代表才同意 5：5：3 的比例，但要求英美一定放弃建设和加强太平洋西部地区的海军基地。

在这次较量中，东条英机深切地感到经济发展的巨大作用。他几乎无法忍受美国在会上的财大气粗、狂妄自大的形象。但苦于经济上的原因，日本必须忍辱负重，以待今后的经济飞跃。他回去后要向国人加强经济发展重要性的宣传，以加速大和民族的腾飞。东条英机感慨万分……此时，引起他注意和思考的有另一个问题，是关于中国的问题。

1921 年 11 月 16 日，北洋政府首席代表施肇基在休斯的授意下，向远东及太平洋问题总委员会提出要求解决中国问题的 10 项原则。第一条是空洞地要求各国“尊重并遵守”中国“领土之完整及政治与行政之独立”。而对国内各界人士迫切要求解决的山东问题、“二十一条”问题则未提出具体要求。第二条宣称中国即完全赞同所称开放门户并接受各国工商业机会均等之原则，愿意承认并实施此原则于中国各地，无有例外。

“这无异于引狼入室！”东条英机在心里嘲笑。

第四条对外国在中国的特权，只要求宣布、审查，以便确定其范围与效力，而不提要求废除。第五条说，凡中国政治、司法、行政上行政自由之限制应立即废止或于情势所许时废止之。总之，各条都是立场软弱，措辞卑下、含糊。美国认为其过于广泛，不着边际，无法详细讨论，最后不得不被其他议案所替代。

“这是中华民族的悲哀！大和民族应趁此吞噬他！他一旦觉醒，威力无穷啊！”东条英机想到此，不禁热血上涌。

回国后，东条英机在陆军大学讲授军事学。通过教学，他不断向学生讲授时势的发展动态，以及日本在这种时势中如何求得生存。他心中的远大计划也被灌输到学生头脑中。

每次向学生们发表“讲演”，东条英机都能收获学生们热烈的掌声，这让东条英机仿佛看到了在日本帝国大厦下欢呼的臣民，也仿佛看到了臣服在日本帝国麾下的亚洲民众。

No.2 狂热的陆军部少壮派

1923 年，苏联实际上处于软弱无力的状态，加上有中国东北相隔，所以一开始日本对苏联的国防观念不甚重视。在陆军部内虽有人高喊苏联将来的威胁，但仅被看作用以维持并增强陆军军备的借口而已。

其时，日本对苏作战的目的与以往的用兵纲领应是相同的，即击溃在远东的敌人并占领贝加尔湖以东必要的战略要地，主战场应在中国东北。

而在对华作战方面，日本主要目标在于完全平定中国东北。虽曾计划对辽西，特别是对渤海沿岸作战，但热河地方军队情况的调查，尚未取得足以制订计划的成果。此外，从朝鲜北部沿延吉—敦化—吉林道路的作战，也仅能有初步计划。

在对华北方面，则认为必要时以相当兵力在秦皇岛、塘沽、天津以及山东半岛登陆，占领河北及山东半岛的战略要地。在华中方面，虽在上海附近长江口岸选定了登陆点，但是否在此作战，尚需根据情况确定。

此外还应该制订占据浙江、福建及其以南的海岸要地的方案。但是由于尚有对华行使武力必要的时机、中国国内的政治情况、第三国的态度以及其他许多不能确定的重要问题，以致对华作战总的方案，除小部分有具体计划外，大部分需要临机决定。

▲皇姑屯爆炸的现场。

1928年3月，日本军国主义领头人之一东条英机调任为陆军部整备局动员课长。8月时，他由于成绩卓著被授予陆军步兵大佐衔。进入陆军部工作后，东条英机对一切事务都了如指掌。

▲皇姑屯爆炸的现场。

日本军国主义分子谋划的侵华初始行动，发生在一天凌晨……

1928年6月4日5时20分，在中国东北的皇姑屯，一声巨响，张作霖所乘坐的专车顿时飞上了天。国内外舆论哗然，然而日本陆军部内却如微风拂水，倒显得很平静。

东条英机作为动员课长，非常了解事情的真相。这就是由日本陆军内部少壮派河本大作计划的刺杀事件，即皇姑屯事件，它在日本国内引起强烈反应。事件的结果却并没有引起像陆军部少壮派军官们所想象的那样事态扩大。张作霖之子张学良忍辱负重，改旗易帜，成立东北边防军总司令部，他也被国民政府任命为总司令。此后，张学良又把满蒙五条铁路的问题移交给南京国民政府交通部处理。反对张学良这一行为的杨宇霆，也于1929年1月10日夜在张学良官邸内被枪杀。由此，南京政府在东北确立了统治权。

日本军部一些人感到有一种被欺骗的感觉，他们原本想挑起张作霖的部队攻击日军，给关东军大规模侵犯中国东北找借口。可是因时间急迫，关东军准备不及，并未敢轻举妄动。对河本大作而言，这是一次失败，他因此被调职。不过他的失败却给予他的继任人板垣征四郎有益的教训，使板垣与另一位主战的军人石原莞尔，合作制定军事占领满洲的新计划。

当时的田中内阁，对河本大作炸死张作霖的事件表现出特别的不满，并下定决心“以军法会议严格处分有关者，依陆军的稳健派来重建有纪律、有秩序的军队”。

东条英机也知道，如果田中内阁的计谋得逞，自己作为事件的参与者，将会被从陆军部开除，他和他的同僚入侵中国的远大计划将付诸东流。所以，当时东条和同僚都施展自己的全部解数，八方游说，鼓动陆军中的激进派和朝野内反田中的一切势力，群起攻击内阁，以推翻田中内阁。

结果，东条英机和朋党们胜利了，田中内阁辞职了。东条英机的机会来了。

▲日本关东军高级参谋河本大作。

东条英机在任动员课长一年半之后，于1929年8月，调任步兵第1联队长。在任联队长期间，他办事干练、利索，就像剃刀一样，所以赢得了“剃刀东条”的称号。

不久，日本国内的形势逐渐对军部有利。围绕河本事件，陆军的控制问题也逐渐引起日本高层的注意。1929年7月，由民政党的滨口雄幸组成新内阁，井上准之助任大藏大臣，币原、宇垣再次登台，分别任外务大臣和陆军大臣。他们对军事有新的规划。

这届内阁组成的开始就预示着这是一个多事的内阁。它被迫要解决包括满蒙问题在内的对华问题；还有因对华问题所引起的，围绕炸死张作霖事件的控制陆军问题；由于紧缩财政的需要，第三次裁军也将成为课题；此外，海军方面的伦敦裁军会议的趋势和归宿也是个问题。

宇垣的再次上台就是为了解决前任内阁遗留下来的满蒙问题和军制改革问题。可是，此时日本国内的中心问题已转移到裁减海军的问题上，陆军是作壁上观。因此，由军制改革引起的陆军部内的控制问题暂时退居次要地位，社会上的关注点也集中于围绕裁减海军的海军控制问题了。

日本陆军和海军都对裁军问题有一种本能的厌恶感。不过既然是出自国家政策的需要，也不能完全拒绝。陆军这时还有一个“军政改革”的借口逃避裁军，而海军性质不同，不能像陆军那么做。不过，陆军也面临着一个大规模整编人员的直接难题，于是他们便分别强调其加强军备的重要性。

但此时日本国内经济状况恶化，以至于不得不采取紧缩政策。东条英机知道，前一年政府就已声明，官员包括军人的薪水要减去一成。但这种做法很不得人心，不久就被撤回了。1月初，政府又断然解除黄金出口的禁令，结果生丝价格跌落，影响到了小农经济。此外，由于产业合理化和低物价政策，城市中的失业者会不断增加，农村则由于米价下跌，农民收入减少。经济萧条笼罩着大街小巷，人心也不由得陷入一种焦躁气氛之中。

在此情形下，参谋本部俄国班的桥本欣五郎（陆军士官学校第23期）回国以后组建了“樱会”。桥本在驻土耳其期间，亲眼见到基马尔·帕夏领导的青年土耳其党在第一次世界大战的废墟上复兴祖国的情况，十分钦佩，试图把他的做法运用于日本军部内的革新运动。

▲东条英机在检阅日本军队。

▲日本首相东条英机（左）和继任者小矶国昭首相。

▲被称作『马来之虎』的山下奉文。

这个由骨干军官组成的樱会虽说是有志者的结社，但实质上是以中央机关的幕僚为中心的组织，从它建立伊始，其动向就受到了日本军部内外的注目。

但是东条英机本人却反对桥本、大川的“先内后外”的主张，认为应该“先外后内”。按日本国的国情，不如迅速驱使国家向外发展，即先发动侵略战争，然后借助战争，驱使现政权执行积极政策——逐步实行国家集权化。东条的这一主张由于得到了永田铁山的大力支持，最终驳倒了“先内后外”的思想。宇垣陆相起初并没有反对樱会的主张，但由于政变计划没有落实，加上永田铁山等实权派的反对，宇垣发生了动摇。

此时，军部势力正在策划着“满洲计划”。

No.3 急先锋阴谋侵华，诡计连连得逞

1931 年 1 月，日本政友会议员、原满铁副总裁松冈洋右在议会上攻击政府的软弱外交，带头叫嚷满蒙[①] 是日本的生命线。这一煽动口号被大肆传播，“保卫满蒙权益，死守满蒙生命线”的言论甚嚣尘上。

只要走在日本的大街上，就会发现一些受骗群众那血红的眼睛。

6 月，在日军参谋本部作战部长建川美次的主持下，参谋本部和陆军省永田铁山等五课长拟定了《解决满洲问题方案大纲》，决定必要时采取军事行动，以一年为期，争取国内外的谅解。7、8 月间，日本制造和利用万宝山事件和中村事件，进一步在国内煽起“满蒙危机”的紧张气氛和排外主义情绪。8 月 4 日，陆相南次郎在师团长会议的训示中，对满蒙问题发表强硬言论，要求军队随时准备尽军人的天职。从 8 月初起，政友会在各地举行集会，鼓吹打破软弱外交。政友会干事长森恪公然宣称，处理日美关系和满蒙问题必须有待国力之发动。此时，民政党内阁虽尚未最后抛弃协调外交，但在排外煽动中也不甘落后。民政党总裁、内阁首相若木规在民政党大会上表示，为保卫满蒙权益，国民应准备不惜任何牺牲，勇敢奋起。这时，贵族院各派也在商议满蒙问题的对策。

1927 年 7 月 25 日，日本首相田中的《对满积极政策》奏折上奏日本天皇。这篇以流利的日语陈述的长达 60 多页洋洋 4 万余言的奏章，就是臭名昭著的“田中奏折”。奏折中大书特书占有满蒙之好处和暗示称霸亚洲、争雄世界的野心。

日本帝国主义者后来精心设计的“九一八事变”“卢沟桥事变”直至发动太平洋战争，无一不是根据此奏折所拟定的方针而进行的，尽管田中本人在上奏之后的两年又两个月后病死了，但并没有影响这些方针的施行，所以它极令世人痛恨。

① 满蒙，日本把中国东北辽宁、吉林、黑龙江三省和内蒙古东部等地区称为满蒙。

战略确定了，日本现在需要的是机会和借口。终于，1931 年 9 月 18 日，一批日本士兵制造了“柳条湖事件”，声称是中国军队故意破坏铁路。旋即，日本关东军司令部就从旅顺搬到了沈阳。

“日本国的武士们，军人们，你们终于可以为天皇效命了。我也必须去那个地方，而不能等到皇军凯旋之时再去。不扩大事态，岂不是贻误战机吗？”东条英机面对如此局面，心中这样想着。

“我们要为天皇去征战，要有勇气和决心为天皇去赴死。我们愿意做天皇的挡箭牌，永远保护他，并为他效劳。为了天皇，我们在满洲的土地上粉身碎骨也在所不惜！来，大家喝掉苦茶，听听这悲壮的萨摩琵琶曲，把你的剑舞起来，把你的枪端起来，装上子弹，对准我们的敌人，时刻准备扣动扳机。让我们共同去奋斗——为天皇效忠的时刻到来了。让我们起来勇敢地去作战，为天皇效忠！”东条英机在狂吼着。

从陆军大学毕业后，东条认为自己很得志，没多久就得到提升，先后任陆军省副官、驻德国大使馆武官、陆军大学教官、陆军省整备局动员课长等职。

无论在哪一个职位上，或者说对于这个武士世家出身的狂热分子来说，无论有没有官职，有没有晋升的机遇，东条都要去充当鼓吹侵华的急先锋。

日本军中自上到下，狂热的呼号一阵接着一阵。东条英机由附和者逐渐成为领导者。他对其他一些与自己一样早已磨刀待命的青年军官大肆鼓吹向中国东北进军，其“理论”与军国主义前辈如出一辙：

“满蒙是日本国的生命线，我国的军人不能让生命线落入别人手中而坐以待毙，我们必须以实力占据并保护好这块基地！”

是什么基地呢？它是日本妄图征服整个中国和在东亚展开更大规模侵略扩张的跳板。

可日本军部没能立即采取果断行动，东条为此绞尽了脑汁，急得团团转。他是坚决支持日本出兵的，他甚至不愿意看着关东军一直在等待时机：“口实必须由我们日本军人自己制造出来，看样子中国人无论如何也不会先采取行动的，傻等下去何时能结束啊？要主动出击，哪怕做出一些财产和生命的牺牲也要干。”他暗中盘算着。对军部、关东军的行动，东条此时没有什么发言权，但他在鼓动宣传方面是走在前列的。他私下里曾与身边的人说道：“政府如此软弱，军部就不该继续听他的话了。可以自己制订作战方案请示内阁，他们不同意就倒掉它算了，碍手碍脚，很不方便。何去何从，政府还是糊涂的，等他们制订出对满蒙的具体行动方案，就太晚了。”

于是，他立刻和另一个课长给陆军大臣写了份建议书。

陆军部长、参谋长南次郎、金谷范三，两个可称得上是干练的军事长官，看过这份意

▲日本接见德国代表。

▼日本代表团访问德国慕尼黑。

▲日本天皇（敬礼者）是发动侵略战争的始作俑者，他正在检阅部队。

见书后，很长时间相视无语。

他们开始注意并赏识带头签名的这两个课长及其所作所为。

此时的东条英机，刚升为第一课长，此职务对他来说有点儿父职子继的意味，他承父业为天皇效忠，青年时代的梦或许到了要圆的那一刻了吧。“九一八事变”之前不久的人事调换，很像是一个宣言，至少可以作为一个暗示，暗示紧张局面的制造者已经出现，紧张局势的出现由此之后只是时间早晚、闹大闹小的问题罢了。

1931年春天刚到，日方的背后策划工作就大张旗鼓地展开了，并已经有部分公开的倾向。陆军参谋本部中的军事课长永田、补任课长冈村、编制课长山胁、渡欧美课长、中国课长重藤加上建川美次等人经过仔细的分析论证，整理制订了所谓《满洲问题解决方案大纲》。

《大纲》无外乎有这样几项内容：争取避免与张学良的东北军发生正面军事冲突，但在解决现实问题的手段上日本已决心使用武力。在武力行动之前必须争取国内外社会舆论的支持。目前在中国东北的关东军恐怕不足以应付未来的形势，因而请求支援。另外陆军部认为军事出击的时刻还没有到来，要等待更有力的口实，这似乎与关东军有一些分歧。

东条英机、今村均、土肥原贤二等调任新职位的人，一上任首先就是着手研究这一方案。对于如何处理中国东北问题的方针大略，东条英机这些人还没来得及也没有足够的依据提出修改建议，他们现在的职责只是在此蓝本上研究制订出具体的实施方法。

东条自然是核心委员会的成员之一。在开始着手研究工作时，“中国通”矶谷廉介——当时任日本教育总监部的课长，也参加了讨论与研究。由于这些人都是刚经过调任的骨干分子，个个都在绞尽脑汁，争取想出最好的方法。所以可以认为，当时日本军事行动的每一个具体的行动指令都由此发出，因为他们的任务就是出谋划策，并且其声望不断提高，大有可能作为制订应付紧急时局对策的中心，俨然是军部所辖的一个很有权力的智囊团。

东条英机一伙人的目光并没有完全落在一纸《大纲》之上，他们需要寻找更多的理论与现实依据，因而时刻关注着满洲时局的微妙变化；同时十分重视关东军、国内军部、政党、内阁的动向与主张，以便提出更有利于加快军事侵略步伐的方法。此外，他们还承担了带有煽动性的宣传工作。

1931年8月初，陆军大臣南次郎要参加由各军司令官和师团长参加的临时会议，他准备在会上做训示演说。在这个关键时刻，军队的重要性显得特别突出，因而作为日本陆军一把手的陆军大臣，在这种高级军官会议上发表的演说，自然而然地会显露出至少是军部方面的某些倾向。甚至可以说南次郎的这次演说极有可能被那些司令官、师团长们理解为带有政策性的东西。所以这次演说的内容当然应该严格起草。这样一来，起草人的选择就是慎而又慎的一件事了。

这个后来引起政界及舆论界激烈争论的陆军大臣演说辞的起草者，恰恰是东条英机他们这个研究班子。

因此，东条是“九一八事变”阴谋的积极策划者与参与者，这是谁也否定不了的历史事实。令东条英机惊喜的是，天皇对“九一八事变”似乎早有预料。

1931 年 9 月 19 日凌晨，天皇的随侍人员奈良武次大将从报纸得知了昨夜满洲出现的事端后，立即向天皇陈述。而天皇对此并未吃惊，并且一言未置。

▲ 1931 年，“九一八事变”后，日军向东三省进军。

下面的情况更有些微妙，一系列的“战果”频频报上来，天皇对不断升级的军事行动未下令禁止，只是接受。

9 月 19 日上午，南次郎在得知关东军已经侵占奉天、长春，并攻击中国兵营后，上奏天皇说：

“我军与中国东北军在奉天附近发生冲突，我军已占据北大营，内阁会议将讨论对策。”他有意回避了最新消息。

奈良武次插话说：“关东军的行动范围，有它自己的条例，在其军内部就可以独自决策。若事实上超出其条例，必须召开内阁会议，擅自扩大行动是军部的越权行为。如果事情发展到需要大量出兵的时候，那就需要召开御前会议来裁决。”天皇随侍说的话，代表了天皇的心思，因为天皇只是倾听而没有表示反对。

这无疑是天皇向军部交了底：你们若需大规模动武，那我将主持御前会议加以配合。

日军占领奉天城、攻击长春附近兵营的消息传到军部后，金谷范三于 19 日向天皇奏报了战况，并将朝鲜派遣军与关东军的勾结行为也做了说明。可天皇却对上奏的这些严重事态置若罔闻。

9 月 21 日，驻朝鲜日军越境。当天下午，金谷范三将实情奏报天皇，而南次郎则更加大胆，他在内阁会议上除了提出增兵的要求之外，又公然提出请求天皇批准增兵，只是由于内阁反对而使其动议夭折。

9 月 22 日，天皇询问奈良武次：

“你应代我提醒参谋总长，现在的事态不宜扩大，你做了吗？”

“我已告诉了他们，但很显然的事实是，已经出动的军队势如骑虎，覆水难收，尽管有很多越轨之处，但只能成为遗憾了。”

天皇似乎表示理解。

当天内阁就承认了“既成事实”，天皇随后批准了内阁关于支持军费的决定。内阁、天皇的决定和批准书，使朝鲜派遣军增兵、独断越境得以合法化，而天皇对如此重大的事件仅是轻描淡写地提醒金谷范三参谋总长以后注意不要再做出类似事情。于此一事，内阁、天皇对事态的推动作用是明显的，天皇的“宽大处理”使陆军、关东军更加肆意妄为，“九一八事变”造成的危险事态越发不可控制了。

这样，“九一八事变”深夜的沉寂被打破之后，日本驻中国东北的特务机关长板垣征四郎立即做出攻击北大营、奉天城的决定，并且以十分强硬的口吻命令：“不得有误！”

于是日本关东军独立守备队第 2 大队、步兵第 29 联队等纷纷行动，执行板垣的命令。之后，北大营、奉天城开始受到日本猛烈的炮火袭击。

东北军参谋长赵镇属等人边组织抵抗，边准备有计划地撤退，且战且退。至 9 月 19 日凌晨 5 点，尽管广大官兵奋不顾身地英勇抵抗，但孤军奋战的第 7 旅无法顶住装备精良的日本军队，经过十余年苦心经营的东北军北大营兵营在“不准抵抗”的方针下落入了日军之手。

▲ 1931 年 9 月，日军攻占了沈阳北大营。

第四章

中国共产党发出抗日救国呼号，开启局部抗战

在中国共产党的积极促进和各方爱国人士与全国人民的不懈努力下，以国共两党第二次合作为基础的抗日民族统一战线终于初步形成。抗日民族统一战线的初步形成，奠定了中华民族抗战的政治基础。国共两党着眼于各自的实际情况，分别从不同方面加快了全国抗战的准备。

No.1 东北抗日救亡

“九一八事变”后，日本侵略者在一天之内占领了辽宁省的 18 个主要城镇。当时担任中共满洲省委常委、宣传部长的赵毅敏认为，必须尽快让群众知道东北正在发生什么。于是，他决定连夜起草一个宣言。

在回忆当时起草宣言的想法时，赵毅敏说，宣言要告诉大家三点内容，一是要写日本武装占领沈阳，这是其“大陆政策”和“满蒙政策”的必然行动，是日本军国主义阴谋已久的侵略。二是要写国民党政府的不抵抗政策。三是要号召广大工农兵劳苦群众在中国共产党领导下，进行武装斗争，将日本帝国主义驱逐出中国。

第二天一早，中共满洲省委召开了紧急会议，讨论了就当前紧急形势，要以省委的名义发表一个宣言。会议讨论、补充了赵毅敏起草的宣言，形成了《关于反对日本帝国主义占领满洲的宣言》。

同一天，中华苏维埃共和国中央工农革命委员会也发表了名为《关于反对日本帝国主义强占满洲的宣言》。

此后，中国共产党又发表了 10 多个文件，揭露日本帝国主义的侵略野心，阐明国民党政府“不抵抗”政策的严重危害，号召民众广泛开展抗日救亡运动。

1931 年末到 1932 年初，日军在辽西地区受到民众自发的东北抗日义勇军的英勇抵抗，特别是辽西义勇军全歼古贺联队的战斗，大长了东北民众的威风，也鼓舞了东北人民的抗日热情。东北民众抗日救国会在这种情况下，更加积极组织、领导和动员东北民众支援抗日义勇军。东北民众救国会组成人员有国民党改组派，青年党、无党派人士，也有共产党和共产党影响下的进步青年。

东北抗日义勇军运动是东北人民抗日斗争的一次高潮，它是以马占山江桥抗战为标志的，席卷全东北的一次悲壮、惨烈的民族救亡运动。千百万优秀的东北儿女同仇敌忾，共赴国难，保卫自己的土地和家园，用鲜血和生命在中华民族的历史上，写下了难以磨灭的壮丽篇章。

遍及东北大地的义勇军抗日活动让日军大为惊慌。为一劳永逸地“平定”东北，日本向中国东北大举增兵，到 1932 年秋末，日军在东北的兵力已达 4 个师团和一个混成旅团，加上空军和特种部队，共计超过 14 万人，比“九一八事变”时多出近 14 倍，比进攻上海时投入的总兵力还多一倍。从这年的 10 月起，日军伙同 8 万伪军，分别向各路义勇军展开了长达一年多的血腥“大讨伐”。在日寇的残酷“讨伐”下，一度轰轰烈烈的义勇军运动失败了。但义勇军的斗争仍然成为中国人民抗日斗争史上的辉煌篇章。

面对野心勃勃的日本帝国主义侵略者，中国人民是不会认输的。

1933 年 5 月中旬，中共满洲省委召开省委扩大会议。在这次会上，明确提出了满洲反日游击运动党的策略方针和具体任务——在目前东北反日民族解放运动的现阶段上，必须执行民族革命的统一战线方针，开展广大群众的日常政治、经济斗争，争取和巩固无产阶级的领导权，建立东北的人民革命军与选举的民众政府。

1933 年下半年至 1936 年春，中共满洲省委根据中共中央《关于加强党的领导，建立反日统一战线，扩大游击战争》的指示精神，决定以游击队为基础，组建东北人民革命军。

1933 年 9 月 18 日，“九一八事变”两周年这天，磐石中心县委和南满游击队，在磐石西玻璃河套猪腰岭召开会议，正式宣布将“红军第 32 军南满游击队”改编为“东北人民革命军第 1 军独立师”。杨靖宇任师长兼政委，宋铁岩任政治部主任，李红光任参谋长。该师成立的当天，向东北 3000 万民众发表了成立宣言以及《告反日义勇军战士书》。成立

▶ 1932 年春，义勇军攻入沈阳城，民众在小东门列队欢迎。

宣言在历数了日本侵略者的暴行和国民党政府卖国投降的罪行之后，郑重宣布："……东北人民革命军第1军独立第1师是东北3000万民众的武装力量，1师全体战斗员热烈地希望，并欢迎工人、农民、士兵、警察、贫民、学生成群结队地来参加游击队，共同与日本强盗及走狗'满洲国'作战。更希望工厂中、农村里、兵营中、学校里，广泛地组织反日团体，扩大反日战线，早日达到收复失地，打倒日本强盗及走狗'满洲国'统治的目的。"

在《告反日义勇军战士书》中，独立师表示：一、不投降、不卖国、不扰民，反日到底；二、没收日本帝国主义及其走狗的财产充作抗日军费；三、维护民众利益，不妨碍民众反日斗争，武装民众共同抗日。

独立师成立后，便以崭新的面貌出现在人民群众面前。满洲省委巡视员在1934年4月23日给省委的报告《南满抗日游击运动》中写道：

大的、小的，所有鸭绿江北、沿着老龙岗山一带主要的抗日军，皆向我们靠拢，完全在我们的领导之下，组织了东北抗日联军及其总指挥部。取消了他们的山头，改换为"第×支队"的名称。至于群众，都说我们才是真正抗日的，看我们的队伍如同救星一般。

由于独立师深受群众欢迎，所以尽管在其成立后即面临着敌人的一次又一次进攻，但越战越勇、越打越强。

1934年2月21日，当独立师司令部召集南满一带17支反日武装的首领来开会时，大家都来了。会上，他们一致同意成立抗日联合军总指挥部，并发表了《抗日联合军成立宣言》，杨靖宇被选为抗日联合军的总指挥。

到1934年9月份独立师成立1周年的时候，已经发展到800多人。这一年11月5日，中共南满党的第一次代表大会在临江县召开。大会一致通过了杨靖宇关于正式成立东北人民革命军第1军与组织中共南满特委的提议。

东北人民革命军第1军下辖两个师及各个直属队。杨靖宇任军长兼政委，朴宗汉任参谋长，宋铁岩任政治部主任。李红光、曹国安分别任第1、第2师师长。

1935年8月1日，中共中央又发布了一个对东北抗战起转折性作用的文件——《八一宣言》。宣言向全国同胞提出停止内战、一致抗日，号召组织全国统一的国防政府和抗日联军，并明确宣布"苏维埃政府和共产党愿意作成立这种国防政府的发起人""红军绝对首先加入联军，以尽抗日救国的天职"。这是中国共产党历史上一个非常重要的文件，为抗日民族统一战线提供了理论基础，并直接导致了"一二·九运动"的爆发，从而掀起抗日救亡运动的高潮。

1935年2月，中共上海中央局遭到4次破坏后，东北抗联即与中共中央失去了联系。此后，中共东北党组织及其领导的抗日游击运动便由中共驻共产国际的代表团直接领导了。

No.2 抗日民族统一战线初步形成

1933 年 1 月 17 日，中共中央以中华苏维埃临时中央政府和工农红军革命军事委员会的名义郑重发表宣言，表示愿意在停止进攻红军、保证人民民主权利及武装民众三个条件下，与国内任何武装部队停战议和，枪口一致对外，共同抗日。

1935 年 8 月 1 日，中共驻共产国际代表团以中华苏维埃中央政府和中共中央的名义起草了《为抗日救国告全国同胞书》即“八一宣言”，不久之后公开向社会发表，提出了“停止内战，一致抗日”的正确主张。

1935 年 10 月，历尽千辛万苦的主力红军到达陕北后，来不及洗去长征途中的血迹尘埃，来不及享受胜利的喜悦，就在瓦窑堡紧急召开了政治局会议，通过了《关于目前政治形势与党的任务的决议》，确立了抗日民族统一战线的政策。12 月 27 日，毛泽东在党的一次会议上，作了《论反对日本帝国主义的策略》的报告，系统地阐明了抗日民族统一战线的理论基础和策略方针，为促进抗日民族统一战线的形成，迎接抗日民族解放战争的到来，做了政治上理论上的准备。

中国共产党这种以民族大义为重，摒弃前嫌，共赴国难，促成全国共同抗战，竭尽全力建立抗日民族统一战线的博大胸怀，赢得了各界人士的热烈响应，同时也促进了国民党统治集团的分化，包括许多国民党元老都对蒋介石“攘外必先安内”的政策不满，全国讨伐蒋介石的声浪越来越大。

蒋介石虽然进行了一些政策上的调整，但仍孤注一掷企图“剿灭”红军。1936 年冬，蒋介石调集约 30 个师的兵力准备进攻陕甘地区。12 月 4 日，蒋介石飞抵西安，迫令张学良、杨虎城率部进攻红军，否则，将东北军调往福建、杨虎城的第 17 路军调往安徽，由中央军进驻陕甘“剿共”。张学良、杨虎城既不愿与红军开战，也不愿离开西北。二人在反复劝说蒋介石接受抗日主张无效后，决心实行“兵谏”，以救时局。

12 月 12 日凌晨，按照张学良、杨虎城商定的计划，东北军扣留了蒋介石，第 17 路军控制了西安城，并扣留了从南京来的几十名国民党军政要员。当天，张学良、杨虎城及东北军和第 17 路军高级将领联名通电全国，提出改组南京政府，容纳各党各派、共同负责救国，停止一切内战，立即释放上海被捕的爱国领袖，释放全国一切政治犯，开放民众爱国运动，保障人民集会、结社一切政治自由等八项主张。

这就是震惊中外的西安事变。

12 月 17 日，中共中央派周恩来到西安帮助平息事态。周恩来凭借其广博的知识、敏捷的思维、高明的策略，穿梭于各方之间进行斡旋。

周恩来说，我们是来求同而不是立异的。什么是我们求同的基础呢？那就是我们都是中国人，都是轩辕黄帝的子孙！面对着日寇的步步进逼，中华民族到了生死存亡的关头，我们不愿当亡国奴啊！所以，在此民族危亡之刻，我们应该一致对外！

虽然蒋介石的心里很不情愿，但为了尽快脱身，他还是在见到周恩来时说，我们不要再打内战了。

无论如何，蒋介石算在表面上答应了国共合作，一致对外。

12 月 25 日，张学良陪同蒋介石飞离西安回南京。然而，一到南京，蒋介石就扣留了张学良。消息传出后，西安出现动荡不安的局势，内战危险重新显现。周恩来在极端困难的情况下进行坚定和细致的工作，及时解决一系列棘手问题，基本上保持了和平解决西安事变的成果。

西安事变的和平解决，挫败了日本侵略者和亲日派的阴谋，促进了国内和平的初步实现，对国共两党的再度合作起了重大的推动作用，为全民族抗战的实现准备了必要前提，因而成为转换时局的关键。

以西安事变为契机，中共中央及时将“逼蒋抗日”的政策转为“联蒋抗日”的政策。1937 年 2 月 10 日，中共中央致电国民党五届三中全会，提出五项要求和四项保证。五项要求即：停止内战，集中国力，一致对外；保障言论、集会、结社之自由，释放一切政治犯；召开各党各派各界各军的代表会议，集中全国人才，共同救国；迅速完成对日作战之一切准备工作；改善人民的生活。电文指出，如果国民党能毅然确定此为国策，中国共产党愿意作出四项保证，即：在全国范围内实行停止推翻国民党政府的武装暴动方针；工农政府改名为中华民国特区政府，红军改名为国民革命军；特区实行彻底的民主制度；停止没收地主土地的政策，坚决执行抗日民族统一战线的共同纲领。

2 月 15 日至 22 日，国民党五届三中全会在南京召开。这次会议虽没有制定出明确的抗日方针，没有检讨国民党过去的错误政策，没有根本放弃反共立场，但通过的宣言和议案确定了和平统一、修改选举法、扩大民主、开放言论自由、释放政治犯等原则，重申了保卫领土主权的立场，反映出国民党在内外政策上的明显转变，表明国民党在实际上接受了中国共产党关于两党合作抗日的正确主张。

由于中国共产党的积极促进和各方爱国人士与全国人民的不懈努力，以国共两党第二次合作为基础的抗日民族统一战线终于初步形成。

抗日民族统一战线的初步形成，奠定了中华民族抗战的政治基础。国共两党着眼于各自的实际情况，分别从不同方面加快了全国抗战的准备。

第五章

法西斯魔爪张开

1939年9月1日凌晨4时40分，德国空军开始轰炸波兰本土。仅过了5分钟之后，德国的地面部队即越过德波边界向波兰境内挺进。而与此同时，在清晨的薄雾中，一艘德国旧式战列舰开始炮轰位于韦斯特普拉特的波兰要塞。

于是，第二次世界大战在欧洲爆发了。

No.1 意大利吞并埃塞俄比亚

相对于德国和日本来说，意大利的墨索里尼建立极权统治的时间最早，他将魔爪明目张胆地向邻国伸出的时间也更早一些。

墨索里尼一方面将全部精力致力于维护和平，另一方面又秘密地积蓄着自己的力量，他的一切活动只围绕着一个中心——统率意大利进行一场胜利的战争。他强烈地感觉到，必须抓住时机先征服一个国家，从而证明意大利在他的领导下已成为一个强国。

环顾四周，哪一个国家是他最好的磨刀石呢？只有埃塞俄比亚。

埃塞俄比亚时称阿比西尼亚。它位于非洲东北部，是一个内陆国家。全国面积约有110万平方公里，其中高原面积占全国总面积的2/3，平均海拔高度为2500米至3000米，有“非洲屋脊”之称。

墨索里尼所设想的战争也是帮助意大利解决经济问题的一个途径。一旦征服了埃塞俄比亚，现有的两块殖民地厄立特里亚和索马里就将连成一片。他幻想着将成百万——一度曾讲过1000万——意大利人移民到统一的东非。他不能听取那些现实主义者的意见，因为他们认为，经营殖民地得不偿失。过去他自己也曾有此看法，但现在他却喜欢听另一些人的意见，他们主观臆测冒充内行，说意大利能在几年内将阿比西尼亚变成一个富饶的经济区。此外，还可从当地征召100万或200万阿比西尼亚人入伍，这对墨索里尼同样也具有吸引力，因为一旦这块新殖民地在一定程度上实现工业化后，这支军队就是控制整个非洲大陆的一股力量。

关键问题是确定时机。这场酝酿中的非洲战争必须在德国还没有足够力量改变欧洲力量均势之前结束，而且还要打赢。专家们设想，如果能投入一支十分庞大的部队，阿比西尼亚是不难被打败的。

到1932年底，墨索里尼已批准了一项粗略计划，并同意战争应大致在1935年秋雨季以后开始。

此时，“瓦尔瓦尔事件”终于为墨索里尼酝酿已久的侵略提供了口实。

一个划定阿比西尼亚和英属索马里边界的英埃边界委员会于1934年11月23日到达瓦尔瓦尔泉水处。该地位于埃塞俄比亚境内160公里处，这一地段与意属索马里的边界未经划定。边界委员会到达时发现这里已被一支意大利武装力量占领。委员会的英方代表克利福德上校遂向意大利提出抗议，认为他们的存在有碍英国代表在埃塞俄比亚领土上的行动自由，但英国代表为避免发生“国际事件”而后撤了。埃塞俄比亚的代表们却留在了那里，他们认为，这个地区以至整个索马里海岸都曾经向高原的皇帝进贡过，因此在殖民时代以前就是埃塞俄比亚的一部分。这正是墨索里尼所需要的争执。

1934 年 12 月 5 日，战斗爆发了。意大利人出动了一辆装甲车和几架飞机。

全世界都同情埃塞俄比亚，而整个非洲大陆黑人的同情，更是具有特别重大的意义。当时欧洲各国首都的政治鼓动，诗歌和政治家的演说，都反映出这种同情。这种同情后来有助于埃塞俄比亚政府同非洲新兴国家的团结。

战争开始后，意大利人的反应是令人吃惊的冷淡，这一点连墨索里尼本人也不得不承认。他声称，这是一场抗击野蛮侵略者的自卫战争，但他的话缺乏根据，令人难以相信。没有多少意大利人响应他的号召去参加志愿军。最后，果不出所料，使意大利人普遍动员起来的却是国际联盟的 50 个成员国的一致谴责。这正是他求之不得的，因为国际谴责能使意大利人相信，他们的国家正处在危急之中。

战争的规模在不断扩大，但是英、法两国却不愿意冒同意大利进行战争的风险，它们在纵容侵略的道路上越滑越远。1935 年 12 月 9 日，英国外交大臣霍尔和法国外交部长赖伐尔秘密缔结了《意大利一阿比西尼亚冲突的共同解决提纲》，即《霍尔一赖伐尔协定》。协定建议：阿比西尼亚将整个欧加登省和部分提格雷省割让给意大利，将埃塞俄比亚南部 16 万平方公里的国土划为“意大利经济发展和居留的地区”；作为交换，埃塞俄比亚可得到意属厄立特里亚一条狭长的沿海地带（仅 7680 平方公里）。这个建议实质上是将阿比西尼亚从一个独立的主权国家变为意大利保护国。该协定拟定当日即泄露于世，在国际上引起轩然大波。墨索里尼同意接受这一协定作为讨论的基础，并想以此在国际联盟成员国中制造分裂，散布影响。可是这一出卖埃塞俄比亚的行为却遭到了国际舆论的强烈谴责。这件事在英、法议会和内阁中也引起了强烈争吵。霍尔被迫于 12 月 18 日引咎辞职。赖伐尔也在法国议会的激烈批评下，于 1936 年 1 月下台。墨索里尼因此不得以拒绝整个妥协的设想，但同时他又声称，他这样做是被迫的。

《霍尔一赖伐尔协定》虽未能实现，但它却使墨索里尼更加确信，今后不论怎样行动，都不会受到英、法的严厉制裁。在法西斯德国崛起所引起的欧洲复杂、紧张的局势下，他可以为所欲为地去实现意大利已做了 40 多年的美梦。

1936 年 5 月 4 日黄昏，意大利先头部队抵达亚的斯亚贝巴郊区。次日，巴多格里奥元帅和他的部队占领了这座城市。无论从哪方面来看，战争似乎已经取得了胜利。但事实上，埃塞俄比亚的部分地区仍保持着独立，在以后的三年中，战斗继续激烈进行，意大利公众全被蒙在了鼓里。

1936 年 5 月 9 日，墨索里尼宣布，埃塞俄比亚的领土和人民已经并入“意大利王国和

▲意大利士兵带着各种武器正在爬越一座埃塞俄比亚大山。

完整的主权之中”，维克托·埃曼努埃尔已经为他“自己和他的继承人”取得埃塞俄比亚皇帝的称号。次日，巴多格里奥被任命为埃塞俄比亚总督和意大利国王的代表。只过了几个星期，他因为另有任用被调走，格拉齐亚尼元帅接替了他的职位。

墨索里尼多年前就谋求建立意大利帝国，如今终于大功告成。

▲傲慢的意大利士兵在看守一个被绑的埃塞俄比亚俘虏。

墨索里尼虽然口头上说他已经心满意足，再也没有别的奢望，但他深信，如果他能打赢人类历史上一场最大的殖民战争，那么，他就有能力做出一番更大的事业。他与一位老相识说："谁停止不前，谁就会湮没无闻。"

墨索里尼宣称意大利不仅赢得了战争，而且战胜了国际联盟。但要想尽快恢复在战争中遭到较大损坏的经济、军事实力，就必须解除国际联盟对意大利的经济制裁。英国财政大臣尼维尔·张伯伦认为，对意大利搞制裁是"冒战争危险的"，是"疯狂透顶"的事；内政大臣西蒙甚至提出，英国不打算为埃塞俄比亚的独立而在一场海战中让任何一条英国船只沉没。这些人强烈要求立即取消对意大利的经济制裁。在英国的催促下，1936 年 7 月 15 日，国际联盟对意的经济制裁终于被取消。

这些都成了墨索里尼造神运动的资本。施加给梵蒂冈的压力迫使红衣大主教珀西利发表了一项不得已的声明，当时他还只是教皇助理，后来才成为教皇庇护十二世。珀西利赞美墨索里尼是"罗马帝国最有教养的缔造者"，连学校孩子演的木偶戏中也描绘墨索里尼和意大利军队的英雄气概，用涂成黑色的"非洲匪徒野蛮人"的尸体来点缀舞台。

埃曼努埃尔国王现在成了埃塞俄比亚的皇帝，他册封墨索里尼，其实是不得已而为之。他把墨索里尼召到宫中，说要授予他王子称号，但墨索里尼并不上圈套，他拒绝了国王的好意，他知道，接受这个称号，就要亲近王室，成为他的保护伞。

"陛下，"他谦恭地回答说，"我希望我还是个平民，像以前一样。"

埃曼努埃尔看起来有些为难，"那么，至少也得封你一个爵位。"

"我家历代都是平民，我为此而感到自豪，"他两手往腰上一叉，显出一副典型的傲慢神气，笑着说道，"如果陛下一定要给我加官晋爵的话，那就赐给我一个军衔吧。"

"封你一个将军怎么样？"国王满怀希望地问。

"意大利王国第一元帅。"墨索里尼不动声色地说。埃曼努埃尔的脸被气得煞白。按照传统，这个军衔是唯一的，只能属于国王本人。可是易动肝火的"领袖"那副盛气凌人的目光一下子就把埃曼努埃尔的火气给压了下去，他虽气得说不出话来，但却不得不点头表示同意。

现在意大利有了两个第一元帅，这一点没人怀疑，至于哪一个更有实权，人们心里清清楚楚。维克托·埃曼努埃尔永远不能原谅墨索里尼对宫廷的这一侮辱。

这时，墨索里尼确实已经实现了他的神话。他被吹捧得神乎其神，即使性格坚定的人也经不起这样的吹捧。农民在田野里向他下跪，妇女举起孩子请他祝福，内阁大臣在他面前要立正，一站好几个小时。就在这时，他的心腹斯特雷斯对谒见墨索里尼的礼仪作了规定："谒见时必须一路跑步到领袖的办公桌前，谒见结束时再跑步到门口停下，敬礼。"

No.2 德意初步勾结，西班牙、巴尔干燃起战火

墨索里尼很想控制西班牙。

西班牙地处伊比利亚半岛，西邻葡萄牙，北濒比斯开湾，东北与法国、安道尔接壤，东和东南濒临地中海，南隔直布罗陀海峡与非洲的摩洛哥相望，扼地中海和大西洋航路之咽喉。控制住这个战略要地，就可对英、法在地中海的一系列战略基地造成直接威胁，并能堵住英国通入中东和亚洲的海上要道。西班牙是西方列强征服欧洲，进而称霸世界的关键地区之一。此外，西班牙丰富的自然资源也深深吸引了墨索里尼。它的水银和黄铁矿的产量均占世界首位，钢、钨、锰、铅、锌等矿产资源也极为丰富，这些重要的战略物资，对意大利扩军备战都是十分必需的。

这些因素，加上墨索里尼对自己和意大利不切实际的估计和幻想，以及德国的怂恿和英法的退让，使得墨索里尼下定了决心——一定要在西班牙向全世界展示一下威风。

1934 年，西班牙反对派的代表、保皇分子戈伊凯切亚，卡洛斯派分子奥洛萨维和利萨以及巴雷拉中将前往罗马“朝拜”墨索里尼，墨索里尼许诺给西班牙反对派以物质上的援助。他答应给 10000 支步枪、20000 颗手榴弹、200 挺机枪和 150 万比塞塔供发难之用。此外，墨索里尼表示，以后还会根据情况再增加援助。

1936 年夏天，法西斯分子准备在西班牙发动叛乱。

事件以闪电般的速度发展着。反对派发动军队起来反对共和国，几乎在西班牙的所有城市都发生了战斗。人民也被武装起来了。内战笼罩着西班牙，人民英勇的抗击打乱了叛军的计划。

由于西班牙政府控制着大部分陆军，反对派要让三万非洲军跨过直布罗陀海峡调往本土参加叛乱，实在是件难事。这时，暴乱首领佛朗哥想起了墨索里尼。于是他派博林乘“快龙号”前往罗马求援。

墨索里尼决定以使用西班牙在地中海的海军基地为条件，直接出兵西班牙，这些海军基地是从直布罗陀背后插向法国心脏的一把尖刀。他不担心西方可能援助西班牙共和政府，因为他知道，在埃塞俄比亚危机中，在德国毁约扩军之时，各民主国家按兵不动。他相信，国际联盟已经没有什么力量了。他也相信，一个精明的独裁者略施小计，就能把民主势力吓回去。

8 月初，意大利空军派出 20 架飞机飞往西班牙，对共和军目标进行狂轰滥炸，5 万意大利“志愿军”也加入了佛朗哥的暴乱军队。随后德国空军“神鹰中队”也出现在西班牙，希特勒的坦克兵团在重炮团的掩护下隆隆开来。另一方面，9 月 3 日，英、法、德、意、比、葡、

▶德军『秃鹰』军团开进西班牙。

务——他决定加紧入侵阿尔巴尼亚。

约 4 万人的意大利军队乘着军舰，在数百架飞机的掩护下，由最高司令官古佐尼率领驶抵阿尔巴尼亚的四个港口：都拉斯、发罗那、萨兰达和申津。而齐亚诺也取道都拉斯去往阿尔巴尼亚首都地拉那。

阿尔巴尼亚的国王早就闻风而逃，他早就在与意大利秘密勾结的一帮人组成的制宪会议上通过："按照两国联合的方式，将阿尔巴尼亚王位奉献给维克多·伊曼纽尔三世国王陛下及其王室后裔。"

这一次，墨索里尼的冒险又获得胜利了。这让他更加确信，和德国结盟，开始一场世界大战，将会为他和意大利带来"不朽"的荣光。

No.3 德意两国结盟

1939 年 5 月 6 日，德国外长里宾特洛甫到达米兰。米兰热烈欢迎德国外交部长的程度是令人诧异的，米兰的车站变成了彩旗与鲜花的海洋，米兰车站的建筑物上插满了德国与意大利国旗，彩带挂满了每一处适宜布置这类东西的地方。

礼宾车队沿着大道来到大陆大厦。这是位于米兰市中心的一座宽阔幽静、专为法西斯米兰党组织设计的大厦。在车站到大陆大厦沿途，欢迎人群接连不断，在一路热烈如火的欢呼声中，里宾特洛甫与齐亚诺一行抵达大陆大厦。

当天晚些时候，齐亚诺与里宾特洛甫举行了第一次正式会谈。下午两点半，大陆大厦的大厅内聚满了意大利“国内各行各业英雄好汉的首领们”。他们在等待着大厅旁小休息室内齐亚诺和里宾特洛甫的出现。

不久，齐亚诺和里宾特洛甫出现在小休息室的门口。两位外长自信而愉快地走到大厅前部的小型主席台前，象征性地握手。镁光灯一阵闪烁之后，里宾特洛甫与齐亚诺各自致简短讲话，再一次长时间亲密握手。掌声再一次响起，齐亚诺在掌声中，微笑着向客人们致意，带领里宾特洛甫进入正厅会议室。

在一条铺着墨绿色厚绒毯的谈判桌前，宾主入座。齐亚诺彬彬有礼地再一次感谢了客人为加强德意双方合作而做的一切。里宾特洛甫也谦虚地表示谢意。会议开始后，齐亚诺先开口提出了自己的鲜明立场：意大利同意缔结一项德意同盟条约，但同时也再一次向德方表示，意大利需要有一个尽可能长的和平时期，意大利尤其希望在最近三年间尽可能地

▲ 1938 年 3 月 13 日，希特勒和墨索里尼达成一致意见后，派兵进驻德奥边境。

▲德军士兵在德国百姓的注视下，进驻捷克斯洛伐克的苏台德地区。

避免与其他国家发生冲突。

里宾特洛甫给了齐亚诺一个令人满意的回答：一场推迟的战争也符合当前德国的观点和利益。

之后，里宾特洛甫谨慎地提到了波兰问题，因为希特勒并不想因为波兰而使意大利感觉在德意关系上受到伤害。里宾特洛甫一提波兰问题，齐亚诺显然是有所准备的，他说对波兰领土不感兴趣，如果德国愿意的话，意大利随时愿意充当调停者。

会议结束后，齐亚特和里宾特洛甫分别向领袖和元首汇报了会议情况。出乎意料的是，这两位独裁者竟然比这两位外长都更急切，他们向各自的外长表示了他们的看法。希特勒接到米兰来的电报后，欣喜若狂，他兴奋地指示里宾特洛甫：尽快达成一项关于同盟条约的草案。他向里宾特洛甫说，他已参加了草案的草拟工作，并希望里宾特洛甫向齐亚诺表达这个信息。

第二天，德、意发布了一个官方公报，全文如下：德国外长冯·里宾特洛甫同意大利外交事务大臣齐亚诺在 5 月 6 日至 7 日举行的米兰会谈中，对当前的政治局势进行了认真而详尽的研究。他们在会谈中重申双方政府在各方面观点完全一致。他们决定：通过缔结一项广泛的政治和军事条约来表达两国人民密切的同盟关系。两个轴心国深信，以这种积极的方式可以为维持欧洲和平做出贡献。

接下来，里宾特洛甫回到柏林。很快，12 日柏林方面以里宾特洛甫的名义递交给意大利驻德国大使阿托利科有关德国方面草拟的条约草案。齐亚诺对德国提出的条约草案的最初印象是：它包含着一些真正的炸药。

这个条约在序言中明确申明，德、意两国重申了他们的共同政策，其原则早已由他们规定下来，但同盟的条款远远超出了谈判期间提出的那些，其主要规定如下：双方之间将继续保持接触，以便在关系到两国共同利益或欧洲一般局势的所有问题上达成协议。如果缔约双方的共同利益受到任何国际事件的危害，两国将立即进行磋商，以便采取措施，保护其相关利益，如果缔约一方的安全或其他重要利益受到来自外界的威胁，另一方将给予受威胁的一方以政治和外交上的全力支持，以便消除此种威胁；如果违背缔约双方的愿望而发生其中一方陷入与另一个国家或几个国家的战争纠纷中的事情，则缔约的另一方应立即以同盟国的身份来给予援助，并以其全部陆海空军事力量进行支持。

▼ 希特勒游说德国钢铁巨头支持纳粹扩张军备。

此外，还有一些规定两国在战时经济、军事等方面进行更加密切的合作，并建立永久性的各种联合委员会的条款。

秘密协定作为同盟条约的补充部分列于其后，其主要内容为联合委员会和新闻、宣传事务方面的合作。与过去讨论时所宣扬的内容不同，条约中没有提到，也没有明言或暗示，最好能有三年时间的“和平”。

墨索里尼对这个富有爆炸性的条约十分欢迎。他只提出少数几处修改，其中一部分是在阿托利科的提议下提出的，都得到了采纳，如在序言中写明“共同边界……永远固定不变”和提到意大利和德国的“生存空间”的安全。5月17日，墨索里尼批准了条约的最后文本。

5月21日至23日被定为签字仪式举行的时间。巧的是，5月24日是意大利在第一次世界大战中攻打德国的周年纪念日，看来这一天是被一位有心人故意错开了。

21日，齐亚诺抵达柏林。柏林举行了盛大的欢迎仪式。在齐亚诺看来，热忱显然出于自发。在到达的第一天，他又一次与里宾特洛甫会谈，其所谈内容及所作决定与米兰协定谈判时相比并无多大变化。

当晚，在里宾特洛甫的安排下，德方举行了盛大的宴会。22日，举行了协议的签字仪式。仪式十分隆重，可以看出希特勒为之感动。在总理府前，希特勒迎接了齐亚诺。

希特勒毫不掩饰地表示了他对即将签字的条约的满意之情。他温和而执着地盯着齐亚诺，滔滔不绝地开始讲述他如何梦想意大利能和德意志一起实现他的计划——在他的有生之年最终解决同我们的敌人不可避免的冲突。

齐亚诺十分高兴眼前这位神态安详的人对意大利的政策。他对希特勒对意大利所做的一切给予非常满意的评价。

会议结束后，希特勒随同齐亚诺回到大厅。门开了，希特勒目不斜视地阔步进入大厅，齐亚诺跟在其身边，大厅里顿时鸦雀无声，人们都后退靠墙站立。

随后，希特勒简短致辞，宣布德意同盟签字仪式的开始。大家鼓掌欢迎，掌声热烈而持久，直到希特勒致意由齐亚诺致辞才结束。齐亚诺说了一些感谢的话，示意仪式可以开始了。

于是，二人走向大厅前方摆着的一张大桌。希特勒和齐亚诺在前面一位党卫军卫兵的带领下，朝长桌走去。里宾特洛甫和齐亚诺在双方各自文本上签字，交换，握手。随后，在一片掌声中，双方致辞，掌声再次如潮而起。

齐亚诺代表意大利国王兼阿尔巴尼亚和埃塞俄比亚皇帝向德意结盟的汗马功臣、德国外长冯·里宾特洛甫授勋。这是一枚阿农齐亚诺勋章，又可称为“天使报春勋章”，上有天使报春的图像。这是意大利的最高荣誉勋章，在此之前只有两人接受过这种勋章：一是海尔·赛拉西皇帝，一是索古国王。戈林眼见阿农齐亚诺勋章挂在里宾特洛甫颈下，一贯身居高位但又不再高升的他不禁目中含泪。事后，冯・马肯森向齐亚诺说，戈林曾大吵大闹，声称勋章应为他所有，因为只有他才是结盟的真正促成者。于是，齐亚诺对马肯森许下诺言：他将尽力为戈林元帅谋取一枚勋章。意大利没有忘记他。

对德意同盟条约的签订，英法迅速做出反应。法国的一些报纸说，在里宾特洛甫的威胁和欺骗下，意大利外长在柏林与德国签订条约。英国的报纸也持类似的一种语调，但显然更温和了些。

日本驻罗马大使白鸟在与齐亚诺后来的会谈中说，他对德意条约印象极深，对德意在轴心合作方面的成功感到钦佩和羡慕。他希望东京方面能及时醒悟，及早加入同盟。

No.4 德国闪击波兰

在希特勒和墨索里尼的互动“渐入佳境”时，波兰方面却越来越提心吊胆。

在 1919 年签订《凡尔赛和约》的时候，以及后来在德国力量薄弱的时候，波兰人曾经得到了部分德国领土。德国人对该部分领土的丧失也许比对《凡尔赛和约》的其他部分都

▼波兰士兵正在波兰边境地区执勤。

更加不满。为了使波兰有出海口，波兰使但泽市脱离德国，成为一个自由城市，在那里生活的波兰人享有各种特权；而波兰走廊又把东普鲁士和德国其他部分分割开来。早在希特勒上台之前，德国政府就对德国东部边界的不合理现象不断提出抗议。纳粹党掌权以后，纳粹在但泽的势力越来越大。看来这个城市与德国重新结合，只是时间早晚的问题了。

如果德国收回但泽，波兰通往波罗的海的通道就将被封死。这样，波兰不但丧失了一块最重要的地区，而且将成为一个没有出海口的内陆国家，这是波兰万万不能接受的，它将不惜为此而战。希特勒最初也许并不打算彻底消灭波兰，他至少在相当一个时期内不打算这样做，只需波兰在但泽问题上做出让步。这样，具有长期反俄倾向的波兰人在对苏战争中就可以成为德国的合作伙伴。但是，由于波兰政府态度强硬，丝毫没有让步的意思，于是，希特勒打定主意要彻底征服波兰。

希特勒希望以征服奥地利和捷克斯洛伐克的同样方式征服波兰：在第一批德军越过边界之前，先动摇敌人的基础，瓦解其意志，使其丧失希望。但波兰人不惧怕威胁，他们具有一种顽强的英雄主义精神，他们有更为坚强的信心。

然而，令波兰人不知道、别的任何人也没有猜想到的是，希特勒已经想好了一条诡计，要让波兰人在他进攻之前丧失国际上的援助。希特勒的这条计策既简单又实用，连他自己都奇怪为什么以前竟然没有想到。这是一种政治上的阴谋诡计：他设法寻求与苏联达成一项互不侵犯的条约，结果他的努力还真的实现了。就这样，他欺骗了斯大林，断绝了波兰的背后援助，这样一来，打垮和肢解波兰就有了保障。

希特勒希望与苏联谈判达成一项互不侵犯条约。而这时，斯大林正在同英国进行谈判，不过斯大林对此并没有多大信心，因为英国人没有表示军事结盟的意向。

希特勒和斯大林之间的谈判时断时续。1939 年 6 月初，斯大林再次提出与英国在军事上结盟，邀请英国外交大臣哈利法克斯勋爵访问莫斯科。但张伯伦却派出了一名低级外交官，于是斯大林断定，张伯伦不想和苏联结成军事联盟来共同反对希特勒。

经过种种考虑，斯大林权衡再三，决定中止与英、法的谈判，转而与德国签署了“德苏互不侵犯条约”。

签订“德苏互不侵犯条约”和上述秘密协定书的时间是 1939 年 8 月 23 日。这也是历史上德国人和俄国人第四次准备瓜分波兰。条约签订后，波兰立刻处于极为不利的境地。德军一旦大举进攻，波兰只能孤军奋战。而且更危险的是，波兰这样一个小国将对付一支用机械化战争机器武装起来的一个大国的现代化军队。

在希特勒的计划中，与苏联签订合约两天后，就是发兵波兰的日子。后来他又把原定的进攻日期延后，改为 1939 年 9 月 1 日凌晨 4 点 45 分。

▲斯大林和德国外长里宾特洛甫在签署“德苏互不侵犯条约”后握手。

在武装进攻波兰之前，希特勒还有一件事不能不做，那就是要制造一起由波兰人搞的“蓄谋已久的、冷酷无情的煽动行动”。按照希特勒设计的方案，“波兰士兵”将进攻德国边境城市格莱维茨的德国广播电台。当然，冒充波兰军人的人要穿波兰军装，并将被电台勇敢的卫队全部击毙。“我将为发动这场战争制造出宣传借口，”希特勒对他的军事将领说，“是否合理，不必介意。”

1939 年 8 月 31 日中午，德国党卫队成员从附近集中营里拉出来10多个吸毒犯，给他们穿上了波兰军装，在电台附近枪毙了。这件事发生在德国的国界之内。一名官方摄影师拍摄下了陈放这几具尸体的现场，刊登在第二天的晨报上。这次借以煽动战争的行动就这样轻而易举地完成了。

直到最后一刻，英国、法国和意大利还希望希特勒能突然间改弦易辙，回到谈判桌上来。

随后，德国在波兰土地上的战斗顺利地进行着。这场战争打得非常残酷——这不是战争，简直是大屠杀，战马与坦克搏斗，骑兵的长枪与坦克的大炮对抗！尽管波兰人英勇顽强，但在德军的进攻下却归于土崩瓦解。这是波兰人，也是全世界第一次领教闪电战的滋味：突然的奇袭；成群的战斗机和轰炸机在头顶上吼叫着，进行侦察和袭击，散布着烈火，制造着恐怖；施图卡式战斗轰炸机俯冲时发出一阵阵凄厉刺耳的声音；整师整师的坦克横冲直撞，如入无人之境，一天推进 50 ～ 60 公里；具有迅速开火能力的摩托化重炮甚至在坎坷不平的波兰道路上也能以每小时 60 公里的速度滚滚前进；步兵的行动也很神速，150 万乘坐机动车辆的大军，通过错综复杂的无线电、电话和电报网所组成的通信系统统一指挥，协调行动。这真是人世间前所未见的机械化大屠杀。

▲飞往波兰执行轰炸任务的德国轰炸机。

不到 48 小时，波兰的空军力量就被摧毁了。500 架第一线的飞机大部分还没来得及起飞就在自己的机场上被德国的轰炸机炸毁了。地面设施全部被毁，大多数地勤人员死的死，伤的伤。波兰的第二大城市克拉科夫于 1939 年 9 月 6 日陷落。当天晚上，波兰政府从华沙逃到了卢布林。9 月 8 日下午，德军的第 4 装甲师到达波兰首都华沙外围。与此同时，在华沙的正南方，从西里西亚和斯洛伐克北上的莱希瑙将军的第 10 军团占领了基埃尔策，李斯特的第 14 军团开到维斯杜拉河与散河交汇处的散多梅希。

不到一个星期，波兰的陆军就被德军的强大攻势击溃了。波兰所能来得及动员的 35 个师，绝大部分不是被击溃就是在德军包抄华沙的钳形攻势下陷入重围。现在，留待德军完成的第二阶段的任务就是：对那些在包围圈中惊慌失措、溃不成军的波兰部队进行分割，缩小包围圈，并最后消灭他们。与此同时，德军还要在东面 160 公里处完成另一个更大的钳形攻势，以包围布列斯特－立托夫斯克和布格河以西地区的波军残部。

这一阶段从 9 月 9 日开始，到 9 月 17 日结束。博克将军指挥的北方集团军的左翼向布列斯特－立托夫斯克进逼，9 月 17 日，他们在布列斯特－立托夫斯克南 80 公里处的符沃达瓦同李斯特指挥的第 14 军团会师。于是，第二个巨大的钳形包抄攻势就在这里合围。这时，波兰的全部军队都被包围或击溃了，一切都完了，只有那些仍顽强不屈的士兵，还在以令人难以置信的牺牲精神继续抵抗着。9 月 19 日，战斗快结束了，希特勒在但泽市向他的追随者发表了讲话。有两件事使他不安：有确切消息说苏联人准备把军队开进波兰；他希望在华沙宣讲他的胜利，炫耀他的赫赫武功，但华沙还在波兰人手中。

他的讲述，总是带有一点突然的恐惧感。他说，他已经征服，或就要征服波兰，但他还要同英国和法国打仗，虽然他不太愿意。

他的讲话不仅没给德国人什么安慰，反而引起了听众的一阵惊慌。因为他说战争可能要持续 7 年。希特勒还谈到了秘密武器问题，说不久他就要使用它们。但事实是，这时根本就不存在秘密武器。他提到他曾下命令给他的军队，在战争中要讲人道主义，不要攻击妇女和儿童。这也是在撒谎，事实上他从来就没下达过这样的命令，相反，为了尽快打赢，他倒是催促他的将军们不惜使用一切恐怖手段。

9 月 27 日，波兰首都华沙陷落了。

▼ 1939 年 9 月被德军俘虏的波兰士兵。

第六章

日本全面侵华

1929年10月，由美国开始的经济危机席卷整个资本主义世界。日本在危机中遭受沉重打击，国民经济亏损，黄金不断外流，工业萎缩，农业告急。为了摆脱世界经济危机造成的深重困扰，转移国内的注意力，日本走上侵略道路，日本军国主义者加紧实施其既定的侵华政策。1931年，日军在东北发动“九一八事变”，开始侵华战争，霸占中国东北三省。

1937年7月7日夜，日军在北平西南卢沟桥附近演习时，借口一名士兵“失踪”，要求进入宛平县城搜查，遭到中国守军第29军严词拒绝。日军遂向中国守军开枪射击，又炮轰宛平城。第29军奋起抗战。日本全面侵华战争由此开始……

No.1 烽火卢沟桥

日本对于德意有关人士放出的结盟信号迟迟没有做出反应，一方面是因为他们正忙着鲸吞广阔的中国领土，无暇顾及遥远的欧洲；另一方面，也是因为日本军国主义的狂妄自信，使他们没什么兴趣与欧洲国家结盟。

日军在中国先是占领了中国东北100多万平方公里的土地，虽在名义上支持溥仪成立了“满洲国”，但实际上溥仪只是日本的傀儡。1933年1月3日，日军又侵占了华北战略要地山海关。3月4日，日军占领热河省会承德，继而向长城各口大举进攻，东迫喜峰口、冷口；西攻古北口；南下罗文峪。国民党政府被迫与日本签订《塘沽协定》。这样，日本打开了整个华北的门户。1935年7月签订的《何梅协定》，又让日本控制了中国河北和察哈尔的大部分主权，争取了在华北的主动权。同时，日本策划的所谓“华北五省自治运动”虽未成功，但是殷汝耕在河北通县成立的所谓“冀东防共自治政府”和内蒙古德王组织的所谓“蒙古军政府”都对日本扩展势力极为有利。再者，英美对日本侵华行为尚采取观望态度，苏联无暇东顾，中国国内国、共两党尚未正式合作，因此东条英机等人认为到1937年时，正是他们征服中国的天赐良机。

1937年6月4日，近卫文麿组阁。近卫出生在门庭仅次于皇家的五摄家（即藤原豪族的近卫、九条、鹰司、二条、一条等五家，摄家是具有担任摄政、“关白”资格的门第）之首的近卫家。以军部为核心的法西斯势力的扩张思想，引起了近卫的共鸣，他撰文赞颂“军部拥有把日本引向未来的明确目标与计划”，认为“少壮军人自满洲事变以来所推进的方向，是我日本必经之路”。

因此，近卫内阁的组成，更加速了日本侵华的步伐。

当时驻在河北、察哈尔两省和平津两市的国民党部队是第29军。军长是宋哲元，山东乐陵人，原是冯玉祥的部下。对于日本的步步进逼，宋哲元持一种矛盾的态度，既有妥协的一面，又在许多问题上有着不妥协的成分。此时，全国正在兴起抗日怒潮，何况第29军曾在喜峰口抗击日军，誉满国内外，全国上下都希望第29军能奋起抗战，拯救民族危机。再者，第29军士兵的抗日情绪日益高涨，在1936年11月7日和12日，先后在红山口和固安与日军举行对抗性演习，毫不示弱，表现了捍卫主权和领土的信心与勇气。

鉴于这种情况，宋哲元在1937年4、5月间召集幕僚研究对日政策，并密切注视着形势的发展。

卢沟河，这个名字现在早已消失，今天我们称它为永定河。它的上游就是流经黄土高原的桑干河。该河在河北怀来盆地与妫河汇合后，盘旋曲折泻入官厅山峡，然后经北京西郊东北的卢狮山之西而下，故得卢沟河之名。也有人说卢沟河的起名缘于河水浑浊呈黑色，北方谓黑为“卢”。同时，这条河常常泛滥成灾，河道迁移不定，所以又叫无定河，唐诗中的“无定河边骨，犹是深闺梦里人”指的就是这条河。清康熙三十七年，清廷疏通了这条河道，并筑堤防洪，才改名为永定河。无论是从华北大平原北上，还是从山区南下进入华北平原，都要横渡卢沟河。远在战国时期，卢沟桥一带就是沿太行山东麓通往华北平原的交通要道，为南北往来必经之渡口。

始建于金朝大定二十九年（1189 年）的卢沟桥，则成了通达南北的“咽喉”。其军事地位远非一般，成了后来历代兵家必争之地。到了近代，交通大动脉平汉铁路建成后，经过卢沟桥贯穿南北；同时，它又是北平至保定公路所经之地。在它东侧 4 公里处的丰台，

▼ 1937 年，第 29 军士兵出击日寇前，在北平城下高呼口号宣誓。

则是平汉铁路与北宁路的交接点。卢沟桥与丰台并立，是北平通向南方的两个门户。

当丰台已为日军控制后，卢沟桥的地位则显得更为重要。如果中国军队能掌握这个要隘，就进可以攻，退可以守，而且可与南苑驻军互相联合，对驻丰台日军构成夹击之态。然而，一旦让日军占领了卢沟桥，不仅能和丰台形成犄角，使驻丰台日军解除后顾之忧，而且能切断平汉铁路，使北平变成一座孤立无援的死城。

日本侵华策略已定，战争已不可避免。

1937 年 7 月 7 日夜间，日军又借口在卢沟桥附近进行军事演习，伺机实施阴谋。当演习即将结束时，日军以仿佛听到宛平城内发枪数响，致使一名日本士兵失踪为由，要求进入宛平城内搜查。日军的无理要求被拒绝后，便调动部队，于 8 日凌晨 4 时 50 分向宛平中国驻军全面开火。驻防宛平的第 29 军吉星文团在日军的武力进攻面前，奋起反击。卢沟桥畔，炮声隆隆，双方激战正酣。第 29 军中下级军官和广大士兵誓死捍卫祖国，纷纷表示："卢沟桥是吾人之墓，要与桥共存亡，绝不后退。"

卢沟桥的炮声，宛如天空中的惊雷，震醒了熟睡中的东方雄狮，雄狮已开始怒吼。

事变爆发的第二天，中共中央便发出《中国共产党为日军进攻卢沟桥通电》，向全国人民发出了庄严的号召：

"全国同胞们！平津危急！华北危急！中华民族危急！只有全民族实行抗战，才是我们的出路！我们要求立即给进攻的日军以坚决的反攻，并立即准备应付新的大事变。全国上下应该立即放弃任何与日军和平苟安的希望与估计"。

"我们的口号是：武装保卫平津，保卫华北！不让日本帝国主义占领中国寸土！为保卫国土流最后一滴血！全中国同胞，政府与军队团结起来，筑成民族统一战线的坚固长城，抵抗日军的侵略！国共两党亲密合作抵抗日军的新进攻！驱逐日军出中国！"

同日，毛泽东、朱德、贺龙、刘伯承、徐向前、林彪、叶剑英等人代表红军全体指战员，给蒋介石发去急电，要求蒋介石本着"御侮抗战之旨，实行全国总动员，保卫平津，保卫华北，收复失地"，并表示"我红军将领以抗日救国为职志，枕戈待旦，请缨杀敌，已非一日，当此华北危急存亡之紧要关头，敢请我国民政府，速调大军增援河北英勇抗战之29军，我全体红军，愿即改名为国民革命军，并请为授命抗日前锋，与日军决一死战"。

抗日的激流又一次把蒋介石推到了前台。在全国人民的压力下，他于 1937 年 7 月 17 日在庐山发表了讲话，宣布准备抗日的方针。

蒋介石强调说："政府对于卢沟桥事件，已确定始终一贯的方针和立场。我们知道全国应战以后之局势，就只有牺牲到底，无丝毫侥幸求免之理。如果战端一开，那就地无分南北，人无分老幼，无论何人，皆有守土抗战之责任，皆应抱定牺牲一切之决心。"

▲第 29 军士兵在卢沟桥上激战。

中共代表周恩来、博古、林伯渠在庐山再次同国民党代表蒋介石、邵力子、张冲等人举行会谈，并提议以“国共合作宣言”为两党再度合作的政治基础，尽速发动全国抗战。

8 月 10 日，朱德、周恩来、叶剑英乘机抵达南京参加国民党的国防会议。

共产党在国民党首府总算取得了公开活动的合法地位。迫于各方压力，蒋介石也不得不同意了中共中央的条件，国共谈判中久拖不决的问题，终于得到落实。

18 日，蒋介石同意红军改编为国民革命军第八路军，任命朱德、彭德怀为正副总指挥，并于 22 日正式发表文告。

全中国人民开始同日本侵略者展开决战了。

No.2 八一三淞沪会战

“七七事变”爆发时，以长江方面为“警备区域”的日本海军第3舰队司令官长谷川清正在台湾指挥演习，闻讯后他立即赶赴上海。7月11日，他在上海召集了“特别警备会议”，根据日本海军省7月8日下达的紧急命令，讨论海军“保护日侨”的问题。会后决定，将驻华海军分成三组特遣舰队，上海方面由长谷川清指挥，7月16日，长谷川清向日本海军司令部提出报告，认为有必要在上海、南京一带发动战争，全力消灭力量薄弱的中国空军和海军，同时派遣陆军5个师团攻占上海和南京，将中国政府置于死地，以尽快地结束战争，“如果局限战域，则不利于敌方兵力之集中，深恐特使我方作战困难，为制中国于死命，须以控制上海、南京为最重要”。长谷川清把战争的矛头直指上海。

1937年8月9日上午，日本海军陆战队给军曹（相当于班长）大山勇夫和见习水兵斋藤要藏下了一道命令：“到虹桥路一带进行侦察，侦察目标是虹桥军用机场内中国守备部队的动向。”

两名日本兵与中国守军发生冲突，日本兵率先开火，被中国守军击毙。这就是著名的“上海虹桥机场事件”。这成为八一三淞沪会战的导火线。

虹桥机场事件后，上海的形势一触即发。黄浦江至吴淞口海面，日舰云集。

日军为实现速战速决的战略方针，于1937年8月13日向上海发动全线进攻，中国军民奋勇抗敌，淞沪会战开始。8月15日，日军上海派遣军成立，松井石根大将任司令官。9月20日，日军制定《作战计划大纲》，提出“大致以10月上旬为期，在华北与上海两方面发动攻击，务必给予重大打击，造成使敌人屈服的形势”。

淞沪会战开始后，国民政府军事委员会于8月20日决定以第3战区对抗上海日军，粉碎沿江、沿海登陆的日军，巩固首都南京及经济中心地区。于是，中国军队与日本侵略军双方陆军展开全面激战。中国军队以第9集团军为主力，在炮火支援下，在虹口至杨树浦地区与日军反复争夺，第88师第264旅旅长黄梅兴以下伤亡1000余人。第78军第215团第2营300余名官兵，全部壮烈牺牲。8月23日，日军上海派遣军向罗店、宝山发起进攻。中国军队奋起反击，但终因伤亡过重，罗店得而复失。9月5日，日军向宝山发起猛攻。中国军队第583团3营500名官兵奋战两昼夜，营长姚子青以下多数壮烈牺牲。

同时，中日两军展开空战。8月14日，中国空军轰炸了日本海军特别陆战队司令部和海军第3舰队“出云”号旗舰。第4航空大队大队长高志航率两机群共27架战斗机，分途拦截袭击杭州和广德机场的日军飞机，击落日军轰炸机3架，首创空战胜利的纪录。8月19日，中国空军飞行员沈崇诲驾机向日舰俯冲，炸沉日巡洋舰一艘，壮烈牺牲。仅8月14日至9

▲位于上海虹口的侵华日军海军陆战队司令部内景。

月初，中国空军直接击落的日军飞机就达 60 余架。

在此期间，中日两国海军在长江展开搏斗。8 月 16 日晚，江阴区江防司令部 102 号快艇，施放两枚鱼雷重创日军旗舰“出云”号。8 月中旬，中国海军“甘露”“通济”“大同”“自强”等舰艇以及征集的轮船共 30 余艘，堵塞航道，布设水雷，阻止日舰溯江而上。至 9 月下旬，中国海军共击落日军飞机 7 架，重伤日军军舰 2 艘。

淞沪会战初期，上海中国守军有效地迟滞了日军的进攻。但日军不断增兵，至 9 月 11 日，日军上海派遣军总兵力达 20 万人。10 月 1 日，中日双方在蕴藻浜南岸地区开始了淞沪会战中最为激烈的争夺战。10 月 26 日大场失陷后，战局急转直下。至 10 月 28 日，中国守军第 88 师第 524 团团附谢晋元、营长杨瑞符率第 1 营“八百壮士”据守苏州河北岸四行仓库。谢晋元率部孤军奋战至 10 月 30 日，退入英租界，被国际上赞为奇迹。11 月 8 日，第 3 战区指挥各部队撤离淞沪战场，被迫向吴福、锡澄防线转移。

至 10 月 30 日，华中日军已达两个军 9 个师团和两个支队，近 30 万人。这表明，关内侵华日军的作战重点已经由华北转移到华中。11 月 5 日，日军从上海南侧的杭州湾北岸登陆，从侧后严重威胁到上海中国军队。11 月 6 日至 8 日，中国军队第 67 军在松江县城死守 3 日。11 月 12 日，上海市区沦陷，淞沪会战结束。

淞沪会战，从 1937 年 8 月 13 日开始至 11 月 12 日上海市区沦陷为止，是中国全国抗战开始以来时间最长、规模最大的一次战略性战役。日军投入的总兵力约 30 万人，中国军队总兵力为 70 余万人。中国军队爱国官兵同仇敌忾，斗志昂扬，以劣势装备同优势装备的敌人殊死搏斗，以伤亡约 25 万人的巨大代价，毙伤日军 4 万余人，坚守上海达 3 个月。这次会战，极大地鼓舞了全国人民的抗日热情，也为掩护国家转入战时体制赢得了时间。但在日军掌握制空权和制海权的滨海城市作战，单靠拼阵地消耗，拖时间，并幻想求得国际干涉，解决中日战争，是战略指导上的严重失误，因而给尔后保卫南京的作战造成极为不利的影响。

No.3 平型关大捷

“卢沟桥事变”爆发后，虽然中国军队英勇抵抗，但是日本蓄谋已久，准备充分，最终北平于 7 月 29 日沦陷。30 日，天津也落入日军之手，整个华北陷入全面危机。

山西省四面环山，为一高台地，有如华北之脊。东北依长城毗连冀察绥三省，西南隔黄河与豫陕为界。其省会太原，扼同浦、正太两路之交会点，当汾河左岸，襟山带河，自古称为重镇。日军希望通过攫取山西，来迅速实现他们控制中国的野心。

东条英机指挥"察哈尔兵团"从张家口出发沿铁路向西攻击，占领大同、集宁、包头，控制平绥铁路，切断国民党军队的联络线。

随后，日军又以 1 个旅团担任自己占领地区的警备，以免除后顾之忧；同时以 3 个旅团沿平绥线分三路采用迂回、相互策应的作战方法向西同时攻击，妄图使守军顾此失彼；最后将机械化旅团列于其进攻方向右翼的蒙古草原，以充分发挥其技术、战术上的作用。

日军的总攻击发起后，守卫大同以东至天镇地区的国民党第 61 军，抵挡不住敌人的凌厉攻势，于 9 月 11 日撤出天镇。在此之前，天镇以西的阳高已于 9 日被攻破。61 军一退而不可收拾，13 日被迫撤出大同。紧接着，沿铁路进攻的日混成第 2 旅团占领大同。

日军另两路也进展神速，混成第 15 旅团第 30 联队沿大同以北的铁路于 17 日攻占了丰镇，继而于 24 日由丰镇向北占领集宁。酒井镐次的第 1 机械化旅团于 9 月 7 日占领了尚义，19 日占领了兴和，然后向丰镇方向攻击，并经过丰镇长城以北向西，于 24 日占领了凉城。该旅团沿铁路进攻的另一部，从大同西南的尚希庄于 19 日到达左云，20 日占领石玉，21 日通过杀虎口至长城外，与旅团先头到达部队在凉城会合。

至此，东条英机"察哈尔兵团"从 9 月 5 日向西攻击起，至 24 日仅仅 20 天，即占领了天镇、

▲淞沪会战期间，被日军炸毁的商务印书馆等建筑。

阳高、大同、集宁各城市和大片地区，控制了平绥铁路的大部，使中国军方在晋北的正面全部暴露，而且晋北与内蒙古的铁路、公路交通亦遭封锁，日军则可从晋北、晋东北分路攻击太原。山西形势更加危急。

东条所部的快速进攻，在日本军队中引起了轰动，东条本人也因此神气十足，趾高气扬，更加不把中国军队放在眼里，更加坚定了他的短期内可灭亡中国的信心。正在日军法西斯弹冠相庆之际，却传来了板垣师团精锐被歼于平型关的消息，这不仅对于东条英机，乃至对于整个侵华日军，无疑都是当头一棒。

在平型关给予板垣师团精锐以沉重打击的是共产党领导的八路军第 115 师。七七事变后，在中共的积极要求和全国抗日潮流的推动下，蒋介石接受了共产党关于合作抗日的主张。8 月间，由于日军大举进攻上海，进一步扩大侵华战争范围，使蒋介石政府的经济利益和政治统治受到严重威胁。这些都迫使"国民政府"发布自卫战争声明。在此条件下，蒋介石于 8 月 18 日表示同意红军改编和设立总指挥部。19 日，国共两党就此达成协议。8 月 22 日，国民党政府军事委员会正式公布红军改编的命令，将西北红军主力改编为国民革命军第八路军，设总指挥部，任命朱德为总指挥，彭德怀为副总指挥。8 月 25 日，中共中央军事委员会发布了中国工农红军改编的命令。9 月 12 日，国民党政府军委会按照抗战的战斗序列，将八路军改称国民革命第 18 集团军，以八路军总指挥部为 18 集团军总司令部，朱德、彭德怀分任总司令、副总司令。集团军下辖 3 个师，即 115 师、120 师、129 师。

当红军完成改编之际，正是日军沿平绥、平汉、津浦诸线向西、向南长驱直入，国民党战场陷于危急之际。中共中央客观冷静地分析了华北战场日趋恶化的形势，预计到在日军侵入山西之后，国民党正面战场将有不支之虞，华北形势相当严重。因而，在敌军侧翼与后方开辟新战场的责任既紧迫又重大。为此，中共中央从民族利益和抗战前途的大局出发，即令八路军主力东渡黄河，挥师向华北抗日前线挺进。

在八路军 115 师和 120 师进入山西之时，日军板垣第 5 师团和东条英机"蒙疆兵团"第 1、2、21、15 独立混成旅团占领大同、蔚县后，又以第 5 师团为主力与"蒙疆兵团"之一部配合，正以较快速度向涞源、灵丘、浑源、怀仁、左云一线前进，准备进攻太原。这使得国民党第二战区司令官阎锡山一筹莫展，进退失据。八路军的到来，让阎锡山喜出望外。他热情地招待了八路军副总指挥彭德怀和中共中央军委副主席周恩来，并从速商定了作战部署。双方商定：国民党王靖国和陈长捷 2 个军分守平型关和茹越口，以另一部守雁门关；八路军 115 师出五台、灵丘、蔚县地区，待敌进攻平型关时，从敌后夹击；八路军 120 师位于晋西北地区，待日本进攻雁门关时，侧击日军。

于是，18 集团军总部即按此商定对八路军出师后的初期作战作了部署。115 师和 120

师开始行动，于9月中旬赶到平型关以西大营镇集结待命。

9月21日，板垣师团第21旅团长三浦敏事少将率所部及配属该旅团的第11联队第1大队，沿灵邱至平型关公路追击。22日，该部日军进至平型关和东跑池一带与国民党守军展开激战。同时，占领浑源之日军一部经小道沟、西河村，也于22日进抵平型关一带加入战斗。23日夜，日军向东、西跑池分头进攻。24日，国民党守军退出阵地，使日军占领了东、西跑池团城口和鹞子涧地区长城线上约2公里的正面地段。

国民党守军纷纷后撤，而八路军115师受集团军总部命令，迎敌而上，并于23日夜赶到离平型关20公里的冉庄。经仔细侦察和认真研究敌情后，八路军115师作出平型关伏击的具体部署：以一部向灵丘、涞源、广灵之间前进，钳制和狙击增援之敌；以主力3个团设伏于平型关东南至东河南镇间10余里公路以南山地一线；以一部占领东河南镇以北的高地，切断敌人的退路；另分出少部接应国民党军由西北向平型关出击。八路军动作神速，在敌人毫无察觉的情况下全部布置完毕。

▼中国军队在晋北的万山丛中前进。

9 月 24 日深夜，115 师主力部队冒着倾盆大雨沿着崎岖山路，在拂晓前进入距公路仅 2～3 里的白崖台一线前沿阵地。

9 月 25 日拂晓，日军板垣师团第 21 旅团第 20 联队的第 3 大队和辎重部队一部，前为百余辆汽车，中为 200 余辆马车，后有少数骑兵押送着车辆，正由东向西前进。由于雨后道路泥泞，日军车行缓慢、队伍拥挤。等敌人鱼贯而入伏击圈后，115 师突然开火。我 685 团 5 连和 686 团 5 连首先冲向公路与日军展开白刃格斗，并用手榴弹率先炸毁了敌人行进途中的最后一辆汽车，使前面上百辆汽车、在狭窄的山路上欲退无路。其他部队也迅速冲杀过去。突遭此意外袭击，日军一时不知所措，汽车马车充塞道路，行军纵队顿时瘫痪。

一时间，巨大的冲杀声震撼着山谷。八路军战士们勇猛地向公路冲去，日军失去了有组织的抵抗，东奔西窜，各自为战，利用汽车、有利地形负隅顽抗。一个曾参加此次战役的八路军战士回忆当时的情景说："山沟里烟雾弥漫、枪声震耳，我军战士们钻进了烟雾里，往前跑，往前爬，往前滚。在那扫平了的麦田里，战士们是用尸体填平了冲击的道路，终于冲上了公路，同敌人展开了白刃肉搏战。公路上枪托飞舞，马刀闪光，刺刀发红，吼杀声、枪击声、爆炸声、日军伤兵的呻吟声，杂乱地搅成一团。"

双方在拼杀，战斗甚为激烈。此股日军不熟悉山地战，除一小股占领附近的老爷庙外，其余的始终在公路上挨打。八路军 115 师各团第 2 梯队迅速越过公路夺占了老爷庙等地，将日军分割包围。接着，八路军又集中兵力向平型关前敌人前线阵地东跑池高地发起进攻，夺取了日军阵地一处，并包围了日军。

据统计，此次战役，115 师共歼灭日军 1000 多人，毁敌汽车 80 余辆，缴敌"92"式野炮 1 门、轻重机枪 20 多挺、步枪 300 余支、摩托车 3 辆、掷弹筒 20 多个、炮弹二三百箱、战马 53 匹，另有大量军用物品，单是军用大衣，就足够八路军每人一件。同时，八路军也伤亡 600 余人。

随后，平型关大捷的消息不胫而走，传遍长城内外、大江南北，大大激起了中国民众战胜日军的信心和决心。

No.4 南京保卫战

平型关大捷后，日军参谋本部为此次作战失利而恼火，一大批日军士兵再也不相信"支那军队不堪一击"的话。为此，日军参谋本部电令华北方面军迅速向山西挺进，攻克太原，同时命令东条英机派其"蒙疆兵团"之一部配合板垣第 5 师团在山西作战，另以其主力由大同攻击包头，占领广阔的内蒙古草原。

正在东条英机全面部署之际，参谋本部又来急电，命东条英机返回长春，指挥东北日军的战斗部署。

在东条英机的指挥下，关东军、关东军宪兵队、特务和伪警、伪军，开始执行以“治安肃正”为中心，兼及清乡保甲、归屯并户等一系列旨在摧残抗日民众、加强殖民统治的计划。一时间，东北又陷入了更为残酷的统治之中。每逢关东军扫荡，群众就必定遭殃。真是处处闻哭声，无村不带孝。

无独有偶，当东条英机指挥手握屠刀的关东军在晋北、在东北横行时，日本的华中方面军在松井石根的指挥下也在中国南方制造着一桩桩灭绝人性的惨案。

日军首先占领苏州、无锡、常州、镇江等地，然后直接将目标瞄准了国民党政府所在地——南京。

12 月 1 日，日军最高统帅部为攻克南京调整了华中方面军的战斗序列：以松井石根为司令官，下辖上海派遣军（包括藤田进的第 3 师团、吉住良辅的第 9 师团、山室中武的第 11 师团、荻洲立兵的第 16 师团，中岛今朝吾的第 16 师团和伊东政善的第 101 师团）和以柳川平助为司令官的第 10 军（包括谷寿夫的第 6 师团、牛岛贞雄的第 18 师团、未松茂治

▼平型关战役中，八路军与敌展开肉搏战。

的第 114 师团和第 5 师团国崎率领的一个支队）。攻打南京的战斗开始后，松井石根除留 101 师团留驻上海外，集中其余所有兵力分兵三路，扑向南京。右路以第 11、第 13、第 16 师团，沿京（南京）沪铁路向西进犯，攻夺乌龙山要塞，并渡江北上，切断津浦线和江北大运河；中路以第 3、第 9 师团，循南京到杭州的公路攻击；左路以第 6、第 18、第 114 师团和国崎支队，沿广德、宣城一线西进，直取芜湖，以切断南京守军沿江西去的退路。

日寇一天天逼近南京，蒋介石仍未坚定抗日决心，此时变得更加烦躁不安。11 月 20 日，蒋介石政府发表迁都重庆的通告，名义上是为“长期抗战”，实质上是逃跑。临走之前，蒋介石作了短期固守南京的决定，任命唐生智为南京卫戍司令长官，罗卓英、刘兴为副司令长官，率第 2 军 41 和 48 师、第 66 军 159 和 160 师、第 71 军 87 师、第 72 军 88 师、第 74 军 51 和 58 师、第 78 军 36 师、第 83 军 154 和 156 师，还有教导总队的 3 个旅、第 103 和 112 师及其他部队，共约十余万人，部署南京保卫战。

▲战前南京鸟瞰。

唐生智按照蒋介石的指示，将兵力作了相应部署：以4个军的兵力组成以市郊汤山、栖霞、淳化、板桥等地为重点的外廓阵地，作为主要阵地；以3个师又1个教导队的兵力，组成以城墙为依托的腹廓阵地；以宪兵团和警察总队在城内维持秩序，采取闭锁式或半闭锁式阵地就地固守。唐生智就职后，曾向中外记者发表谈话："本人奉命保卫南京，至少有两事最有把握：第一，即本人及所属部队，誓与南京共存亡，不惜牺牲于南京保卫战中；第二，此种牺牲，定将使敌付出莫大之代价。"他为了表示破釜沉舟、背水一战的决心，要交通部长俞鹏飞撤销下关到浦口的轮渡，以后又禁止任何部队和军人从下关渡江。

然而在此之前，达官贵人、豪绅富户早已离开了南京。在蒋介石下达迁都令后，政府官僚与富绅慌乱不堪。下关各码头堆着他们千千万万的箱笼，这一部，那一署，通通挤在江岸上，公物固然有些，但其中绝大部分却是官吏私人的家具和行李。船舶管理所扣留了大批的船舶，商船几乎完全停运。普通人要走，只有搭外国船，而差船的分配，各机关彼此互相争执，其结果又要看机关主管力量的大小而定。

大大小小的官僚们在一片混乱失措中离开了南京，剩下的是无依无靠的老百姓。抗战前，南京居民共百余万，战争开始后，虽已陆续向各地疏散，但是能够离开南京的，多数是达官权贵、绅商大户，而广大平民百姓是无法远走他乡的。正由于此，才使得这些无辜的百姓在后来成了日寇屠杀的对象。

南京卫戍区司令唐生智的豪言壮语发出不久，即被眼前残酷的事实所击毁。11月25日，日军由三路进犯南京：东路沿沪宁线，攻南京正面；中路循宁杭线，取溧水、句容，袭南京之背；西路自广德、宣城、芜湖，以包围方式进攻南京。12月初，三路敌军均已进抵南京外围。12月6日，中路敌军自句容北犯汤山，与守军发生激战。7日，东路之敌进抵栖霞山，与守军接战。8日，西路之敌攻陷芜湖，形成了包围南京的形势。

当时南京守军有十余万，但唐生智放弃外围阵地，困守孤城，没有采取出击战术，有人把他的指挥讥之为"街亭式战术""坐以待毙的战术"。而守军多非唐生智的旧部，门户之见甚深，临战抗命者有之，遇敌即退者有之。对于这样的部队，唐生智又能有何作为？

12月12日，敌主力猛攻雨花台，至正午，雨花台陷落。下午2时，敌军攻陷中华门，南京城被打开了一个缺口。下午5时，唐生智匆匆召开了20分钟的师长以上将领会议，在将油印的突击命令交付各部队长官后，他本人却仓皇地渡江出走了。

12月13日，日寇占领南京。从此日寇在南京城开始了为时7周的惨绝人寰的烧杀、抢掠、奸淫，在现代文明史上写下了最可耻的一页。

1937年12月13日上午，日寇从雨花门、光华门、中华门三路侵入城内。当天入城的日寇，为谷寿夫师团。这些兽兵入城后，一部分立即占领早已人去楼空的国民党各级机关；一部分去抢银行和仓库；一部分则似野兽般地寻找屠杀的对象。于是，马路上的难民群，特别是中山北路、中央路和两旁街巷中的难民，就被他们当作战斗目标，使用机枪、步枪和手枪，疯狂地射击。成群的老人、妇女、孩子和混杂在人群中的伤员病号，随着枪声，纷纷倒卧下去，大多数当场死去。马路和街巷，顿时血肉狼藉、尸体纵横。然而，这仅仅是屠杀的开始。

14 日清晨，日寇的坦克车队带头，炮队和其他各种车队涌进了南京城。他们人数很多，穷凶极恶地继续屠杀，并搜杀逃散到其他街巷中的难民，枪声、手榴弹的爆炸声，连成一片，没有片刻停息。经过 13、14 日两日的屠杀，中山路和中山北路、中央路两旁的街巷，完全变成了血路。

从 15 日起，日寇开始了大规模的集体屠杀。在江中门外有 2000 人被杀。这一天下午，

▼日机对中国古都南京狂轰滥炸。

日军士兵在一军官的指挥下，到各难民收容所检查和搜捕青壮年，将男女平民千余人、警察 400 余人（着制服百余，脱下制服的 300 余人），共计约 2000 人，押至汉中门外，用机枪扫射后，复以刺刀捅，然后用木柴浇上汽油焚烧。

据当年在汉中门外死里逃生的警察王针元陈述：当时警士大部分集中于水西门、汉西门一带。南京失陷后，警察们陆续被日军押至城墙下，用机枪扫射，被集体屠杀。王针元身卧尸堆下，足部受重伤，忍痛逃至山西路难民区躲避，后经医治，断去一足，遂成残废。在后来审判谷寿夫时，王针元曾出庭作证。

曾目击汉中门外大屠杀惨状的警察陈永清说："1937 年 12 月 15 日，日本中岛部队在南京难民区境之司法院查出军民以及警察等人合共 2000 余人，用轻机枪 12 挺将一介人等押送汉中门外，每行列用绳捆绕圈住，然后用机枪扫射，死了的和受伤的都被日军用木柴汽油焚烧之。"

同一天，日军在鱼雷营屠杀 9000 余人，后又在宝塔桥、鱼雷营一带大肆屠杀，被害者多达 30000 人以上。12 月 15 日夜，有平民和放下武器的军人 9000 余人，被日军押往海军鱼雷营，用机枪密集扫射，除殷有余等 9 人逃出外，其余全部被杀害。此次集体屠杀因在夜间进行，殷有余等几人，闻枪声立即倒下，幸未被枪弹打中，得免于死。

在鱼雷营、宝塔桥一带，日军还进行了一些零散的屠杀。抗战胜利后，南京大屠杀敌人罪行调查委员会李龙飞作了详细调查，结论是：日军在鱼雷营、宝塔桥一带，共残杀军民 30000 人以上。南京审判战犯军事法庭认定："1937 年 12 月间，在城外宝塔桥及鱼雷营一带，屠杀军民 30000 人以上，尸横遍野，惨不忍睹。"

日寇挥舞屠刀不停地向无辜的人们砍着。12 月 16 日，日军在中山码头集体屠杀 5000 余人……

日军在进行疯狂大屠杀的同时，又大肆奸淫妇女。数万名无辜妇女被强奸、轮奸，有的在奸淫后又遭残杀，甚至在被奸杀后还加以不可名状的侮辱，其狂虐残暴的程度，在人类历史上实属罕见。

No.5 百团大战，日本速亡中国图谋破灭

1940 年 5 月至 6 月，德国占领了整个西欧，随后对英国本土展开大规模战略轰炸。欧洲战局的急剧逆转，促使日本更加急切地要征服中国。日本随即加强了对中国的军事、政治和外交攻势。在严峻的国际形势和日军的压力下，国民党及其政府内部出现了动摇妥协倾向。为振奋全国的抗战精神，遏制国民党及其政府的妥协危险，也为打破日军对华北各

抗日根据地的“囚笼”政策，八路军总部决定实施一次大规模攻势作战。

此次八路军的大规模攻势，覆盖了整个华北地区的主要交通线。在这些地区，驻有日军 3 个师团的全部、2 个师团的各 2 个联队、5 个独立混成旅团的全部、4 个独立混成旅团和骑兵旅团的各一部，总兵力约 20 万人，另有伪军约 15 万人。参战的八路军有 105 个团，故称“百团大战”。

百团大战分为 3 个阶段。第一阶段：1940 年 8 月 20 日至 9 月 10 日。在此阶段，晋察冀军区和第 129 师各部对正太铁路全线发起突袭，猛烈攻击沿线的日军据点和井陉煤矿。同时，八路军第 120 师对同蒲铁路北段和晋西北主要公路展开大破击。而冀南、冀东、冀中和太岳等华北其他地区的八路军和游击队，也对各自当面的日军交通线展开广泛的破击战。第二阶段：9 月 22 日至 10 月上旬。在此阶段，晋察冀军区部队发起涞灵战役，连续攻克日军数十处据点。第 129 师发起榆辽战役，相继攻克了多处据点和榆社县城。第 120 师各部再次对同蒲铁路展开大破击，使同蒲铁路北段交通又一次陷入瘫痪。第三阶段：1940 年 10 月上旬至 1941 年 1 月 24 日。日军遭到连续两次大规模攻击后，遂调集重兵反扑。1940 年 10 月上旬至 11 月上旬，第 129 师各部转入反“扫荡”作战，迫使反扑的日军撤回原据点。11 月 17 日至 12 月 5 日，太岳军区八路军连续在官滩、龙佛寺等 10 余次战斗中重创来犯日军，迫使日军撤出太岳区。在此阶段，日军还对晋察冀和晋西北抗日根据地发起反扑。至 1941 年 1 月，晋察冀军民粉碎了日军对平西、北岳抗日根据地的进攻，晋西北八路军也将日军全部逼回至原驻地。

据八路军总部统计，至 1940 年 12 月 5 日，参加百团大战的八路军进行大小战斗 1824 次，毙伤日军 20645 人、伪军 5155 人，俘虏日军 281 人、伪军 18407 人，日军自动投诚者 47 人、伪军反正者 1845 人，缴获枪械 5942 支（挺）、各种火炮 53 门、骡马 1510 匹等大量军用物资，摧毁据点 2993 个，破坏铁路 474 公里、公路 1502 公里、车站 37 个、桥梁 213 座、隧道 11 个、铁轨 21.7 万余根、枕木 154.9 万余根、电线杆 10.9 万余根，破坏煤矿 5 个、仓库 11 所，解放煤矿工友 10120 人、铁路工友 2055 人。八路军伤亡 1.7 万余人。

值得一提的是，八路军在井陉煤矿战斗的硝烟中，曾救出两个日本小姑娘。晋察冀军区司令员聂荣臻看望和关照，还附上一封信，一并辗转交给日方，展现了八路军的人道主义精神。40 年后，当年被救的小姑娘美穗子，还重返中国，专程向聂荣臻、向中国人民表示感谢。这个感人的故事一直被传为佳话。

百团大战是在日本法西斯侵略气焰极度嚣张、全国抗战面临严峻考验的关键时刻，实施的一次具有重大意义的战略行动。在军事上，百团大战沉重打击了日军在华北地区的

▲八路军兵工厂在艰苦环境下将生产的手榴弹运往前线。

▼百团大战期间，人民群众将作战物资送往前线。

“囚笼”政策，巩固了华北抗日根据地，并迫使日军不得不进一步从正面战场抽兵对付敌后抗战力量，从而策应了正面战场的作战；在政治上，百团大战粉碎了国民党顽固派对八路军“游而不击”的污蔑，抑制了国民党内对日妥协的倾向，极大地振奋了全国的抗战信心。

与此同时，1940 年 7 月 22 日，近卫文麿第二次组阁，任命东条英机为陆相。7 月 23 日到 7 月 25 日，新内阁连日举行内阁会议。在东条英机的推动和松冈洋右的积极奔走下，1940 年 9 月 27 日，酝酿了好长时间的三国同盟条约在柏林签字了。

条约的签订，给世界带来了深刻的影响，英美两国认为，这进一步证明日本与纳粹德国和法西斯意大利是一丘之貉，三个“强盗”国家已联合起来要征服世界。英国立即进行报复，宣布把各种金属列入同年 7 月间宣布的战略物资和航空石油禁运货单。在中国，中国共产党则进一步认清了反法西斯任务的艰巨，号召人民为反对国际法西斯势力而斗争。同样，条约的签订也让苏联为之惊愕。《真理报》称该条约“使战争进一步恶化，扩大了战争的领域”。

第七章

德国入侵法兰西

1918 年 11 月，法国人在他们的贡比涅森林里自豪地接受了德国人的投降，他们向德国人提出了十分苛刻的停战条约。胜方代表法国福煦元帅高傲地对前来谈判的德国代表说："你们来干什么？先生们！"

在德国人签订投降书的地点——贡比涅森林的福煦列车附近，竖立着一块三尺高的花岗岩石碑，上面用法文刻着这样的字句："1918 年 11 月 11 日，以罪恶为荣的日耳曼帝国在此地屈膝投降——被它试图奴役的自由人民所摧毁。"

战胜者对战败国德国的苛刻勒索，埋下了复仇的种子。德国人在忍受痛苦的同时，暗暗地积攒力量，准备在适当的时机，卷土重来。法国元帅福煦事后说："这不是和平，这是 20 年休战。"

No.1 法兰西猝不及防

早在 1939 年 10 月 9 日，希特勒就指示陆军总司令部制定入侵西欧的“黄色方案”。“黄色方案”规定，德军的主攻方向和突破点放在法、比边境的右翼，经过荷兰进入比利时和法国北部，击败索姆河北岸的英法联军，直接占领英吉利海峡各港口，切断英国和同盟国之间的联系，迫使英法求和。而盟军为了对付德军取道比利时向法国发动袭击，制定了“D 计划”。按照这个计划，法国第 1 军团和第 9 军团与英国远征军一同开往比利时，驻守代尔和马斯两河沿岸的主要防线。英国布置的兵力以及比利时的 20 个师、荷兰的 10 个师，盟军在数量上与德军势均力敌。不过，希特勒对英法作战计划已有所提防。

1940 年春，德国军方按照曼施坦因的军事计划，重新订了“黄色方案”。根据这一新的“黄色方案”作战计划，德军想从法、比边境楔入法国北部，首先要占领荷兰、比利时、

▼ 1939 年 9 月，正在前往法国途中的英军士兵。

▶比利时首都布鲁塞尔遭到德军轰炸，大量古典建筑被毁。

卢森堡三个低地国家，然后再南下占领法国。占领三个低地国家就成了进攻法兰西本土战略计划的重要一环。

比利时、荷兰这些低地国家随着欧洲形势的变化早已宣布“中立”。正像对已占领的其他国家一样，希特勒德国政府也曾多次向比利时和荷兰提出，“愿意承认和保证两国领土的不可侵犯和中立”。但在 1939 年 5 月 23 日，希特勒却对他的法西斯将领说：“必须以闪电的速度……用武装力量占领比利时和荷兰的空军基地。无须考虑中立声明。”

在挪威战役尚未结束时，希特勒就开始准备实施“黄色方案”作战计划。在北海至瑞士边境 400 多公里的西部防线上，德军集中了 136 个师，其中包括拥有 3000 辆坦克的 10 个坦克师、7 个摩托化师、3800 多架飞机，分别从三条战线向低地国家和法国发动攻势。

到 1940 年 5 月 10 日，由于希特勒历时 8 个月的拖延，并且摧毁了波兰，同时又同斯大林签订了互不侵犯条约，因此可以尽量减少在东线部署德军。

德国陆军最高统帅部的后备军大约还有 47 个师，其中 20 个师作为各集团军群后方的直接后备，另外 27 个师留作一般后备。由此，德军做好了入侵西欧的一切准备。

盟军指挥部在前线度过了平静的几个月后，逐渐丧失了警惕性。1940 年 5 月初，盟军已有 15%以上的人员休假，许多部队开往靶场和训练中心。高级司令部无忧无虑，深信德国人不会来进攻。

英、法长期以来一直推行对德妥协的“绥靖政策”，最后终于自食其果，他们也首先遭到了德军的进攻。

▲丘吉尔在英国最危难的时刻就任首相。

5 月 10 日，希特勒期待已久的对西欧的进攻开始了。德军各部队宣读了希特勒的文告，文告指责英、法背信弃义，并宣称："从今天开始的这场交战将决定德意志民族今后一千年的命运。"

随后，德军出动大批飞机猛烈轰炸荷兰、比利时、卢森堡和法国北部所有的机场、指挥所、军用仓库和重要的工业中心。空降部队迅速着陆，占领机场、桥梁和重要战略据点。陆军所有部队如潮水般地向北海至马其诺防线发动了全面攻势。

德军发动进攻后，进展迅速，5 月 15 日夜即交战 5 天之后，甘末林向法国政府首脑报告说敌人已突破防御，并以大量兵力开进突破口。他还说他没有预备队，对巴黎的安全"不再承担任何责任"。

这天清晨 7 点半左右，丘吉尔被一阵急促的电话铃声惊醒。他迷迷糊糊地抓起听筒，里面传来了法国总理雷诺悲哀的声音："我们被打败了！"

丘吉尔听了以后，大吃一惊，出神地愣了一会儿，却并没有立即回答雷诺。

雷诺以为丘吉尔没有听懂，又继续用英语重复道："首相先生，我们被打败了，我们这一仗打输了。"

"不会败得这么快吧？"丘吉尔说道。因为他清楚地知道，德军在西线的进攻 5 月 10 日才开始。

"在色当附近，我们的战线被突破了，他们的坦克和装甲车大批地涌了进来。"雷诺继续说道。

可丘吉尔还是不相信。战争才刚刚打了几天，难道号称拥有欧洲最强大陆军的法国这么快就轻而易举地被打败了？不但第一次世界大战的经验告诉他，就是当时的福煦元帅也曾亲口告诉过他，敌人在 5 天或 6 天的进攻之后，就不得不停下来等待补给，这样就给英、法反攻创造了机会。这种情形，在过去确实是可以常常看到的，在丘吉尔看来，也是目前应该看到的。

可是，雷诺又重复说了一遍："我们被打败了，这一仗我们打输了。"

"如果您愿意的话，我愿意到法国去一趟。"丘吉尔想弄清楚到底是怎么一回事，决定到法国去一趟，顺便征求雷诺的意见。

早在战争爆发之前，英、法两国就开始了军事方面的合作。战争爆发后，两国于 1939 年 9 月 12 日召开了英法盟国最高军事会议，不久又设立了一个协调委员会，全面协调两国的军事行动。两国签订的"雷诺一西蒙"协定规定：战争费用由法国负担 1/3，英国负担 2/3。1939 年 10 月，英国又向法国派出了一支远征军，受法军司令、英法联军总司令甘末林将军统一指挥，同时法国海军则接受英国海军部的统一指挥。

▶ 1940 年 5 月 17 日，布鲁塞尔市市长向德军军官投降。

德军在西线发动闪电战后，进展迅速。德军突破色当防线后，更是长驱直入，北面英法盟军的后路有被切断的危险。5 月 15 日清晨 6 时，法国国防部长达拉第给总理雷诺打电话："我的军队正在瓦解，防线正在崩溃，这一仗我们输定了。"随后，雷诺便打通了丘吉尔的电话。

没多久，在做好国内的一切准备工作后，丘吉尔于 5 月 16 日下午 3 点，乘英国政府的"红鹤"式飞机飞往巴黎，同行的有总参谋长迪尔将军，另外还有伊斯梅。

丘吉尔一行一下飞机，立刻看到局势比他们想象的要坏得多。迎接他们的官员说，预料最多不过几天，德军就会进入巴黎。

丘吉尔在英国驻法大使馆简单地听取了有关当前局势的报告后，于五点半换车到达法国外交部。总理雷诺、国防部长兼陆军部长达拉第，以及英法联军总司令甘末林将军已先期到达那里，每个人脸上都是痛不欲生的沮丧神情。在甘末林面前，在一个学生用的画架上挂着一幅军用地图，约有两码（约 1.83 米）见方，有一条黑色墨水线标出盟军战线。在这条线上的色当那里画了一块很小但是很不祥的凸出部。

甘末林司令简单地说了一下事情的经过：在色当以北和以南，在大约 30 公里的一段战线上，德军突破了盟军的防守。迎击的法军已经被消灭或被击溃。一大批德军的装甲车辆正以前所未闻的速度奔向亚眠和阿拉斯，目的显然是要在阿布维尔或其附近一带推进到海边，或者也有可能是指向巴黎。在装甲部队后面，有 8 个或 10 个全部摩托化的德国师正在

◀在英国对德政策的态度上，丘吉尔是政府中的“强硬派”。

挺进，分成左右两翼，进击两头被切断的法军。甘末林讲完后，房间里是一阵难堪的沉默。

“战略预备队在什么地方？”最后，丘吉尔打破了沉默问道，随后又用法语重复提问着这个问题。

甘末林将军向丘吉尔转过脸来，摇了摇头，耸了一下肩膀说道：“一个也没有。”

丘吉尔听后，简直惊呆了。他在后来的回忆录中坦白地说，他从来没有遇到过这种事，“一个必须防御长达 800 公里并正在进行着激烈战斗的战线的指挥官竟然没有给自己准备大量的机动力量……我承认这是我一生中碰到的最使我吃惊的事情之一”。

丘吉尔来到窗前。窗外，在外交部的花园里，人们燃起的几大堆火正冒起滚滚黑烟。丘吉尔隔窗望见一些法国官员们正用小车推着档案向火堆走去。丘吉尔立刻意识到，法国政府已经准备撤出巴黎了。

与此同时，德国法西斯军队继续在各条战线上扩大侵略战果。博克集团军群加强了对正向斯凯尔特河退却的比、英、法军队的压力。5 月 17 日，希特勒的军队占领了布鲁塞尔。

在被突破的地域，法军第 9 集团军向西溃退。虽有个别部队进行抵抗，但已无法扭转局势。5 月 18 日傍晚，该集团军全军覆没，司令被俘。在圣康坦附近，德军击溃了法国最后几支掩护部队。再往西，除若干后勤部队和地方警务部队外已无其他盟国的部队。德国法西斯军队快速并集中地冲向英吉利海峡。

▲在对波兰和法国入侵前，德军古德里安（左一）正视察一处训练基地。

▲希特勒向他的高级将领凯特尔（左二）、哈德尔（右二）、布劳希奇（右一）灌输如何通过“黄色方案”，以实现他在西部的雄心。

▲德军士兵匍匐在铁道旁伺机进攻。

▲敦刻尔克的一家炼油厂遭到德军轰炸的景象。

No.2 敦刻尔克大撤退

1940年5月23日，古德里安所指挥的坦克部队进抵距敦刻尔克约10公里的阿运河地区，封锁了布伦和加莱。在古德里安部队左翼，赖因哈特所指挥的坦克部队已到达从圣奥梅尔至厄尔的运河一线。敦刻尔克面临被德国法西斯军队占领的直接威胁。这个最大的港口一旦陷落，被封锁的盟军就将失去唯一的补给线和撤退的可能性。在运河一线抵抗德军坦克集团的只有法、英的一些零星兵力——6个没有炮兵的步兵营。

但5月24日，“A”集团军群司令伦德施泰特经当日抵达其司令部的希特勒同意，命令坦克部队暂时停留在格拉夫林、圣奥梅尔、贝顿地区。这个“停止前进的命令”对于法国北部的战斗活动过程有很大影响，坦克的停留延缓了德军进攻的速度。盟军指挥部急调援军到受威胁地段。尽管布伦和加莱被围的守备部队英勇抗击，但5月25日和26日法西斯军队还是相继占领了布伦和加莱。

5月24日，在被紧逼到海边的盟军集团的正面东部地段，德国法西斯“B”集团军群的军队向库尔特雷地域的比军的右翼实施突击。敌人进入，阿运河地区和库尔特雷被突破，使英军司令部惶恐不安。5月25日，布朗夏尔抵达戈特指挥所，要求戈特和迪尔相信他能封闭库尔特雷的突破口。这两位英国将军对他的诺言持怀疑态度。戈特终于下令退却，实施魏刚计划的希望落空了。布朗夏尔将军签署了渡过利斯河向敦刻尔克总退却的训令。

▼大量的英军士兵在敦刻尔克的沙滩上等待前来转移他们回国的船只。

◀敦刻尔克海滩，英军士兵在深及胸部的海水中登船。

为了鼓舞斗志，丘吉尔向政府官员发布了如下的通令：

“在这黑暗的日子里，如果政府中所有的同僚以及重要官员能在他们的周围保持高昂的士气，首相将不胜感激；这不是说要缩小事态的严重性，而是要我们对我们的能力表示信心，我们有坚定不移的决心继续作战，直至把敌人企图统治整个欧洲的野心彻底粉碎为止。不容许法国有单独媾和的想法。可是，无论大陆上发生任何事情，我们也不能对我们应尽的职责表示怀疑，我们一定要竭尽全力保卫本岛，保卫帝国和我们的事业。”

5 月 26 日下午 6 时 57 分，英国海军部一声令下，“发电机计划”便开始实行，第一批军队就在那天夜里被运回英国本土。

5 月 27 日，英国采取紧急措施，搜寻更多的小型船只，以“应付特殊的需要”。显而易见，除了较大的船只从敦刻尔克港装载士兵外，还需要大量的小型船只，以备在海滩应用。

除了从特丁顿到布赖特灵锡之间的各个船坞中找到的一共 40 只可用的汽艇外，伦敦各码头定期航班上的救生艇，只要是可以在沿海滩使用的运输工具，都一律被征集备用。27 日夜间，所有的小型船只像潮水似地涌向大海。先到英国的海峡港口，再从那里开往敦刻尔克，到达盟军身边。

凡是有船的人，无论是汽船或帆船，都开往敦刻尔克。一时间，许多人纷纷自愿前来积极支援。丘吉尔和海军部原认为最多只有两天时间，仅能救出大约 45000 人，但第一天 5 月 27 日就救出了 7669 人，第二天救出 1780 人，第三天救出 47310 人，第四天救出 53823 人。这大大超过了丘吉尔和海军部原来希望救出的人数。

但是，这四天中撤退的 12 万多人中，英军有 12 万人，法军只有 6000 人。丘吉尔立即向负责撤退工作的英军将领强调，要撤退更多的法国部队，否则将对英法关系产生无法弥补的损害。

为了避免误会，进而商讨下一步的对策，丘吉尔于 5 月 31 日再一次飞往巴黎，参加盟国最高军事会议的一次例会。

会上，丘吉尔详细解释了为什么在敦刻尔克撤退中，法军未能按与英军大体相当的比例撤退，并谈到英国装备遭到的惨重损失。法方表示理解。雷诺还对英国海军和空军的行动表达深深赞许，并对丘吉尔表示谢意。

同时，达尔朗海军上将还草拟了一份给在敦刻尔克的海军上将阿布里亚尔的电报：

1. 你指挥的几个师和英军司令指挥的几个师应在敦刻尔克周围据守一个桥头阵地。

2. 当你确实认为桥头阵地外没有军队能够向登船地点前进时，防守桥头阵地的队伍应立即撤退并登船，让英国军队先上船。

丘吉尔立即插话说，英军决不先上船，英军和法军应按同等人数撤退——“挽臂而行”，英军要担任后卫。最后，英法两国人员都同意了这一点。

在最后阶段，撤退工作便进行得非常熟练和严密了。6 月 2 日拂晓，约有配备着 7 门高射炮和 12 门反坦克炮的 4000 英军与相当数量的法军坚守缩小了的敦刻尔克外围阵地。因为德军猛烈的袭击，撤退工作只能在黑夜进行，海军上将拉姆齐决定把一切可以利用的船只在当夜一起调到敦刻尔克港。除拖船和小艇外，包括 11 艘驱逐舰和 14 艘扫雷艇在内的 44 艘船只于当晚从英国出发，40 艘法国和比利时船只也参加了行动。在午夜以前，英国的后卫队就上船了。

然而，有关敦刻尔克的战斗故事却并没有到此结束。丘吉尔和英国海军部打算在那天

▲德军步兵在火力掩护下冲进法国的一个村庄。

夜里再撤退更多的法军，其人数要大大超过他们自己提出的要求。可结果是，船只在拂晓前撤退时，还有大量法军留在岸上，其中有许多还在与敌人交火。因此必须再作一次努力。尽管船员这些天来不断工作，没有休息，已经弄得精疲力竭，但他们还是响应了号召。于是，仅在 6 月 4 日这一天，就有 26175 名法国士兵在英国登陆。可不幸的是，仍有几千人留在那里，还没有来得及撤走，他们在愈来愈小的桥头阵地中一直战斗到 4 日早晨，这时敌人已进入到该城外围，他们的力量已经用尽了，只得投降。他们要在俘虏营里度过今后的岁月。

最后，在 6 月 4 日下午 2 点 23 分，英国海军部在法国同意之下宣布“发电机”作战计划现已胜利完成。此次行动，总共撤退了 33 万多人，其中有 215000 多名英国人，123000 多名法国人和比利时人。

No.3 高卢雄鸡战败

法国遭遇的失败，让英国意识到德军的炮火很快就会跨过英吉利海峡。

英国首相丘吉尔早在敦刻尔克撤退完毕之前，就已下令从其他英国部队重新组建英国

▶1940 年 6 月 14 日，德军进入巴黎。

远征军，尽快开往法国。按照以前的命令，第 52 苏格兰低地师也应在 6 月 7 日开赴法国。1940 年初集结在英国的装备精良的加拿大集团军主力师，在自治领政府的完全同意下，也被派往布雷斯特。从挪威撤退的两个法国轻装备师，连同从敦刻尔克撤出的一切法国部队和人员，也都已送回法国。

6 月 5 日，海岸地区的博克集团军群首先发起了第二阶段的进攻，法军在个别地方打得英勇顽强，从亚眠到佩龙之间的法军第 7 军团，成功地抵挡住了克莱斯特装甲兵团 4 个坦克师的进攻。

6 月 7 日，在亚布维尔和亚眠之间，隆美尔的第 7 装甲师向南突入法军防御阵地，在闪电般的穿插下，把法军第 10 军团拦腰切断，英军第 51 师、法军第 31 师和第 40 步兵师以及第 2、第 5 骑兵师被逼向大海和塞纳河一带广阔的河口地区。这些被打得晕头转向的

▶在巴黎停战协议签订期间，希特勒带领手下官员参观埃菲尔铁塔。

英法部队被德军围在了一个小渔港内。6 月 12 日，这些被困部队在救援无望的情况下，不得已向隆美尔投降。于是，隆美尔一举接受了 4 万名俘虏。

接下来，隆美尔马不停蹄，乘胜追击。6 月 16 至 19 日，他指挥的第 7 装甲师一路风尘，狂奔疾驰 350 公里，创造了战争史上最快的进军速度。在长途的奔袭之中，他们迅速攻下了瑟堡要塞。就这样，德军装甲部队的突袭使法军的索姆河防线被轻而易举地攻破了。

继博克集团军群在索姆河进攻之后的第 5 天，6 月 9 日，伦德施泰特的集团军群也在战线的东端埃纳河一线发起了进攻。这是一次典型的先右后左的夹击进攻作战。德军统帅部以闪电般的速度在两天之内就把 4 个装甲师从索姆河调到埃纳河，使得法军大为震惊。法军经过两天顽强的苦战，终于支持不住。8 个德军装甲师突破埃纳河之后，便向法国腹地长驱直入，简直如入无人之境。新编古德里安装甲兵团迅速打开法军防线的缺口，以迅雷不及掩耳之势向马其诺防线后方做大规模迂回攻击。在粉碎法军残余装甲力量的抵抗之后，6 月 17 日上午，古德里安的装甲部队已抵达瑞士国境，完全封闭了马其诺防线的后方。

到此，法军大势已去，兵败如山倒。6 月 10 日，法国首都巴黎被放弃，百万难民犹如决了堤的洪流，向南涌去。意大利人见机会已到，便也趁火打劫，于这一天正式向法国宣战。6 月 14 日，德军李勃集团军第 1 和第 7 军团从正面突破马其诺防线，同已经迂回到马其诺防线背后的古德里安装甲兵团合围，一举歼灭了这一地区的法军，俘虏了 70 万人。名震一时的、被称作坚不可摧的马其诺防线终于成了无用的摆设。就在同一天，也就是 6 月 14 日，德军趾高气扬地踏进巴黎。6 月 16 日下午 6 时，法国总理雷诺宣布辞职，法国总统勒布伦授权贝当元帅组织新的内阁。6 月 17 日，贝当总理通过西班牙政府向德国要求停战。这位第一次世界大战中被誉为“法兰西的救星”的老元帅，这次却成了法兰西的掘墓人。

▼隆美尔（图中画圆圈者）正观望他的摩托化步兵渡过马斯河。

法兰西会战终于以德国的胜利、法国的惨败而拉上帷幕。这场会战极其神速，以至于在战役开始后不到6个星期，希特勒便前往慕尼黑，与墨索里尼讨论准备强加给法国的条款。

自4月9日挪威战役开始以来，希特勒的军队攻占了挪威、丹麦、荷兰、比利时、卢森堡和法国，成功地与英国海军进行了对抗，把英国远征军赶到海里去了。从1914年到1918年的4年多里，德军曾付出过可怕的代价，想实现西线的突破，但徒劳无功；可如今的希特勒却在一个多月的时间里就做到了这些，而且损失甚微。

但是，希特勒接下来该如何做呢？希特勒从来没有指望德国将来会向西方扩张，而总是注视着东方。同英法的冲突，不是由于他对西方国家本身提出了什么要求而产生的，而是由于它们不肯同意德国在中欧和东欧随意行动而引起的。这一直是英国和德国在1938至1939年间产生各种争端的缘由，对捷克斯洛伐克是如此，对波兰也是如此。到了此时即

▼这是一张隆美尔用莱卡相机拍摄的照片，一架德军飞机正从隆美尔率领的装甲部队上空飞过。

1940 年，双方仍然是为了这个争端。

这个问题一直令希特勒感到困惑不解。以 1935 年海军协定和他在 1939 年给予大英帝国的保证为形式的“贿赂”，依然未能制止住英国的反对；到了 1939 年 9 月，这种反对已经发展到对德宣战的地步。但是，希特勒非但没有放弃同英国达成一项协议来结束这场战争的愿望，反而把在波兰和西方赢得的胜利看成为达成这样一项协议所应扫清的障碍。他觉得英国人现在已经失去继续奉行他们先前政策的任何理由。他们在大陆上的最后一个盟国已经垮掉，他们的陆军已经被赶下海，现在他们势必要承认，阻止德国在欧洲称霸已不可能，并且应该采取明智之举——向德国妥协求和。

希特勒带着这种心情，不断窥视着同英国妥协求和的机会，天天期望得到来自伦敦的试探性消息，同时又转而考虑停止与法国作战的问题。同法国的最后解决办法可以等到战争结束再说，但是现在向法国提出的停战条件的性质可能对英国有相当大的影响。尤其是，如果法国决定在北非继续作战，或者法国舰队开去同英国海军联合，这将加强英国单独打下去的决心。但是，如果法国接受了德国的停战条件，就极有可能促使英国重新考虑它所奉行的政策。

然而，希特勒的盟友墨索里尼的心情却大不相同。他急于想成为法兰西帝国在北非的继承人并确保他对地中海的控制权。作为保证，他想要占领全部法国领土并强令法国舰队投降。但是，正如他在前往慕尼黑的列车上有些辛酸地对外交部长齐亚诺承认的那样，打胜仗的是希特勒，最后还得希特勒说了算。

德国人对意大利人的接待是热情的。但是，里宾特洛甫把话说得很明白，希特勒不会同意对法国人提出一些可能迫使他们在北非或英国继续作战的要求，特别是必须防止强大而完整无损的法国舰队与英国联合起来。为了这个原因，同时考虑到对英国舆论的影响，将不得不推迟实现墨索里尼的吞并野心。希特勒提议只占领法国 3/5 的领土，在非占领区容许有一个法国政府存在，许诺在战争期间不动用法国舰队，并且不去触动法国的殖民地。

凡此种种，对墨索里尼来说都是沉重的打击，但是意大利军队只在法国领土上打了一个星期的仗，而且打得毫不出色，他实在没有本钱与希特勒抗争。

就这样，希特勒 6 月 18 至 19 日在慕尼黑同墨索里尼和齐亚诺举行会谈后，乘飞机回到了他的野战大本营，并在 20 日起草了停战协定的最后条款。

签署停战协定的地点，希特勒特意指定在巴黎东北的贡比涅森林。1918 年 11 月 11 日，福煦就在那里向德国代表团口授的投降条件。

希特勒完全有理由对法国的所作所为感到满意。法国政府由于德国提出的要求比较温和而感到放心，停战协定也没有再遇到什么麻烦就被签署了。

第八章

不列颠的危急时刻

法国败降后，依照希特勒的意图，下一个征服的目标应是苏联了。但他在回头向东进攻之前，必须保持西线的平静。当时英伦三岛在其首相丘吉尔的领导下，并没有放弃抵抗的念头。而希特勒在 1939 年秋决定向西欧发动攻势时，却并未想到入侵英国的问题，他天真地相信法国一旦被击败，英国就会接受和谈。于是，他 1940 年 6 月中旬到 7 月中旬频频向英国人摇晃橄榄枝，还通过瑞典和梵蒂冈教廷向伦敦做出和平试探，但他听到的回答却始终是一个坚决的“不”字。

于是，德国对英的作战计划开始形成，这个计划被定名为“海狮”作战计划。

No.1 英国唇亡齿寒

希特勒一直等待着英国求和的消息，通过各中立国首都进行的初步试探也毫无结果。他还是低估了英国抗战的决心。

1940 年 6 月 18 日，英国坚持抗战派的首相丘吉尔在下院发表演说，宣布不论形势如何不利，英国政府也决心作战到底，“这样，如果大英帝国和英联邦能延续千年之久，人们将会这样说：‘这是他们最美好的时刻。’”7 月 3 日，英国政府命令英国海军炮击停泊在奥兰的法国军舰，以此强调它的决心。

然而大势已去的法国退出战争已是无可争辩的事实。现在，丘吉尔最担心的是法国海军舰队落入纳粹德国手中。如果那样的话，英国海军在对德国海军的战斗中，就会丧失优势。虽然在 6 月 11 日，法国舰队司令达尔朗海军上将对他做出过庄严的承诺，但丘吉尔仍然不放心。

6 月 16 日，英国战时内阁做出决定，在法国舰队尽速驶往各港口的条件下，英国同意法国寻求停战。

法国政府内部，雷诺总理虽然倾向于把政府迁往北非，继续战斗，但他的地位已很脆弱。以贝当元帅、魏刚将军为首的主降派，已占上风。6 月 16 日，雷诺被迫辞职，贝当受命组成新政府。

6 月 17 日白天，贝当通过广播号召全国军民“停止战斗”。这一号召使还在继续战斗的法国军队士气沮丧。

▼贝当元帅正在签署投降书。

▲张伯伦下台后，丘吉尔在英国最危难的历史时刻就任首相。

▲德军俯冲式轰炸机。

▼英军士兵徒劳地用步枪瞄准空中的德国轰炸机。

▲一名法国人伤心地观看法国国旗被降下。

但是，法国投降后，戴高乐将军利用英国广播公司的电台，发表了《告法国人民书》，号召法国人民投身到抵抗法西斯侵略者的斗争中去，他说："不管发生什么事情，法国抵抗运动的烈火决不能，也决不会熄灭。"

从此，戴高乐将军举起了"自由法国运动"这面抵抗斗争的光辉旗帜。当时，他的事业异常艰难。他对第一批响应者说："我既没有资金，也没有军队，我不知道我的家人在哪里。我们是白手起家。"当时他的总部里面，仅有几张桌椅。他得到了丘吉尔的大力支持。没有丘吉尔的支持，戴高乐的努力也许只是枉费心机。

接近 1940 年 6 月底，丘吉尔和战时内阁唯恐根据停战协定，法国舰队将会在全副武装的状态下落入德国人手中，并被用来攻击已被包围的大不列颠。当时，法国舰队完全控制在其海军司令达尔朗上将手中。法国海军经过他的 10 年的专门管理之后，其效能之好，胜过法国大革命以来的任何时期。这使他本人在法国海军中享有绝对权威，法国海军舰队的任何舰艇，对他无不唯命是从。如果把他争取过来了，法国海军舰队就会站在反轴心国家一边。

但是，达尔朗在政治上野心勃勃，自私自利，对外他既仇视德国人，也痛恨英国人。

在法国投降的前夕，丘吉尔曾做过达尔朗的工作，劝他不要让舰队落入德国人的手里。达尔朗曾信誓旦旦地答道："绝不会那样，那是违背我们海军的传统和荣誉的。"

6 月 17 日上午，雷诺内阁倒台以后，达尔朗曾对乔治将军宣称，他决心发布一项命令，命令所有的法国舰只开往英国、美国或法国殖民地的港口。

但第二天下午，他就改变了主意。

丘吉尔感到了法国舰队的巨大威胁。为此，他决定，要不惜任何牺牲，采取一切必要的措施，绝对不能让法国舰队落入德国人手中。他懂得马基雅维利的政治原则：为了目的，可以不择手段。因而丘吉尔毅然决然地采取了他所称之为"令人憎恶的政策，我所参与过的决策中最违背天性，最使人痛苦的一个决策"。

▶ 1940 年，停在英国港口的法国战舰。

这项决策是在 6 月 27 日由英国战时内阁做出的。据丘吉尔说，决策一经做出，内阁就毫不踌躇，但执行决策的海军舰队司令们却犹豫不决。这项决策规定：必须夺取、控制所有英国人能接近的法国舰队，或有效地使之失去作用或予以摧毁。这项决策的密码代号叫作“弩炮”，作战计划定于 7 月 3 日执行完成。

7 月初，法国海军的大型战舰大部分都在英国的控制之下。停泊在英国的普利茅斯和朴次茅斯港的有 2 艘法国战列舰、4 艘轻巡洋舰、8 艘驱逐舰，还包括世界上最大的“苏尔古夫号”在内的几艘潜水艇以及 200 艘小型舰艇。这些舰只大部分都是在德国军队沿着海峡推进并穿过布列塔尼之后来到英格兰避难的。

同时，在埃及亚历山大港的英国海军基地内也驻有一支法国海军中队，其由 1 艘战列舰、4 艘巡洋舰（其中有 3 艘新式巡洋舰装有 203 毫米口径的大炮）、3 艘驱逐舰、1 艘潜水艇和一些小型舰船所组成。

法国海军的精锐力量则部署在阿尔及利亚，靠近直布罗陀。强大的大西洋舰队已经从布列塔尼的基地迁移到奥兰及其毗邻的米尔斯克比尔海军基地。这支舰队包括 2 艘战列舰、2 艘现代化的战列巡洋舰，即“敦刻尔克”号和“斯特拉斯堡”号。这两艘战列巡洋舰比德国的“沙恩霍思特”号和“格兰森诺”号要优越得多，其建造的目的就是要超过它们；还有 4 艘轻巡洋舰，几艘驱逐舰，以及一些小型舰只。另外，在附近的奥兰则驻有 7 艘巡洋舰，其中有 4 艘装有 203 毫米口径的大炮。

如果英国人能够夺取这些舰只或使之丧失战斗力，便能继续使他们在地中海和大西洋的生命线畅行无阻，并且能够保卫他们的岛国，抵挡住德国和意大利的相对软弱的海军力量。可是，如果法国舰队加入轴心国家的舰队，那么，不列颠生存的前景就比较渺茫。丘吉尔说："这是一桩有关国家命运和我们事业延续的大事。"7月1日凌晨2时25分，在他的敦促之下，海军部发出命令："做好7月3日执行'弩炮'计划的准备。"

不过，在亚历山大港，英国海军上将安德鲁·坎宁安爵士同法国舰队司令勒内·戈德弗鲁瓦海军上将的关系非常好。他反对在他的港口执行这项计划。

此外，萨默维尔和霍兰德上校以及其他军官进行磋商后，他们全都反对这项行动计划，相信法国海军不会把舰只交给德国人。

但是，丘吉尔却坚定不移。他说，他深信，"对于大不列颠的生存来说，再没有比这更加重要的行动了"。在丘吉尔的训令下，海军部对萨默维尔做出了直截了当的答复：

▼1940年7月3日，英国战舰应丘吉尔的命令，向一支法国海军舰队开火。

“英王陛下政府主意已决，如果你们提出的各项办法，法国人都不接受，便断然击沉其舰队。”

就这样，在7月3日凌晨，这项任务根据需要被毫不留情地执行了，而且时间长达几个小时；不过，在不列颠本土的普利茅斯和朴次茅斯的海军基地，这项计划进行得却很快并且很顺利，但是法国人抱怨说他们的盟友真是太残暴了。在普利茅斯，指挥一支法国海军中队的海军上将凯奥尔曾经对传说中的计划嗤之以鼻，并在7月1日曾命令他的全体船员做好准备，万一“外国军队”要来控制舰只，便把舰只立即驶走。他给部下解释说：“英国不再是我们的盟友，它只是我们从前的盟友。”

可是，出乎法国水兵们意料的是，拂晓之前，全副武装的英国巡逻兵于凌晨3时45分登上了法国舰只，击溃了正在站岗的法国士兵，截获了船只，并且命令睡眼惺忪的水兵们上岸。只是在巨型潜艇“苏尔古夫”号上，发生了一场混战，混战中有1名英国人和1名法国水兵被打死，3名英国人受伤。

在不到1个小时的时间里，停泊在不列颠群岛的所有法国舰只都被英国海军牢牢地控制起来，待到这一天结束时，全体法国船员都上了岸，他们被暂时拘留起来，接着又让他们选择是加入戴高乐将军领导的自由法国军队还是等待被遣送回国。投奔戴高乐将军的为数不多。尽管这时传来了一份由戴高乐匆忙地任命为海军司令的缪斯利埃海军中将发来的一份号召书，但却只有900名水手响应号召，其中没有几个军官，余下的19000名官兵都选择了被遣送回德国占领下的法国。同法国的陆军士兵和平民一样，法国的水兵也不愿继续作战了。

在亚历山大港，由于英国舰队司令坎宁安和法国舰队司令戈德弗鲁瓦彼此之间的相互尊敬，再加上他们对待事物的冷静态度，终于避免了一场屠杀。

但是在地中海西部奥兰附近的米尔斯克比尔军港，却发生了最严重的流血冲突。不同于亚历山大港，这里是法国海军的基地。7月3日上午9时左右，当舰队司令萨默维尔率领强大的“H舰队”在地平线上移动时，法国舰队司令让苏尔决定进行必要的自卫，但是他起初无法相信一支英国海军中队竟会采取敌对行动。

下午5时54分，停泊在海岸外的英国舰队在驱逐舰施放的烟幕的掩护下，使用大口径的大炮向孤立无援的法国战列舰开火，另外从“皇家方舟”号航空母舰上起飞的飞机也飞到空中向海面上的舰只投掷炸弹。一刻钟之内，这场双方力量不相等的交战便结束了。法国战列舰“布列塔尼”号被炸毁沉没，战列舰“普罗旺斯”号和战列巡洋舰“敦刻尔克”号受到重创搁浅。战列巡洋舰“斯特拉斯堡”号逃走，虽然它中弹多处而且后来又遭到英国飞机和驱逐舰的几次攻击，但终于颠簸着逃到了土伦。

▲时任海军大臣的丘吉尔从首相官邸中出来。

此战，英国舰只受到的损失是微不足道的，几乎没有多少人丧生。法国却损失了3艘主力舰和许多小舰艇，大约1297名法国水兵被打死，341名水兵受伤。仅在这样一个夏日里，英国人就接收或摧毁了法国舰队的大部分舰艇。看起来，法国舰队再也不能被利用来打英国人了。

No.2 不列颠上空的大搏杀

失去了法国这个盟友，英国陷入了孤立无援的境地。

英国的各自治领地，印度或各殖民地都不能给予英国有力的支援或及时的供应。得胜的德国军队，装备十分完善，后方还有许多缴获的武器和兵工厂，军队正在大批集结。拥有强大军队的意大利也已经向英国宣战。西班牙已经占领了丹吉尔国际共管区，可能随时与英国为敌，并且要求取得直布罗陀，或者请德军协助它进攻直布罗陀，或者架设大炮封锁直布罗陀海峡的通道。在贝当和波尔多统治下的法国政府迁至维希，随时可能被迫向英国宣战。土伦残存的法国舰队看起来也行将落入德国人之手。

总之，一时间，处处都有英国的敌人，英国处在半包围之中。

可丘吉尔却坚信，英国人民有一种乐观而又沉着的气质，拥有这种气质便可挽回颓局。

德国最高统帅部也未曾低估英国的实力。他们发布了关于准备对英国实施登陆战役的第 16 号训令，战役的代号定为“海狮”。

1940 年 7 月 10 日，德国空军对英国进行了第一次猛烈的袭击。历史上，这一被称为“不列颠之战”的大空战正式开始了。

在德国人的攻势中，有三个彼此衔接而又互相重叠的阶段。第一阶段从 7 月 10 日到 8 月 18 日，是对英吉利海峡的英国护航队和位于多佛尔到普利茅斯之间的英国南部港口进行骚扰，借以考验英国空军的力量，引它出战，把它消耗光。这样还可以使那些被划作即将入侵目标的沿海城镇受到破坏。

第二阶段从 8 月 24 日到 9 月 27 日，为的是消灭英国皇家空军及其设施，从而打通一

▲英军飞行员处于高度戒备状态，一有情况便马上登机与德军作战。

条通向伦敦的道路，对首都进行猛烈的、连续不断的轰炸。这样还可以切断首都与遭受威胁的沿海地区的联系。戈林认为，这样做还可以收到更大的效果，那就是使世界上这个最大的城市陷入混乱和瘫痪，使英国政府和人民产生畏惧心理，从而屈服于德国的意志。德国海军和陆军参谋人员也都一心希望结果能如戈林所预料的那样。

但是随着事态的发展，他们却发现英国皇家空军并没有被消灭，而且，为了毁灭伦敦，他们就顾不上执行自己迫切需要的“海狮”作战计划了。接着，当所有一切都失望了的时候，当他们由于缺少最重要的条件——制空权——而被迫无限期地推迟入侵的时候，战争就进入了第三阶段。

戈林和德国将领想在白天的空战中获得胜利的希望破灭了，皇家空军仍然精神抖擞，这使他们感到头痛。戈林无可奈何，于是在 10 月份开始对伦敦和各工业生产中心不分南北东西地狂轰滥炸。

就这样，更激烈的空战开始了。机库起火燃烧，公路上布满了弹坑。在 800 公里海岸线的上空，飞机铺天盖地而来，每一片天空都有战斗机在格斗。飞机尾迹明显可见，目击者还能看到从被炸毁的飞机上冒出的滚滚浓烟。数百架飞机在空中格斗，喧嚣声震耳欲聋——螺旋桨和引擎的尖叫声，机枪扫射的嗒嗒声，还有飞机爆炸发出的霹雳声。

8 月 15 日的空战，是这次大战的第一阶段中最大的一次空战。在长达 500 公里的战线上，双方进行了五次大的战斗。英国所有的 22 个战斗机中队全都投入了战斗，许多中队甚至一天出动两次，有的还出动三次。此次空战的结果，德国空军方面，连同在北方作战的部队在内，一共是损失了 76 架，英国则是损失了 36 架。这对德国空军来说是一次明显的惨败。

在这一时期，就英国空军的整个力量来说，消耗是很大的。这两个星期中的损失是：103 名飞行员被打死，128 名受重伤，466 架“喷火”式和“旋风”式战斗机被击毁或受重伤。在总数约 1000 人的飞行员中，损失了将近 1/4。空军司令部只好从训练单位抽调 260 名飞行员来补充空额。这些人都是新手，虽热情很高，但缺乏经验，其中有很多人还没有学完全部的飞行课程。

9 月 15 日，又是一个空战高潮。德国空军继 14 日的两次猛烈空袭后，集中最大力量对伦敦再次进行了白天空袭。

激烈的空战打了一个多小时后，德国空军有充分的力量派出几个批次的飞机进攻，而英国的战斗机中队由于全力抢占高空，因此不得不在持续飞行 70 分钟或 80 分钟后进行加油，或在作战 5 分钟后降落来补充弹药。

不久，红灯亮起，这表明英国空军这个大队的战斗机中队都已投入战斗，留作后备的中队，一个也没有了。这时，帕克打电话给驻在斯坦莫尔的道丁，要求从第 12 战斗机中队

▲德国轰炸机被英军击中。

抽调三个中队归他指挥，以防当他自己的战斗机中队正在补充弹药或加油时，敌人再来一次大袭击。他的要求被照办了。事实证明，当时特别需要这三个中队来保护伦敦的战斗机机场，因为第 11 大队已经尽了他们全部的努力。

三个增援的战斗机中队很快就参加了战斗。这时，英军已经没有其他后备队了。如果英军加油的飞机在地上又受到德军机群袭击的话，英军的损失将极为惨重。还好，这种可怕的事情并没有发生。

战果报告到晚上才出来。据英方统计，德国空军损失了 183 架，而英国自己的损失还不到 80 架。显然，德国空军的战机损失量被夸大了，因为里面有重复，真实的数字是德机仅损失了 56 架。

根据这些情况，9 月 11 日，丘吉尔发表了一篇广播演说，号召人民同仇敌忾，继续抵抗法西斯的侵略。

从 7 月 10 日开战以来到 10 月，英国空军共损失了 915 架飞机，而德国空军则损失了

1733 架飞机。德国没有取得英吉利海峡至关重要的制空权。9 月 17 日，希特勒决定无限期地推迟“海狮”作战计划。直到 10 月 12 日，他才正式宣布把入侵推迟到第二年春天。1941 年 7 月，希特勒再度把它推迟到 1942 年春，他认为“到那时对俄国的战争就将结束了”。这是一个徒然的但是很美好的幻想。1942 年 2 月 13 日，雷德尔海军上将为“海狮”作战计划最后一次面见希特勒，并且说服他同意将整个计划完全“搁起来”。“海狮”作战计划就这样被取消了。

“海狮”作战计划虽然被取消了，可是伦敦上空的战斗还得进行，双方也一定要打出结果。

将近 8 月底的时候，德国空军对伦敦进行了轰炸。英国战时内阁极力主张还击，向敌人挑战，丘吉尔赞同了他们的主张，于是英国空军对柏林进行了一次报复性的袭击，但规模要比德国空军轰炸伦敦小得多。

No.3 北非角力

非洲，尤其是北非，对交战中的英国和德国、意大利双方来说，都是非常重要的，因为沟通各主要国家和它们殖民地的交通线大多经过那里。

双方谁占领设有海、空军基地的北非沿海地区，就能获得一块把海、空军的战斗行动一直扩展至亚平宁半岛、巴尔干和土耳其的出发地域。同时，北非沿海地区又是一个重要的战役方向，双方的大量陆军在海空军的支援下，可以在那里进行战斗，以夺取通往近东——交战双方互相角逐的中心之一的接受地以及非洲大陆的纵深地区。

埃及起着英、法殖民据点的作用。欧亚两洲之间的主要海陆交通线——苏伊士运河，就位于埃及的西奈半岛上。于是，争夺以埃及为中心的北非成了交战双方的当务之急。

1940 年 6 月 11 日，即意大利对英、法宣战的第二天，英国驻埃及部队接到了英军本部从英国发来的意大利宣战的消息，而此时，驻在北非的意大利军队尚未得知这一消息。英军趁此机会，出其不意地向意大利军队发动袭击，俘虏了一些意军。6 月 12 日夜晚，英军又获得了同样的胜利。

6 月 14 日，英军第 11 轻骑兵团和第 7 轻骑兵团以及第 60 来复枪旅的一个连，攻克了卡普措和马达累纳边境上的碉堡，并且俘虏了 220 名意军。到了 16 日，他们又深入纵深地区袭击，击毁了意军 12 辆坦克，截击了托卜鲁克至巴迪亚的公路上的运输队，并且俘虏了一名将军。

经过这几场小规模的战斗，英国军队很快便处于有利的地位，成了沙漠上的主人。他

▲英军士兵正趴在地上向意军进行射击。

们未遇到敌人的大部队或设防据点以前，如入无人之境，并且在激烈的遭遇战中缴获了许多战利品。

这样，从一开始，战争就朝着有利于英国的方向发展。

可是，英军还暂时不能集结一个兵团来进攻意大利军队，以韦维尔为首的英军中东司令部建议，在马特鲁港的要塞阵地附近等待意大利的袭击。丘吉尔认为这是唯一一个可行的办法，于是他提出了英军的两个任务：

第一，尽量集结最大的兵力来对付意大利侵略者。

第二，英军就是要与虚弱的意大利人和严重的空中威胁进行斗争，以保证地中海的自由通航，从而使马耳他岛的防守固若金汤。

在丘吉尔眼里，最重要的是要使英国的军用运输船队，特别是运输坦克和大炮的船只，可以取道地中海，而不必绕道好望角。这就要竭力保卫埃及，保卫埃及的苏伊士运河不被敌人占领。

在丘吉尔的心中，还有一个一直萦绕他的大问题，那就是如何切断意大利那条沿海岸线的长长的公路。丘吉尔认为，应派一支轻装而强有力的军队把它切断，尽管英国还没有适当的坦克登陆艇。但丘吉尔的天性是不惧怕任何困难的，他认为英国一定能够设计出一种供这一军事行动需要的工具，把这一行动与一场大战役结合起来进行，那就可大大分散敌人的兵力，而这对英军将是十分有利的。

但现在需要考虑的一个问题，是舰队要绕航好望角，还是要冒险通过地中海。丘吉尔极力主张直接取道地中海，虽然这样要冒一些风险，但这样可以节省一些宝贵的时间，并且还可以节省一些必要的运费，而绕道好望角，就意味着英国的运输舰队要绕行将近整个非洲大陆一圈。丘吉尔作出这样的主张，也和他极富有冒险精神和在任何情况都坚强不屈的性格有关。

但是早在 8 月 3 日，意大利的 3 个步兵营，14 个殖民地步兵营，两个山炮大队和配备中型坦克、轻型坦克和装甲车辆的几个支队便开进了英属索马里。

8 月 10 日，意军向英军发动了猛攻，英军寡不敌众，作战不利。

8 月 12 日和 13 日，意军在强烈的炮击后占领了英军 4 个据点中的 1 个。15 日，英军决定撤退。

但是，英军却没有停止自己的军事行动，他们的下一个目标是西迪巴拉尼。

12 月 9 日 7 时，随着一声进攻的号令，揭开了西迪巴拉尼之战的序幕。

接下来的两天中，英军继续进攻。英军第 16 摩托化步兵旅和与第 4 印度师换防的澳大利亚第 6 师，继续追击意大利逃军。布克和西迪巴拉尼周围的全部海滨地区已经落入盟军之手，并且已将 7000 俘虏送到马特鲁港。

▼在北非战场上，意大利士兵正向前冲锋。

丘吉尔在唐宁街的寓所里，每隔一小时就能收到从战场上发来的消息。12 月 12 日，丘吉尔向下院报告了战役进展情况，称赞这些军事行动是“在非洲战场上所奠定的胜利，是第一等的胜利”。他还对负责具体指挥战役的韦维尔将军、亨利・梅特兰・威尔逊爵士以及计划这一行动的参谋人员给予了极高的评价，称他们是“以惊人的毅力和勇敢来完成这一军事行动的部队的最高功臣”。

丘吉尔在高兴之余，仍然没有忘记赶紧用这一次小小的胜利给正在努力援助英国的美国总统罗斯福打气。

同时，他又用同样的措辞致信澳大利亚总理孟席斯先生，借以鼓舞也同样处在艰难困苦中的大英帝国各自治领首脑。

截止到 12 月 15 日，英国已经肃清了埃境内的所有敌军。留在芬兰尼加的大部分意军撤退到已被孤立的巴迪亚防御阵地以内。西迪巴拉尼之战的第一阶段便宣告胜利结束了。

总司令韦维尔将军很有意思，他给丘吉尔写了一封信，表明战争的胜利也有首相的一份功劳。

英军接着又对托卜鲁克发动了攻击。先是英国舰队对托卜鲁克进行了猛烈的轰击，接着英国空军又对托卜鲁克的意军机场进行了轰炸，击毁意军飞机达数百架之多。最后，一

▲英军对托卜鲁克进行了猛烈的轰击。

个澳大利亚旅在强烈的炮火掩护下冲入南面的外围阵地，另外两个旅则进入临时建立的桥头阵地，向左右两翼扩展。

在西迪巴拉尼酣战的 12 月 23 日夜，丘吉尔向意大利人民发表了一篇广播演说，借以煽动人民反墨索里尼的情绪。

最终，意军的抵抗活动停止了，30000 人成了英军的俘虏，另外英军还缴获了 700 余门大炮。西迪巴拉尼之战以英军的胜利而结束。

No.4 海上火拼

意大利军队在北非的失利，引起了希特勒的恐慌。

1941 年 1 月，希特勒决定出兵利比亚，援助意大利军队，由被人们称为“沙漠之狐”的隆美尔指挥。

隆美尔没有等到德军全部到齐，就利用英军换防、轻敌的有利时机和条件，采取了一个极为大胆的进攻行动。而此时，德军第 5 战车团和意军 1 个师已经开到前线。

3 月 15 日，隆美尔把德国和意大利的军队组成混合纵队，从塞尔提向穆尔祖赫发起进攻。英军毫无防备，溃不成军，迅速全线崩溃。一时间，德军向南挺进了 720 公里，缴获了许多战利品。

3 月 31 日清晨，在英国立足未稳的时候，德军又开始向梅尔沙隘道进攻。双方经过一天的激烈战斗，德军于傍晚时分占领了该隘道。

英军在沙漠侧翼的溃败，使他们失去了攻占罗河岛的可能，而该岛正是英国与希腊之间交通的要冲。而此时，英国在希腊已发动了十分危险的军事行动。

隆美尔的装甲部队在北非大陆上气焰嚣张地突然行动，使英国地中海舰队司令坎宁安海军上将意识到自己部队的处境极为不利。

为了打击隆美尔的嚣张气焰，英军想要给德军一点儿颜色看看。4 月 21 日黎明，坎宁安率领战列舰“沃斯派特”号、“巴勒姆”号、“英勇”号和巡洋舰“格罗斯特”号以及其他驱逐舰出现于的黎波里附近海面，炮轰海港达 40 分钟之久。顿时，港内船只一只只飞上了天，码头和港口设备被炸得一塌糊涂。德军的一座汽油库也被炮弹击中，熊熊大火燃烧了起来。油库周围的房屋也跟着起了火，火光照得的黎波里港口一片通红。

这次行动出乎所有人的意料，是一次完全的奇袭。德军的海岸大炮在 20 分钟后依然没有发出响声，空军也没有进行任何抵抗。随后，英国舰队安然撤退，一艘也未被击中。

这次意外的胜利并没有让英国感到高兴，因为这时不仅英国本土正面临着德国入侵的

◀一艘德国潜艇露出水面补充供给，另一艘扫雷艇则在一边警戒。

严重威胁，法西斯利用潜艇作战给英国大西洋运输船以重创，而且日军还在远东威胁着英国的利益。因此，英国海军部对英军冒险的行为并不赞同，主张采取严格的守势。

但首相丘吉尔却不这样认为，他认为进攻是最好的防守。在丘吉尔的要求下，海军部又进行了一次极为缜密的研究。在 7 月 15 日发给地中海舰队总司令的电报中，又重申英国要在东地中海保持强大军事力量的意图，东地中海舰队的任务是摧毁在数量上占优势的敌方海军。在西地中海，“H”舰队将控制地中海西端的出口，并对意大利海岸发动攻势。

1940 年 11 月 11 日，英国舰队成功地完成了兵力展开，由航空母舰“光辉”号和 4 艘巡洋舰以及 4 艘舰队驱逐舰组成的航空母舰群实施主要突击。

英国海军航空兵分两次行动。第一波次有 6 架俯冲轰炸机和 6 架鱼雷飞机，于 20 时 40 分起飞。

第一波次飞机起飞一小时后，第二波次有 5 架鱼雷飞机和 3 架轰炸机的机群接着出动，又向战列舰飞去，进行袭击。

此战，意大利舰队损失惨重。而英国空军在攻击时，却只损失了 2 架鱼雷飞机。

袭击塔兰托海军基地后，英国在地中海确立了大型水面舰艇方面的优势。马耳他的防务，也因萨默维尔上将远道运去的高射炮及其他设备而大大加强了。该岛在双方作战局势的演变中一直占据主要地位，而且在对意大利及其驻非洲部队之间的交通线采取攻势行动时，该岛是一个前进的基地。

意大利舰队在地中海的惨败，引起了希特勒的恐慌。1941 年 1 月，德国空军进驻西西里岛，于是，地中海局势完全改观。

1 月 10 日，英国海军和德国空军进行了第一次激烈的遭遇战。

德国轰炸机对英国海军发动了猛烈的袭击。德机集中轰炸由博伊德上校指挥的新航空母舰“光辉”号。“光辉”号依仗自己的装甲甲板，有效地进行了抵御。舰上配备的飞机击毁了多架来袭的敌机，但该舰最终还是未能逃脱厄运。

正当这个时候，英国情报部门得悉意大利人士气低落，希望能早日结束这场可恶的战争。于是，英军开始酝酿对意大利本土进行一次大规模的袭击。

2 月 9 日，萨默维尔对热那亚的港口发动了一次勇敢而成功的袭击。“H”舰队，其中包括“声威”号、“马来亚”号和“谢菲尔德”号，出现于热那亚附近的海面，对该城进行了长达半个小时的猛烈轰击。同时，从“皇家方舟”号航空母舰上起飞的战机对里窝那和比萨进行了轰炸，并在斯佩西亚海面敷设了水雷。这次奇袭取得了完全的胜利，几乎未遇到敌人的任何抵抗。萨默维尔海军上将的舰只在低云层的掩护下撤退，成功地躲开了在撒丁岛以西进行搜索的敌方舰队的拦截。

此后不久，在 1941 年 3 月，德军指挥部在巴尔干完成兵力展开，而英国舰队也开始向希腊运送作战部队。

巴尔干半岛位于欧洲东南部，战略地位非常重要，是欧、亚、非三大洲的汇合地带，素有“陆桥”之称。它是欧洲通过地中海、红海到达印度洋和太平洋的出海门户，联系欧亚两洲的铁路干线从西北方向穿过半岛。博斯普鲁斯海峡和达达尼尔海峡，又是苏联和其他黑海沿岸国家出海的必经之地。因此，在历史上，巴尔干就是兵家必争之地。巴尔干在第一次世界大战时成了欧洲的火药桶，而大战此时也正在这里爆发。

德国和意大利法西斯把控制巴尔干半岛作为它们和英法争夺地中海、北非和中东的跳板。同时，德国还把巴尔干看成进攻苏联的战略前进基地。

南斯拉夫是巴尔干半岛最大的国家，有东南欧仓库之称。在德国占领整个巴尔干半岛，建立“欧洲新秩序”的计划中，夺取南斯拉夫是其中重要的一环。

希特勒企图利用德国在经济、政治上的巨大影响以及在军事上的强大压力，达到“和平”占领南斯拉夫的目的。

丘吉尔也加紧活动，积极拉拢南斯拉夫，但南斯拉夫政府怀疑英国是否能够赢得战争的胜利，因而拒绝了英国的建议，而决定与德国法西斯结盟。当卖国条约的签署传到贝尔格莱德时，民众群情激愤，抗议的浪潮在全国各地掀起。很快，南斯拉夫中资产阶级的亲英派发动了不流血的政变，夺取了政权，废除了前政府同德国建立的同盟关系。

南斯拉夫政变，标志着希特勒企图和平占领南斯拉夫计划的破产，他很不甘心。

于是，在 1941 年 4 月 6 日凌晨，德国法西斯军队对南斯拉夫发动了突然袭击。德国轰炸机从罗马尼亚被占领的机场轮番起飞，对南斯拉夫首都贝尔格莱德进行了系统的空袭，长达三天之久。

轰炸过后，4 月 11 日，意大利和匈牙利军队开始发动进攻。南斯拉夫的主力部队仓皇南撤。4 月 13 日，德意军队在贝尔格莱德会师。4 月 15 日，南斯拉夫经过 12 天战斗后停止了抵抗，4 月 17 日签订了无条件投降条约。

不久后，1941 年 5 月 20 日凌晨 4 时，德国法西斯军队发动了对克里特岛的进攻。在战争史上，这是第一次使用大规模空降部队的战役。此役英军力战不敌，又一次败退。

在希腊、南斯拉夫已经崩溃，北非沙漠地带战争尚未有定局，而英国在克里特岛的激烈战斗中失利的时候，英、德海军在大西洋上又发生了一件影响极为深远的事件：“俾斯麦”号事件。

法国溃败及德国海军的兵力移驻大西洋海岸基地，这些为德国水面舰艇的行动创造了

▼德国伞兵空降到克里特岛上。

有利条件。但此时德国水面舰艇由于受到损失，数量有所减少，因而只是偶尔出海破坏英国和中立国的航运。1940 年 10 月 23 日，德国袖珍战列舰“舍列海军上将”号出海，11 月重巡洋舰“希佩尔”号出海，1941 年 1 月 22 日，德国战列舰“沙恩霍斯特”号和“格奈泽瑙”号经修复后驶往北大西洋和中大西洋。在两个月的出击时间内，这些军舰击沉了 22 艘盟军船只，总吨位为 11.6 万吨。

由于英国海军的反击，3 月 22 日，这几艘战列舰隐藏到了布勒斯特。

英国一直在担心隐藏在布勒斯特的战列舰不知会在什么时候再出来侵扰英国的运输航线，对它们保持着高度的警惕。5 月 21 日凌晨，德军新战列舰“俾斯麦”号和重巡洋舰“欧根亲王”号出海了，任务是“攻击大西洋上赤道以北的敌交通线”。

5 月 20 日，这两艘战舰在卡特加特海峡刚一出现，就被英国侦察机发现。于是英国在大西洋的全部指挥机构立刻开始了紧张的活动，英国海军部迅速集中力量对付德国的袭击舰队。

很快，英国“胡德”号被炸沉，“威尔士亲王”号遭受重创，不得不离开战场。而“俾斯麦”号也未能幸免，它的水下船身被两枚重型炮弹击中，速度明显降低，只得逃离战场。

英军舰队一路追击“俾斯麦”号。在离布雷斯特只有 200 公里远的地方，在英国舰队的炮火围攻下，这艘强大的战舰沉没了。这时它出海的时间才刚整整一个星期。随同这艘战舰葬身海底的，还有 2000 名德国士兵和他们的舰队司令卢舍斯海军上将。

“俾斯麦”号的覆灭，正如丘吉尔给罗斯福总统的电报中所说，对英国海军和世界政治都产生了巨大的影响。

第九章

开拓东方战线

1940 年，当希特勒的跨海征英的“海狮”计划遭到挫折后，他又将目光重新对准了东方。经过一年多秘密而详尽的准备，入侵苏联的“巴巴罗萨”计划，终于由一纸方案变成了几百万人的军队的庞大行动。

1941 年 6 月 22 日，当 300 万人的德国军队从 1500 公里的战线上发起突然袭击时，苏联部队几乎毫无准备，大量指战员在睡梦中就牺牲了。德军闪电般的快速进攻的势头持续了一个多月，大量苏军主力野战军还没有展开作战就已经被合围。在此后的两个月里，苏军仍处于下风，在北方，列宁格勒被包围，在中央，莫斯科已经失去了屏障，在南方，更是大批部队被德军围歼……

No.1 虚伪的双边和谈

苏联是希特勒早就瞄准好了的对手。

1940年时，希特勒就曾经有这样的考虑：如果不能迅速彻底地打败英国，是否就会妨碍他心中所盘算的其他计划。据约德尔将军说，在西线战斗正酣之际，希特勒就已经表示了决心，一旦军事形势稍有可能，就着手解决苏联问题。在此之前，希特勒一直把首先必须保障德国不受西方干扰或干涉作为进攻苏联的条件。

在西线作战胜利的影响下，希特勒曾试图幻想：让英国人坐守在他们的海岛防御工事后面，自己则趁机挥师东向，发动对苏联的进攻。然而，凯特尔将军费了很大力气才总算说服了他的上司，因为在如此短暂的时间内，陆军不可能调集所需的兵力进攻苏联。尽管如此，入侵苏联的计划也只不过是推迟了，而不是放弃了。

早在1940年的夏季，德军就开始向东方调动集结。11月，最高统帅部的经济和军备局便开始着手进攻苏联，为此还专门成立了处理苏联问题的机构。这个机构的任务之一，就是对整个苏联工业尤其是军火工业，以及原料供应来源尤其是石油，进行一次侦查。

因此，当希特勒终于在12月18日发布指令表明入侵苏联的意图时，我们可以看出，这并不是一个仓促而就的决定，而是最高统帅部和陆军总司令部暗地里为之辛勤工作了好几个月之后才做出的决定。

当然，希特勒在进攻苏联之前，仍然在玩弄他的惯用伎俩，他一面暗中调兵遣将，构筑工事，准备粮草装备，一面装出一副和平的面孔，邀请苏联代表团访问德国，以便争取战备的时间，寻找进攻的机会。

1940年11月12日清晨，一辆载着苏联政府代表团官员的火车，喷着白色的蒸汽，驶进柏林的安哈尔特火车站。车站上早已悄悄地悬挂起红色的镰刀斧头旗，那是得到最高当局特别准许的。苏联代表团的团长是苏联外交人民委员维亚契斯拉夫·莫洛托夫。到车站上迎接他的，是德意志帝国外交部长约希姆·冯·里宾特洛甫。

莫洛托夫乘车进入市内时，天正下雨，乌云正在柏林市的低空滚滚掠过，他是应希特勒的直接邀请进入柏林的苏联最高级官员，肩负的使命也是重大的。希特勒邀请他来柏林，表面上是与他讨论如何在四个强权大国之间瓜分世界的问题。这四大国是德国、意大利、日本和苏联。此外，还有一些涉及邻近国家之间分界线等小问题要讨论，但莫洛托夫却认为分界线问题至关重要。

第一次会谈是在新的外交部大楼里的圆桌会议室举行的。里宾特洛甫的主要目的是想摸清莫洛托夫在想什么。因此，他发表了一通英国即将陷落和需要苏联和德国之间有更密切关系的讲话，“英国的陷落将使德国面向南方。为了巩固已获得的新领土，德国将占领英国数个世纪”。他表示希望苏联也转向南方，在无冰冻的海洋上获得一个天然的出海口，同时指出，他认为适宜的出海口不在达达尼尔海峡，而在波斯湾和阿拉伯海。印度的问题也在讨论范围之中，邀请苏联到柏林来就是研究瓜分大英帝国的大片领地的，因为在里宾特洛甫心目中，大英帝国眼看就要被瓦解了。

会谈中，里宾特洛甫说服不了莫洛托夫，莫洛托夫不时给他提出一些尖锐的问题，弄得他坐立不安。

这天下午的会谈安排在希特勒的总理府举行，使莫洛托夫感到吃惊的是希特勒迎接他的时候，行的是纳粹举手礼。然后，希特勒无精打采地同苏联代表团的每个成员逐一握手，在握手的时候他又死盯住对方的眼睛，好像是在测探什么，又像是想要看透对方的心思。

室内放着一张长方形的茶几，茶几后面摆放着一张大沙发，四周摆了一圈擦得锃亮的扶手椅。他们一落座，希特勒就开始了长达一个小时的讲演，从英国即将陷落，讲到英国在非洲的军团即将覆灭。大英帝国剩下的东西马上就要被拍卖了，处理“无人认领产业”问题是一件急迫的事情。希特勒亟待了解苏联在这个问题上的态度。莫洛托夫认为这似乎只是希特勒见面时出于礼貌的客气话，真正的内容还在后面。希特勒话音一落，莫洛托夫就问他，德国派出军事使团到罗马尼亚，为什么事先不与苏联协商？接着又问了关于1939年签订的《苏德互不侵犯条约》的问题，关于欧、亚两洲“新秩序”的实际含义，以及希特勒如何看待苏联在他说的四大强国中的作用。这次，希特勒出人意料地耐心解答莫洛托夫的问题，尽管他的回答模棱两可，而且有时答非所问。

▲ 1940 年 11 月 12 日，苏联外交人民委员莫洛托夫（前右）抵达柏林访问，德国外长里宾特洛甫（前中）、凯特尔元帅（前左）前往车站迎接。

在幻想英国陷落的同时，希特勒越来越疑心英国会同美国结成秘密联盟。他对美国的作用一直忽视不顾，但却并没有完全对美国放松警惕，他认为美国可能会在未来的某一天成为无法对付的军事大国，所以，他要求莫洛托夫考虑结成苏德轴心，发动一场对美国的战争，“美国将严重威胁其他国家的自由，当然不是在 1945 年，而最早也得在 1970 年或 1980 年”。听起来，希特勒在考虑遥远的将来了，可能考虑遥远的将来有助于自欺欺人，摆脱近在咫尺的困境。一旦欧洲、非洲和亚洲被四大强国瓜分，就能有效地将美国排除在这些地区之外。“在欧洲、非洲和亚洲，就没什么东西能给美国留下来了，”希特勒夸着海口说。

但莫洛托夫急于了解希特勒当时的打算，他尤其要弄清楚德国军队正在芬兰干什么。德国政府声明此举只是为了对付挪威，但事实证明他们是在沿苏联边境修筑工事。由于深深陷入了建立世界帝国的美梦之中，希特勒根本没有理会莫洛托夫的插话提问，而是一个劲儿地详细解释如何清算大英帝国的方案设想。

“为什么，”莫洛托夫坚持不肯罢休，又问下去，“德军在芬兰边界修筑工事？”

希特勒诡辩说他不知详情，他装作根本不知道在芬兰有德军驻扎。

“在波罗的海出现冲突，”他含糊不清地说，“将会使德苏关系复杂化——”

“但苏联并没有破坏这个地区的和平，而且也没有威胁芬兰。”莫洛托夫语气坚定地反驳说。“我们关心的是确保这一地区的和平和真正的安全。德国政府如果还对苏德关系的正常发展感兴趣的话，应当认真考虑这一点。”

这样一来，他们的会谈就出现了僵局。“正常的苏德关系”是从来都不存在的，而且希特勒也没想把大英帝国的大片领地交给苏联。他们的会谈进行了两个半小时，这时希特勒看了看手表，以空袭英国的时间快要到了为借口，提议第二天接着会谈。

当天夜里，一份会谈的全部记录发到了克里姆林宫。斯大林回答说，希特勒谈到的赠送所谓“无人认领的大英帝国的产业”这一设想不切实际，应不予理会。芬兰边界上出现德军的问题更为重要，是关系苏联存亡攸关的大事。斯大林命令莫洛托夫在这个问题上给希特勒施加压力。第二天会谈一开始，莫洛托夫就要求对方直接正面回答这个问题。

希特勒没有回答。他的脸上显露出鄙视和冷淡的表情，虽然向苏联发动进攻的准备工作都已做好，而且他一点儿都不怀疑这是命运的安排，但他还是拿不准对苏联的这一次铤而走险是否真能获得成功。他两眼盯着莫洛托夫，那种表情就像一个皇帝在接见一个蛮族的酋长。谈话的气氛不太轻松，实际上已经是很糟了，但希特勒已经探明了他想要知道的事情。现在他已经知道，尽管德国一味煽动战争，苏联政府却拼死要保持和平。

双方之后的会谈在里宾特洛甫的外交部里举行。里宾特洛甫像希特勒一样，说话模棱两可，含糊不清，苏联人对他也摸透了。那天晚上，莫洛托夫在下菩提树街苏联大使馆里举行宴会。不一会儿空袭警报响了，不知在什么地方投下了炸弹，爆炸声把大使馆的大玻璃窗震得颤抖起来。

“这儿不太安全。”里宾特洛甫说。他建议大家都到防空洞里去。

于是，他们都进了防空洞。服务人员把酒菜也端到了防空洞里，以便使宴会继续下去。

希特勒接见了来访的莫洛托夫一行。▼

既然英国已经被决定性地击败了，里宾特洛甫就接着又讲起瓜分大英帝国的产业一事来。

“如果说英国已被打败，我们为什么还要钻防空洞呢？”莫洛托夫问道。“是谁的炸弹投得这么近，以至于我们待在这里都听到了呢？”

里宾特洛甫装作没听见莫洛托夫的问题，趁着服务人员端上咖啡的机会搪塞了过去。

次日清晨，在柏林度过了 48 小时之后，莫洛托夫及其代表团成员离开柏林的安哈尔特火车站，开始了返回莫斯科的漫长行程。

在其后的一些日子里，斯大林研究了希特勒在帝国总理府提出的建议。他是个爱幻想的人，而且对人容易轻信，所以觉得希特勒的话还有些可信。但他还没有完全失去判断能力，所以，在两周后，莫洛托夫交给德国驻莫斯科大使舒伦堡伯爵一份备忘录，备忘录里除了接受希特勒的建议之外，还明确了原来莫洛托夫在柏林提出过的要求。这些要求使德国感到非常烦恼。德国必须从芬兰撤军，因为它对苏联构成了威胁。苏联和保加利亚之间必须达成一项互相支援的协议。苏联必须得到靠近博斯普鲁斯和达达尼尔海峡的一个港口的使用权。巴统和巴库以南靠近波斯湾的地区必须划作苏联的势力范围。最后，日本必须对库页岛北部煤和石油的开采权做出让步。这些要求旨在检验德国人的真实态度，看他们是否能够迫使日本人做出让步和把自己的军队撤出芬兰。希特勒没有对这份备忘录做出任何答复。在莫洛托夫一再催促立即答复时，德国方面仍旧拖着不予回答。

希特勒本想假装接受斯大林的要求，策划一个由希特勒、墨索里尼、斯大林和日本代表在柏林签署清算大英帝国的四强公约，像分一个橘子那样瓜分世界，使斯大林产生一种错误的安全感。后来，希特勒意识到沉默会给德国带来更大好处，发挥的威胁力量也更大时，他便放弃了先前的想法。其实，斯大林根本就不会像希特勒想象的那样容易上当受骗，从而产生那样的虚假安全感。

No.2 紧锣密鼓的袭苏密谋

与此同时，德军总参谋部正在制订对苏联发动一次突然袭击的计划。这些计划都是按期制订出来的，在 12 月初呈递给希特勒过目，希特勒都一一批准了。希特勒准备在次年春季发动进攻。1940 年 12 月 18 日，希特勒下达了在他所有命令当中最为性命攸关的第 21 号命令：

即使对英战争还没有结束，德国武装部队也必须做好准备，以便速战速决击溃苏俄。为此目的，陆军必须动用一切可以动用的兵力，但要做适当的保留，以确保已占领土不致遭受敌军的突然袭击。

空军必须尽一切力量配合这次东线战役，以使陆军能够迅速结束地面战斗，并使德国东部地区尽可能少地受到敌机袭击的破坏。建立东线行动中心，以保护整个战斗和我们控制下的军火存放地区不遭空袭，以及确保对英国，特别是对英国港口继续轰炸的需要，不准有任何失误。

在东线战役期间，海军的主要任务仍然是对英国作战。

在战争按既定时间开始前 8 周，在一定条件下，我将下达反对苏俄的形势发展的命令。

战争准备工作将于 1941 年 5 月 15 日前结束。

▼由希特勒签署的侵苏第 21 号命令。

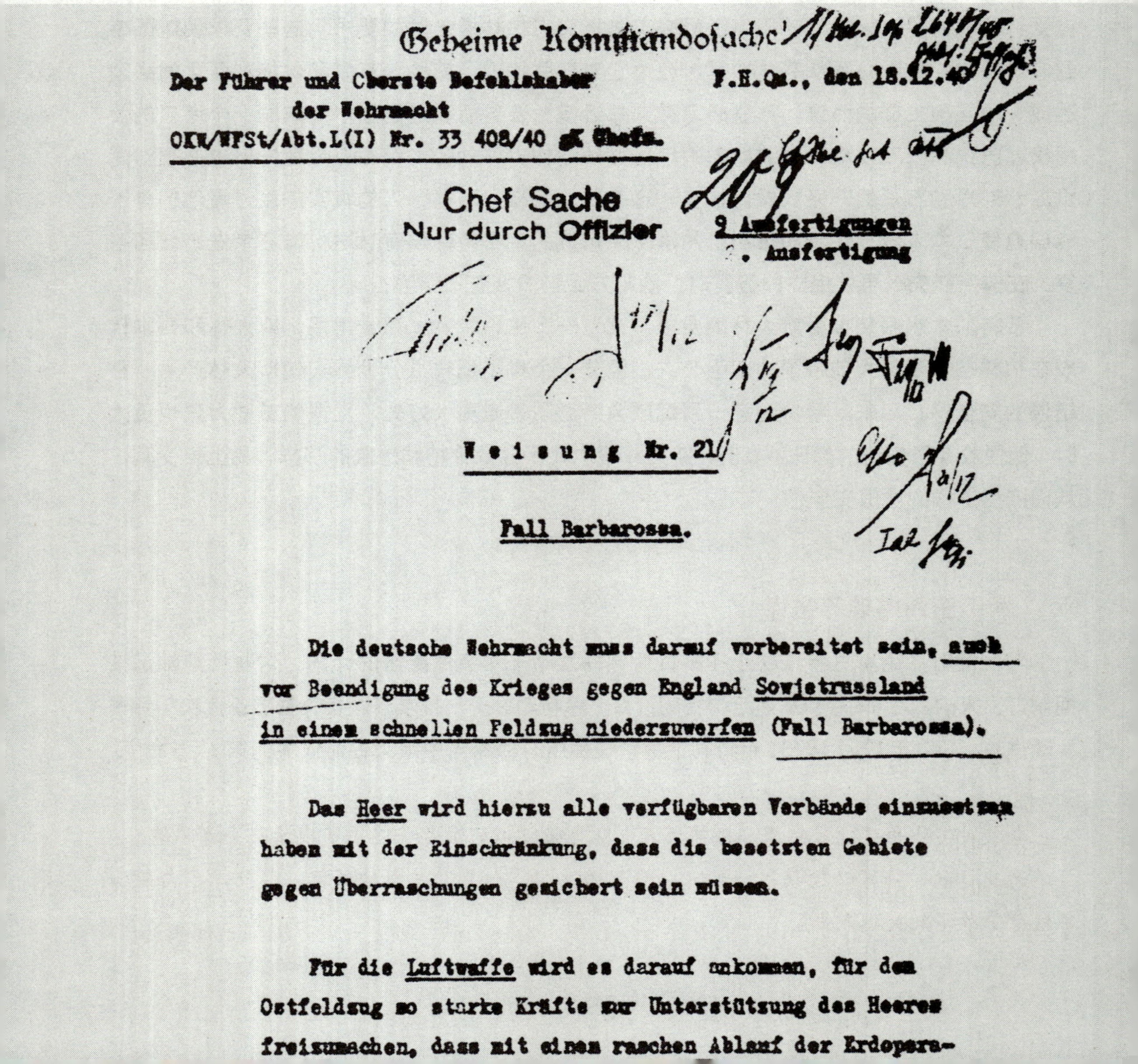
Geheime Kommandosache!

Der Führer und Oberste Befehlshaber
der Wehrmacht
OKW/WFSt/Abt.L(I) Nr. 33 408/40 gK Chefs.

F.H.Qu., den 18.12.40

Chef Sache
Nur durch Offizier

9 Ausfertigungen
. Ausfertigung

Weisung Nr. 21

Fall Barbarossa.

Die deutsche Wehrmacht muss darauf vorbereitet sein, auch vor Beendigung des Krieges gegen England Sowjetrussland in einem schnellen Feldzug niederzuwerfen (Fall Barbarossa).

Das Heer wird hierzu alle verfügbaren Verbände einzusetzen haben mit der Einschränkung, dass die besetzten Gebiete gegen Überraschungen gesichert sein müssen.

Für die Luftwaffe wird es darauf ankommen, für den Ostfeldzug so starke Kräfte zur Unterstützung des Heeres freizumachen, dass mit einem raschen Ablauf der Erdopera-

必须非常谨慎，以防泄露进攻的意图。

这就是第 21 号秘密命令的前言，它的发布直至最后实施，都给世界带来了不堪设想的恶果。按照原来的作战方案，应当有两支军队，一支从北面进攻列宁格勒，另一支从南面进攻基辅。莫斯科，要在列宁格勒和喀琅施塔得要塞被攻陷以后，由北方集团军去攻克。莫斯科不作为最先打击的目标；一旦苏联西部地区被占领，这座城市就很容易被攻克。同时，希特勒与芬兰结成了军事联盟，从芬兰一跃即可到达列宁格勒，所以德军用不了几天就可以拿下列宁格勒。

分两路进军，虽然相隔很远，但希特勒主意已经拿定。后来，在将领们的反对下，他才很不情愿地组成直捣莫斯科的中央集团军。希特勒实在不愿意想到莫斯科，对他来说，莫斯科就好像是个传染病的可怕发源地似的。

整个冬天和初春这段时间，“巴巴罗萨”计划的作战方案在迅速完成着。希特勒被“巴巴罗萨”计划迷住了，整天埋头在作战地图堆里，一有空儿就与他的军事顾问们研究进攻方案的细节。

希特勒曾说：“当‘巴巴罗萨’开始时，全世界将大惊失色，无以置言！”“巴巴罗萨”犹如晴天一声霹雳，将把整个世界震得死一般沉寂。

在 1941 年的整个 2 月至 3 月期间，希特勒几乎同他的顾问们讨论过“巴巴罗萨计划”的每一个细节问题。到这时，了解“巴巴罗萨计划”的人已经超过千人了，至此，再也没有什么秘密可保了，就连苏联驻柏林的大使馆，也知道德国企图对苏联发动进攻了。

1941 年 3 月 30 日，希特勒用另一次长篇大论的演讲招待他的将领们，地点是柏林的新帝国总理府。这次，他讲的题目是关于大屠杀。他说，德军将领必须丢掉幻想，这是一场敌对的意识形态之间的你死我活的战争，这场斗争必须以空前的、残酷无情的严厉方式进行。

希特勒讲这番话的目的，是要警告他的将领们，他不能容忍任何有碍总体战的行为和思想。“我不期望我的将领理解我，”他说，“但我希望他们服从我的命令。”

由于对苏联的仇视，希特勒准备制造一切可能的借口，使世人相信苏联心怀叵测。他宣布，他掌握了无可争辩的证据，证明苏联与英国达成了一项秘密协议，英国人拒绝接受德国提出的一般性和平建议的原因，就在于此。希特勒的话一点儿事实根据都没有，但却给希特勒帮了忙。尽管希特勒思维正常，头脑清醒，具有逻辑论证能力，但只要一提到苏联，他就毫无根据地制造幻觉。在强大战争机器的武装下，希特勒有一批为他效忠的将领，加上受戈培尔宣传蛊惑，德国民众变得盲目轻信。希特勒的本领之一就是能够把他制造出来的最具毁灭性的幻觉变成行动。

在希特勒还没有做到这点之前，南斯拉夫却发生了一件令人震惊的事件：1941 年 3 月 26 日夜间，贝尔格莱德发生了宫廷政变。这次政变是由陆军和空军的一些军官搞起来的，他们知道自己在冒险，但他们准备承担后果。新政府的第一个行动就是要与德国签署一项互不侵犯条约。

签订这个条约和尽一切可能使南斯拉夫中立，对希特勒来说将是个切实可行的办法，但希特勒没心情那么做。南斯拉夫位于他的侧翼，而且公开反对他；希特勒极端轻视小国，由于对南斯拉夫的历史和文化一无所知，加上他无所顾忌，于是断然决定对南斯拉夫进行惩罚。

希特勒在讨论肢解和毁灭苏联时用过的那些话，现在又被他用在了南斯拉夫身上——必须用“残酷无情的严厉方式”和“闪电式的打击”来对付南斯拉夫。南斯拉夫宫廷政变发生后的第二天，从元首大本营发出的第 25 号命令的前言如下：

南斯拉夫的军事政变已经改变了巴尔干地区的政治形势。南斯拉夫虽然一再表白忠诚，

▲德国士兵正在枪杀几个南斯拉夫的爱国者。

但此刻必须将它看作敌人，因此需尽快将其击溃。

到 1941 年 4 月底，希特勒已经征服了南斯拉夫和希腊。这时，整个欧洲，从挪威的北端海岸线到伯罗奔尼撒半岛，从比利牛斯山脉到波罗的海，都已经掌握在希特勒的手中。但如果他想使苏联也屈膝的话，他就要付出他几乎没有能力付出的时间和精力。他需要时间重组在南斯拉夫和希腊山区作战的军队。新占领的地区，特别是在南斯拉夫，抵抗运动已深深地在人民群众中扎下了根。

▲在希特勒眼里，似乎占领苏联是唾手可得的事情。

在北非，战斗也在进行着。埃尔温·隆美尔将军的一个配备轻武器的师和两个意大利师突然攻入昔兰尼加，迫使英国军队退到埃及边境一带，德军的胜利为意大利军队的战败雪了耻。看来，希特勒派隆美尔到北非去，是个明断，不久他就获得了巨大成功。5 月 30 日，雷德尔将军又向希特勒建议，他说应当发动一次“具有决定性的 1941 年埃及－苏伊士秋季攻势，它比攻占伦敦更具有致命的作用”。但这时，希特勒已经不想在巴尔干和地中海沿岸再搞冒险行动了。为了进行一些小规模的征服，24 个师被调到了南欧，而且已经是在希特勒想实施“巴巴罗萨”计划的日期之后两周的事情了。希特勒决定在击溃苏联之后再打埃及，他认为苏联必败无疑，最迟，到 10 月份就会投降。那时，他再让他的大军横扫中东并且让他的大军兵临印度国门。

希特勒幻想着在征服南斯拉夫和希腊，消除挺进苏联的侧翼顾虑之后，英国就只能等着挨德国飞机轰炸了。隆美尔的一支人数不多的军队将把英国军队遏制在北非的海湾里动弹不得。

在 3 月底，希特勒为“巴巴罗萨”计划确定了一个新的实施日期：夏至第二天凌晨，德军将大举进攻苏联。按希特勒的计划，在冬至之前，苏联这个国家的名字，就将从世界地图上消逝。

由于采取了特别保密措施，希特勒以为秘密进攻的日期不会泄露，却不想全德国，乃至全世界都知道了。在东京的德国大使馆工作的理查德·佐尔格博士把德国进攻苏联的详细情报用短波无线电发给了莫斯科。丘吉尔先生让他驻莫斯科的大使将此消息通知了莫洛托夫。华盛顿国务院也将此消息通知了苏联大使。可斯大林却对这些消息和其他许多警告充耳不闻，竟然到黑海岸边的索契安闲避暑去了。

在德军发起进攻的那天夜里，莫斯科一片安静。在一个边境哨所中，苏联的指挥官被炮声震醒了。他抓起电话，叫醒了 50 公里外的指挥前线地方部队的一位将军。

“德国人来了！”苏联指挥官说。

“你睡觉去吧，”将军回答说，“这是完全不可能的。”

当德国军队已经深入到苏联国土的时候，绝大多数苏联人仍在睡梦之中。被炮声惊醒的苏联指挥官，以至于无法让他的将军相信这是事实。

No.3“巴巴罗萨”行动，苏军兵败如山倒

1941 年 6 月 22 日上午 7 时，希特勒通过德国广播电台发表了对德国人民的声明：

经过几个月绞尽脑汁的考虑和令人不安的等待，我终于能够自由地向德国人民说话了！此刻，我们的军队正在胜利进军，其规模之大，乃世界所罕见。今天我再次决定将帝国和我们的人民的命运和前途交到我们的战士手中。尤其在这次战斗中，愿上帝帮助我们！

“巴巴罗萨”计划已经开始了。它像对波兰发动的战争一样，同样也是一场闪电战。

希特勒为他的每一次攻势都精心取了个代号，例如为进攻丹麦和挪威发动的战役所取的代号是“威塞演习”，为进攻英国的战役所取的代号是“海狮计划”，为入侵南斯拉夫所取的代号是“惩罚行动计划”，为入侵希腊所取的代号是“马丽他行动计划”等。这次，他为进攻苏联所取的代号是“巴巴罗萨”计划。

“巴巴罗萨”原指德国皇帝腓特烈大帝（1123—1190 年），他曾发动过大规模侵略战争，5 次入侵意大利，并将波希米亚、匈牙利和波兰置于自己的统治之下。腓特烈大帝并不总是成功的，他的军队曾为莱尼亚诺波米兰的长矛兵所击溃。他是中世纪那些穷兵黩武、狂傲自大、蔑视教皇的征服者的形象。

▲德军士兵在苏联一小城镇作战。

希特勒的目标是把苏联这个国家从世界地图上消除掉，而不是消除所有的苏联人。按照他的计划，莫斯科、列宁格勒和基辅将被夷为平地。剩下的苏联人只准住在波兰和乌拉尔山之间的一大片地区里，在穿黑制服的党卫队的管理和“保护”下充当提供粮食的农奴。

希特勒心里盘算着，他一旦把自己的势力扩展到乌拉尔山和高加索地区，就可以为他的千年帝国建立牢固的基础。在此基础上，即使英国继续作战，即使美国也站在英国方面进行干涉，也不会对局势产生太大的影响。入侵苏联绝不是因为他击败英国的计划受挫，在走投无路之后所被迫采取的权宜之计，而是体现了他在《我的奋斗》的结束部分曾经概述过的，以及在伯格霍夫壁炉旁纵谈时加以发挥过的帝国梦想的实现。在他心目中，他的这一举动，既保证了德国在战争中能够取得胜利，又保证了欧洲新秩序得以建立。这种功绩日后将成为彰显他的天才和不朽的纪念碑。

战役的开局似乎印证了希特勒所持的乐观态度。

当 6 月 22 日凌晨 3 点下达攻击令时，希特勒手中拥有的是世界上少见的最难对付的一支大军。在火力配备、机动性能、装甲强度等方面，德国军队都达到了最完善的程度。154 个德国师、18 个芬兰师和 14 个罗马尼亚师陈兵苏联边界，此外还有意大利、斯洛伐克、匈牙利和西班牙的军队。3000 多辆坦克和近 2000 架飞机已做好投入战斗的准备。最高统帅部由在西线取得数次胜利的最有经验的将领组成。从理论上讲，没有什么能够阻挡希特勒的胜利进军并在夏末之前攻克莫斯科。

侵苏战争第一天，希特勒投入了 117 个师，从北起波罗的海，南至黑海，在长达 1800 多公里的战线上发动进攻。1000 多架次飞机轰炸了苏军的前沿阵地、机场和交通枢纽，同时还轰炸了基辅、日托米尔、塞瓦斯托波尔、明斯克、斯摩棱斯克、里加、考纳斯等城市。仅仅 6 个小时，苏联的 66 个机场被击毁，加上激烈的空战，苏联空军共损失了 1200 架飞机，德军很快就取得了制空权。德军的装甲部队和摩托化部队在飞机、大炮的掩护下，很快就突破了苏军防线。在德军入侵苏联一个半小时之后，纳粹德国通过其驻苏大使舒伦堡正式递交了德国外交部发表的声明，宣称为了“从布尔什维主义的致命威胁中拯救全世界的文明”，德国正式对苏宣战。苏德战争开始了。

德军越过苏联边境后，分三路向纵深推进。

在中路，博克将军的德军中央集团军群的两支坦克部队，越过苏联边境，急速向前推进。

宽阔的苏联—波兰界河布格河，由南向北静静地流着，河面上没有一座桥，除了飞机、船只，是很难轻易越过布格河的。德军飞机在狂轰滥炸之后，宽阔的河面上突然露出了一根根水管般粗细的东西，缓缓向东岸移动，当它完全露出水面爬上岸时，竟然是作战坦克。这就是法西斯德国第 18 师的潜水坦克群。

对于这种潜水坦克，不但苏军预想不到，就是驻守在西岸的德国士兵，看见一辆辆坦克开进波涛滚滚的布格河，也都个个惊得目瞪口呆。第 18 坦克师就这样神秘而迅速地偷渡过了布格河，向白俄罗斯首府明斯克前进。

中路的博克集团军群拥有 1500 架飞机和 1500 辆坦克，它们组成了一群庞大的“活动堡垒”。按照作战计划，博克的中央集团军群由华沙东北出发，直取明斯克，然后继续东进，消灭斯摩棱斯克一带的苏军，为最后攻打莫斯科开辟道路。

博克下属的第 3 坦克群从东普鲁士出发，从卡乌那市的南方渡过涅曼河，强行攻击苏军第 11 军。结果，苏第 11 军各师被片片割开，线线打断，点点孤立，同军部和苏军参谋部失掉了联系。在这种情况下，苏第 11 军被迫向东溃退，德军则穷追不舍，前锋部队第 7、第 12 坦克师，于 6 月 25 日傍晚，从北方接近了明斯克。

由坦克专家古德里安将军率领的德军第二坦克群，绕过并包围了布列斯特要塞以后，直接袭击苏军第 4 军，也迅速地向纵深推进了 200 公里左右，从南方胁迫明斯克。

这样，德军的两个坦克群就从南北两面迂回合围了明斯克。6 月 28 日，明斯克进攻战开始，德军以强大的兵力一举攻克了明斯克，使得明斯克一带的苏联守军被迫向第聂伯河撤退。至此，博克的集团军群已经深入苏联境内 320 公里。

▼德军攻进斯摩棱斯克，此城已被炸成一片废墟。

▲德军乘橡皮艇渡过第聂伯河，远处正在架设坦克用桥。

7 月 1 日，苏军统帅部更换了几名前线指挥员，叶廖缅科中将被任命为西部方面军副总指挥。他协助铁木辛哥元帅共下决心，不惜一切代价，坚决阻止德军中央集团军群东进莫斯科。

叶廖缅科中将不失时机地开始组织反击。他拿出了“莫斯科摩托师”这张王牌。7 月 1 日，精锐的苏军摩托化师悄然从莫斯科出动，与此同时，德军的中央集团军群也在继续向前挺进。德军第二坦克群的先头部队是第 18 坦克师，该师从布格河偷渡过来之后，于 7 月 3 日占领了位于明斯克与斯摩棱斯克之间的勃里索夫，然后毫不停顿地继续东进，并击溃了莫斯科摩托化师的第一次反击。

苏军的第二次反击的战场是塞恩诺地区。塞恩诺位于第聂伯河和道格瓦河之间，是一片狭小的平原地带，位于德军中央集团军群从斯摩棱斯克进攻莫斯科一线的北方，是双方必争的战略要冲。而这一地区又恰好是德军第二坦克群和第三坦克群的接合部。叶廖缅科中将决定突破敌人的接合部，然后回过头来再狠狠打击第三坦克群。于是，苏军第 20 军在配备了以老式坦克为骨干的大批坦克部队后，投入了反击战。

残酷的坦克厮杀一直持续到夜幕降临。天空黑漆漆的，一颗星星都看不见，然而在塞恩诺战场上，却横七竖八地躺着还在燃烧的大批坦克，坦克和大炮的残骸比比皆是，这就是苏德战争史上有名的“塞恩诺战役”。

中路德军迅速向前推进，两支德军坦克部队在明斯克地区会师，截断了苏军的退路。在极端困难的条件下，苏军仍然顽强战斗，一部分部队突出了包围圈，一部分转入地下开展游击战，大部分苏军被俘虏。到 7 月 9 日，中路德军已逼近西德维纳河和第聂伯河，占领了维帖布斯克。

在北路，德军的北方集团军群于 22 日就在考纳斯以南 60 公里处渡过涅曼河，24 日又前进到了乌克美尔格；7 月 5 日，占领了奥斯特罗夫；7 月 9 日，占领了普斯科夫。

在南路，当德军的南方集团军群越过苏联国境后，双方在日托米尔方面展开了激烈战斗。为避免被德军包围，苏军主力向东退去。于是，德军于 7 月 9 日占领了日托米尔。

当纳粹德国的军队进犯苏联时，克里姆林宫命令苏军西北、西方和西南方面军在德军进攻方向上转入反攻，以粉碎敌人的进攻，力求把战争转移到敌方境内去打。当这种不符合实际情况的作战命令被下达后，苏军不但没有阻止德军的进攻，反而使自己遭到了更大的损失。

在苏德战争爆发当天，莫洛托夫代表苏联政府和斯大林向全苏军民发表了广播讲话。莫洛托夫义正词严地斥责了希特勒及其纳粹军队背信弃义地向苏联发动侵略战争的野蛮行径，号召红军和全国人民团结在以斯大林同志为首的布尔什维克党的周围，团结在苏维埃政府的周围，为了祖国，为了荣誉，为了自由，而进行一次伟大的卫国战争。

▼苏军最高统帅约瑟・斯大林。

7 月 3 日，斯大林发表了关于苏德战争的广播讲话。他号召苏联各族人民紧急动员起来，保卫社会主义祖国。斯大林说，由于法西斯德国的疯狂侵略，“我们的祖国已处在严重的危险关头”。“这场战争，不仅是两国军队间的战争，它同时是全体苏联人民反对德国法西斯军队的伟大战争。”斯大林号召全体苏联人民“用自我牺牲精神来援助红军歼灭敌人，取得胜利”。

1941 年 7 月 8 日，希特勒在大本营召开会议，决定北路集团军群继续向列宁格勒进攻，迫使苏联波罗的

▲德国士兵攻战乌克兰首府——基辅。

海舰队投降；中路集团军群消灭斯摩棱斯克附近的苏军，为进攻莫斯科创造条件；南路集团军群占领基辅、顿巴斯和黑海舰队基地。

战役展开3周后，陆军元帅弗多尔·冯·博克的中路大军以51个师的兵力突破纵深720公里，越过了比亚利斯托克，距莫斯科只有320公里了。北路大军在陆军元帅威廉·冯·李勃的指挥下，以21个步兵师和6个装甲师的兵力越过了波罗的海沿岸国家，正向列宁格勒挺进。南路大军在陆军元帅格德·冯·伦德施泰特的指挥下，以4个山地师和5个装甲师的兵力直捣乌克兰首府基辅。苏联遭受到了令人瞠目的损失，大多数飞机被炸毁，其中有许多是在战争一开始的5天里被炸毁的。德军最高统帅部估计，到7月8日为止，苏联164个师当中的一半以上被歼灭，俘虏近50万人，其中仅在斯摩棱斯克一场大战之后，德军就俘虏了近30万人。

▲1941年7月30—31日，德军步兵在基辅南部与苏军作战。

第十章

血染莫斯科

1941年9月30日至1942年4月20日，苏德战争进入白热化阶段，双方爆发了具有特殊意义的莫斯科会战。苏军为保卫首都而进行的莫斯科保卫战，既是“二战”期间最大规模的城市保卫战，也是人类战争史上最大规模的城市保卫战。

为夺取莫斯科，德军制订了代号为“台风”的作战计划，企图先将莫斯科正面的苏军分为两个包围圈加以歼灭，然后顺势攻占莫斯科。希特勒狂妄叫嚣：“我们下一个进攻的目标就是莫斯科！莫斯科将在冬季到来之前被毁灭，完全从地球上抹掉！”

No.1 朱可夫临危受命

德军突袭苏联后，柏林、伦敦、华盛顿都密切关注着苏德战争的局势，他们都以为苏联的抵抗会在希特勒一个月的闪电战中被粉碎。然而，两个星期以后，华盛顿不得不谨慎地承认：“俄国人进行了德国人从未遭遇到的最强有力的抵抗。”过了 6 个星期，美国人和英国人便开始对这场战争重新加以估量了。

1941 年 8 月下旬，德军开始大力加固沃皮河西岸的工事，目的是牵制苏军，以便腾出预备队用于前线其他地段。南面，德苏双方在叶利尼亚附近正进行着激烈战斗。苏联最高统帅部及时给第 16 集团军下达了新的作战任务：立即转入进攻，不让德军预备队调往叶利尼亚突出部。

为了突破德军的防线，罗科索夫斯基检查了各个地段的部署情况。8 月 31 日晚，在一切准备就绪后，罗科索夫斯基一声令下，各部队开始强渡沃皮河。在炮兵强大火力掩护和坦克的护送下，苏军步兵向敌人的防御纵深地带推进，德军尽管疯狂地拼死抵抗，但是，最终还是没能抵挡住红军的强大攻势，不得不开始从整个防御地段上溃退。

9 月 1 日中午，德军预备队投入了战斗，加强了抵抗，双方激战一直持续到深夜。从 9 月 2 日拂晓开始，战斗又一次打响了；9 月 3 日傍晚，德军在调集了预备队和坦克之后，从不同方向发起了反冲击。由于德军有了越来越多的增援部队，苏军的优势开始减弱。9 月 4、5 日两天，战斗继续进行，双方各有胜负。为了保存实力，苏军最后放弃了进攻。

▲苏联飞行员正在修理被炸毁的飞机。

▲乔治·朱可夫将军。

第16集团军虽然没能最终突破德军的防御并重新夺回斯摩棱斯克，但却把德军准备用于叶利尼亚战斗的一部分预备队牵制到自己一方，为9月6日苏军第24集团军解放斯摩棱斯克做出了巨大贡献。

斯摩棱斯克会战后，苏德战场的西线暂趋沉寂。其他几个方面虽然仍在激烈战斗，但苏联红军的力量正在得到加强，战场也开始趋于稳定。这些都标志着大战初期苏军的被动局面即将过去。

在北部战场，德军的进攻异常猛烈。德军迅速占领了波罗的海沿岸地区。1941年7月12日，纳粹军队攻占了普斯科夫。这些都引起了朱可夫的高度关注。德军的持续进攻虽然没有一举攻破苏军的防御，但已经离列宁格勒不远了。朱可夫与作战部的高级将领们认真讨论了整个局势，认为德军只能在消除了苏联中央方面军和西南方面军对其中央集团军群翼侧的威胁之后，才有可能对莫斯科发动全面进攻。西北方向上的德军将会在加强自己的部署之后，力求在最短时间里夺取列宁格勒，并同芬兰军队会合。

朱可夫经过反复权衡比较，深信自己的预见是正确的。于是，他决定将他的想法立即报告最高统帅斯大林同志，以便采取必要的对策。

但斯大林与朱可夫意见发生分歧，朱可夫被解除总参谋长职务，被派往叶利尼亚指挥战斗。朱可夫来到叶利尼亚前线后，立刻忘我地投入了工作。为了组织突击，他做了大量的准备工作，每天都要工作20个小时左右。他不仅察看地形，熟悉部队的情况，而且还亲自审问德军俘虏，了解德军的部署和官兵的士气情况，做到知己知彼，心中有数。而后，他精心制订了周密的作战计划。

8月中旬，朱可夫组织部队向叶利尼亚地区的德军发起了进攻，战斗异常激烈。在朱可夫的英明指挥下，苏军最终于 9 月 6 日攻占了叶利尼亚。在这次战役中，苏军共歼敌近 5 个师，消灭德军官兵约 5 万人。这是苏德战争开始后苏军取得的第一次重大胜利。这次战役的胜利，使得苏军士气为之大振，胜利的信念更加牢固。

1941 年 9 月初，古德里安接到德军统帅部的命令，向南进攻。他的装甲部队进攻速度非常快，很快就威胁到苏联西南方面军的后方。再往南，另一支德军部队攻占了第聂伯罗彼得罗夫斯克。斯大林虽然再三要求红军部队坚守第聂伯河防线，但这支德军部队仍然过了河，并向北推进。于是，基辅已经处于被合围的威胁之中。

1941 年 9 月 7 日，指挥西南方面军的基尔波诺斯向西南方向的总司令布琼尼和总参谋长沙波什尼科夫报告了危机局势，沙波什尼科夫驳回了这一报告。斯大林发出指令：部队撤到杰斯纳河一线，守住基辅。布琼尼又一次打电话给总参谋长沙波什尼科夫，仍没有得到从基辅撤退的许可。于是，9 月 11 日，布琼尼又给斯大林发出电报，对总参谋长沙波什尼科夫提出了抗议，并进一步强调了局势的危急。收到布琼尼的电报后，最高统帅部作出决定，解除布琼尼总司令的职务，由铁木辛哥担任总司令，赫鲁晓夫继续担任军事委员会委员。

▲德军士兵攻占基辅后挨家挨户搜寻苏联士兵。

就在同一天，即 9 月 11 日，斯大林用电传打字机同方面军军事委员会交换了意见。这时，斯大林对前线实际情况有了进一步的把握，他更加确信，撤退是没有道理的，并开始积极寻求解决的办法。在考虑了各种主张以后，斯大林重申了他的命令，即在未经最高统帅部大本营的批准之前，决不能放弃基辅，也不能炸毁桥梁。他还向指挥员们提出告诫：“……你们必须停止寻找退却路线，而要开始寻找抵抗的路线，只有抵抗！”

1941 年 9 月 13 日，铁木辛哥抵达基辅。3 天之后，德军全部完成了对基辅的合围，苏军的4个集团军陷入重围。经过连续激战，苏军西南方面军指挥部的4名将军阵亡，成千上万的苏军指战员在突围中丧生。

基辅之战使得苏军遭受了严重的损失，但对德国人来说，它却耽误了德军在冬季开始之前攻下莫斯科的计划。

基辅战役结束后，德军越过第聂伯河向克里米亚半岛和乌克兰东部推进，在北方则围困列宁格勒。对纳粹德军而言，占领列宁格勒就意味着在卡累利阿地峡作战的北方集团军群和芬兰军队，能够轻而易举地在斯维里河地域会合，并切断苏军通向卡累利阿和摩尔曼斯克的交通线。这样，不仅有利于巩固法西斯的反动同盟，迫使一些仍在动摇中的国家加入反苏战争，而且还能使在那里作战的德军，包括将要实施进攻莫斯科的“台风”战役的第4坦克集团军群解脱出来。

对苏军这一方来说，失掉列宁格勒，在各方面都会使战争形势严重复杂化。如果希特勒的军队占领列宁格勒，并且德、芬军队在此会合，那么苏军就必须从北面建立保卫莫斯科的新战线，并消耗掉最高统帅部准备用于保卫莫斯科的战略预备队。此外，失掉列宁格勒，就意味着失掉强大的波罗的海舰队。

希特勒为了及早拿下列宁格勒，共投入了70多万兵力。在1941年7～8月的西北方向的作战中，德军占领了列宁格勒州的大部分地区。9月8日德军又攻占了吕瑟尔堡，从而切断了苏军的最后一条陆路交通线，并封锁了列宁格勒。德军开始了对列宁格勒城的轰炸和野蛮的炮击，德军从四面八方进逼，其中大群的坦克和机械化兵团集中到了通向乌里茨克、普尔科沃高地和斯卢茨克的接近地。列宁格勒的局势一天比一天危急。

列宁格勒的局势使斯大林感到万分焦虑。斯大林已经下定决心，不论局势多么严重，只要还有一线希望，就不能也不允许失去列宁格勒。苏联最高统帅部大本营作出决定，把北方方面军分为卡累利阿方面军和列宁格勒方面军，前者负责列宁格勒以北和西北对芬兰军队作战，后者则集中兵力对付来自西南和南面的威胁。弗洛罗夫中将被任命为卡累利阿方面军的司令员，波波夫中将则被任命为列宁格勒方面军司令员。随着形势的发展，6天之后，即8月29日，国防委员会又决定把西北方面军司令部与列宁格勒方面军指挥部合并，西北方面军直接归大本营指挥。这实际上等于撤销了西北方面军司令部。

9月5日，国防委员会又对列宁格勒方面军的主要领导人进行了调整。原西北方向总司令伏罗希洛夫元帅任列宁格勒方面军司令员；原西北方向总司令部军事委员日丹诺夫任列宁格勒方面军军事委员；参谋长由戈洛杰茨基上校担任。斯大林和苏共中央号召列宁格勒军民要不惜一切代价保卫自己的城市，并且成立了以伏罗希洛夫、日丹诺夫等人为首的“保卫列宁格勒军事委员会”，委员会向当地驻军发出紧急动员令：

列宁格勒面临着危险，法西斯匪军正向我们光荣的城市——无产阶级革命的摇篮逼近。我们的神圣职责是：在列宁格勒大门口，用我们的胸膛阻挡住敌人前进的道路！

自此以后，苏联红军和列宁格勒的市民们开始了艰苦的长达 900 天的保卫列宁格勒的英勇战斗。德军封锁列宁格勒以后，连续用飞机和大炮轮番轰炸，妄图彻底摧毁这座城市。

法西斯德军的气焰嚣张，列宁格勒城危在旦夕。就在这危急关头，斯大林再一次想到了朱可夫大将。于是，他电令朱可夫立即返回莫斯科。斯大林向朱可夫陈述了局势的严重性。朱可夫表示坚决服从斯大林的安排，但要求允许他带几位将军去，替换列宁格勒方面军过度疲劳的司令员们。

“你愿意带谁去就带谁去吧！”斯大林痛快地答应了朱可夫的请求，并就各方面军领导改组及敌人下一步的行动征求了朱可夫的意见。

▲苏军坦克正赶往列宁格勒前线。

No.2 保卫列宁格勒

此时，列宁格勒战场的形势已十分危急。就在朱可夫大将到达的当天，德军中央集团军群对苏军第42集团军防守的地段发起了异常猛烈的进攻。德军的坦克已经闯入乌里茨克，前沿防线已被打开了一道宽约9.7公里、纵深为1.6公里的缺口，并不断冲击普尔科夫高地、普希金地区和科耳波诺地区。

为了尽快阻止德军突击部队在乌里茨克和列宁格勒方向的进攻，9月10日晚至11日早晨，朱可夫大将和他的助手们进行了彻夜讨论，分析怎样进一步动员一切人力和物力来保卫列宁格勒。在集体讨论的基础上，朱可夫大将集思广益，精心制订了一个加强城防的计划。这个计划主要包括以下五点内容：

（1）从市区防空部门撤出部分高射炮，将其配置在列宁格勒最危险的防御地段，实施直接瞄准射法，以加强其对德军坦克的防御。

（2）全部舰炮火力集中支援乌里茨克—普尔科夫高地地段上的第42集团军各部队。

（3）在各要害方向上立即着手建立纵深梯次防御，埋设地雷，并在部分地区设置电网。

（4）从卡累利阿地峡抽调第23集团军部分兵力给第42集团军，以加强乌里茨克地区的防御。

（5）从波罗的海红旗舰队水兵、列宁格勒各军事院校和内务人民委员部人员组建5~6个独立步兵旅，限6~8天完成。

9月11日清晨，朱可夫大将便下令开始执行这些措施。为了保证这些措施的实施效果，加强指挥机关的领导作用和部队的战斗力，朱可夫大将对方面军领导进行了改组，费久宁斯基被任命为方面军副司令员；霍津被任命为参谋长。随后，朱可夫又撤换了第42、第8两个集团军的司令员。朱可夫派他的副手费久宁斯基到第42集团军司令部，由他负责指挥已经受到重创的第42集团军。

朱可夫大将到任后，立即着手整顿部队的纪律问题，通过各种途径提高指战员的士气和斗志。朱可夫一到前线，就发现第8集团军纪律松懈，有些师长在没有接到上级命令的情况下就命令部队撤出战斗，一些没有作战经验的士兵一听见枪声就后撤。朱可夫认为，必须采取最严厉的措施来整顿部队的纪律，他颁布命令，凡失职的将士都要被处决。为了使这一命令具有威力，他下令逮捕和枪决了一批有叛国行为和擅离职守的军官和士兵；解散了一批纪律散漫、风气不良的连队，将其士兵重新分配。朱可夫还对军队各机关部门的作风进行了大力整顿，坚决纠正不负责任和形式主义等不良风气。经过整顿，部队的战斗力很快就大大加强了。

此时，列宁格勒以南的大部分筑垒地带被德军攻破，冲在最前面的德军装甲部队离市区已不到 11 公里。15 日，双方在乌里茨克的争夺更加激烈，许多阵地一天之中就易手几次。晚上 8 点左右，德军第 18 集团军在斯特列尔纳和乌里茨克之间突入芬兰湾，把苏军第 8 集团军与列宁格勒隔开。这样，守卫列宁格勒的苏军就只剩下第 42 和第 55 集团军了。

9 月 16 日，为了防止德军通过乌里茨克向列宁格勒突破，朱可夫临时组织了两个民兵师和两个由水兵和防空兵组成的步兵旅，火速增援第 42 集团军。这些部队布置在第 42 集团军的防线之后，第 42 集团军一旦失守，这些部队就可以起到第二梯队防御的作用，掩护第 42 集团军后撤，构成纵深防御。

第二梯队布置完毕后，前沿的形势仍在继续恶化。斯鲁茨克和普希金地区相继落入德军之手。随后，列宁格勒一条电车线路的终点亚历山大罗夫卡也失守了。这样，德军的先头部队已经离列宁格勒郊区不足 6.5 公里，离规模宏大的基洛夫工厂还不到 5 公里。

就在这危急关头，朱可夫大将发现进攻中的德军左翼延伸得很长，兵力松散。于是，他决定以攻代守来打退德军的猖狂进攻。朱可夫巧妙地调整了第 8 集军的兵力部署，因为德军虽然把这个集团军与列宁格勒隔离开了，但正好可以从敌人的侧翼发动反突击。

9 月 17 日，在空军的配合之下，德军以 6 个整师的强大兵力发动猛攻，企图从南面突入列宁格勒。朱可夫下令实施反突击。战斗打得异常激烈，难解难分，一直持续了 6 天。直到 9 月 23 日，德军才被迫后退。于是，他们原定的通过乌里茨克和普尔科夫高地攻入列宁格勒的计划彻底破产了。

纳粹德军为了“从地球上抹掉列宁格勒”，除了陆路封锁，还进行了系统的炮击和飞机轰炸。规模最大的一次轰炸是 9 月 21 日～23 日，约有 400 架轰炸机参加轰炸。敌人轰炸的主要目标是摧毁喀琅施塔得要塞和红旗波罗的海舰队。由于苏军方面作了充分的防范，德

▲大量的苏联士兵从火车车窗向外招手，他们将被送往前线。

▶苏联士兵向进犯的德军射击。

军的狂轰滥炸没有达到目的。但还是给苏军造成了极大的困难，陆路和空中后勤供给线完全中断，只剩下唯一的运输线就是被称作“生命之路”的拉多加湖水道。粮食的需求状况更加恶化，9～11月份，居民的面包定量先后降了5次，不少妇女在挖工事时，饿得一头扎在地上再也起不来了；工人在安装机器时，常常晕倒在地；路旁的尸体无法进行安葬。

听到这些情况汇报后，斯大林潸然泪下。他下令动员全国所有可以动员的人力、物力支援列宁格勒。在这种艰难困苦的条件下，朱可夫大将镇定地指挥红军英勇作战，一次又一次地把法西斯强盗打退到了他们的出发地。到9月底时，德军统帅部终于相信，列宁格勒的防御十分坚固，要以现有的兵力摧毁它是办不到的。剩下的办法只有一个，那就是围困列宁格勒城，直到苏军自己丧失战斗力为止。

朱可夫面临的形势更加严峻了。苏联军队不但要坚持严酷漫长的防御战，还要应付空袭、炮轰，并且还要同更严酷的饥饿做斗争。列宁格勒军民的顽强斗争精神是可歌可泣的。他们忍受着难以想象的困难，顽强地坚持战斗，直到1943年3月初，苏军开始全线反攻，歼灭列宁格勒周围的德军部队，才结束了长达3年零1个月的列宁格勒保卫战。

在德军围困列宁格勒期间，有的时候，市民们每天只靠5片薄薄的黑面包和两杯开水过日子。市民们就是在这种生活条件下为红军制造军火或修筑防御工事来抗击纳粹军队的。在列宁格勒，死于饥饿的人比死于德军炮火的人还要多。在被困期间，市民们严重缺乏蛋白质，为了维持生命的最低需要，苏联的科学家们教他们从公园的松针上取得维生素C。

▶朱可夫将军亲临前线视察。

著名的作曲家肖斯塔科维奇担任防空哨的任务，他的主要职责是把德军扔下的燃烧弹从房顶丢开。空闲时他就抓紧创作他的献给斗争和胜利的第七交响乐。从那次围困中活过来的每一个列宁格勒市民，后来都获得了刻有“列宁格勒保卫战”字样的纪念章。

列宁格勒保卫战的胜利具有十分重大的意义。它不仅坚定了苏联人民必胜的信心，沉重地打击了德军的气焰，粉碎了德军统帅部制订的作战战略，而且牵制了德军的大量兵力和芬兰的全部军队，对苏联其他方向战场形势的转变起到了重大作用。

1941 年 9 月底，德军虽然大兵压境列宁格勒城下，但久攻不下，使得希特勒及其他的大本营焦虑不安。这时树叶眼看着由绿变黄，几场秋雨之后，天气已经有了寒意，再过一个多月，等纷纷扬扬的雪花一飘，俄罗斯可怕的严冬就要来临了。到那时，德军的作战将变得比现在困难几倍。

希特勒深深懂得，时间对德军极为不利，却有利于苏军，因为苏联可以利用它来克服眼前的巨大困难，随着时间的推移，苏方可以动员大量兵力，制造大量武器，而德军则会逐渐失去优势。想到这些，希特勒对德军北方集团军群的作为更为不满，当德军切断了列宁格勒与外界的所有陆路联系后，希特勒认为列宁格勒方向的大局已定，德军再投入更多的兵力或在列宁格勒方向上花更多的精力都已经无济于事。于是，按照他在“巴巴罗萨”计划中所提出的设想，现在可以把攻打苏联首都莫斯科的计划提到日程上了。

▲德军冯·博克元帅（左）在苏联境内指挥作战。

▲德军冯·博克元帅（左）与下属在战场视察。

No.3 生死存亡，斯大林红场阅兵

1941 年 10 月上旬，德军集中了 100 多万兵力，1700 多辆坦克，19000 门大炮，在强大的空军掩护下，准备对苏联首都实施猛烈的进攻。为了粉碎纳粹军队的疯狂进攻，斯大林调兵遣将，准备了西方、预备队和布良斯克 3 个方面军的 80 万人、770 辆坦克和 9150 门大炮以迎击德军。

这是一场关系苏联生死存亡的大决战，事关重大，指挥的重任由谁来承担最合适呢？在这紧要关头，斯大林又一次想到了朱可夫大将。

于是，朱可夫大将告别了日丹诺夫等一同战斗过的战友，把列宁格勒方面军的指挥权临时交给了方面军副司令员费久宁斯基将军，自己乘飞机飞回了莫斯科。

朱可夫与斯大林进行了短暂的会面，匆匆交流了情况，立刻乘车奔赴西方方面军司令部。为了节省每一分钟时间，朱可夫不顾途中劳累，用手电筒照亮，在颠簸起伏的汽车里研究作战地图，分析苏德双方的位置和行动，思考着作战计划。实在困得睁不开眼睛时，他就跳下车跑一段。

到达西方方面军司令部时，已经是夜晚时分了。值班军官告诉朱可夫大将，全体指挥人员都在司令员那里开会。

司令员的办公室里点着几支蜡烛，光线昏暗。司令员科涅夫以及索科洛夫斯基、布尔加宁、马兰金、伏罗希洛夫、莫洛托夫等人围坐在桌旁正在开会。他们每个人的脸上都透着紧张的神情和疲劳的样子。

从马兰金中将介绍的情况中朱可夫大将了解到，德军已经重新调整了在莫斯科接近地的兵力部署，使其步兵兵力在西方方面军、预备队方面军和布良斯克方面军的战线上超出了苏军。苏军目前面临的最大威胁是敌人有可能向这 3 个方面军发动集中突击，因为苏军在防御上还有缺口，而且手头又没有现成的预备队来填补。

10 月 8 日凌晨 2 点半，朱可夫从西方方面军司令部给斯大林打电话，斯大林当时仍在工作。朱可夫报告说，苏军当前的主要危险是兵力不足。

为了加强莫斯科的保卫，最高统帅部将姆岑斯克方面军更名为莫斯科预备方面军，并增加了 5 个新改编机枪营、10 个防坦克炮兵团和 5 个坦克旅。同一天，斯大林给朱可夫大将打来电话，正式通知他最高统帅部已经任命他为西方方面军司令员。最后，斯大林以鼓励的口气在电话中大声说："赶快把一切都抓起来干吧！"

10 月 11 日，姆岑斯克防线的部队并入第 5 集团军，由列柳申科指挥。随着其他方面军部队的撤退，后撤部队也开始集中在这条防线上。根据最高统帅的指示，莫斯科预备方

面军的所有战斗部队和装备、设施，应在 10 月 12 日午夜 11 点以前移交给朱可夫的经过改组了的西方方面军。与此同时，最高统帅部给朱可夫派去了他迫切需要的预备队。

然而，在敌人强大兵力的压力下，苏军西方方面军不得不做出局部的撤退。10 月 13 日，朱可夫所部被迫放弃卡卢加。

10 月中旬，德军向莫斯科的进军已经完成了三分之二的路程，钳形突击获得了成功。德军中央集团军群发布的指令声称，他们已俘虏了苏军 67.3 万人，缴获各种口径的火炮 3500 门、坦克 1200 辆。

10 月 14 日，德军陆军总部发出了新指令，命令德军将莫斯科紧紧包围起来。第 2 装甲集团军将绕过莫斯科，从南面、东南和东面进行封锁，而第 4 集团军及第 4 装甲集团军将在西面、西北和北面进行封锁，并为机动部队随后向莫斯科以北及更远地区的进攻做好准备。

▼朱可夫将军（右）在前线指挥作战。

10月15日，已有50多辆德军坦克推进到图尔基诺沃地区，大约100辆坦克推进到洛托施诺地区，100多辆坦克推进到马卡洛沃和卡拉加托沃地区，大约50辆坦克到达博罗夫斯克地区，还有40辆坦克到达鲍罗季诺。

莫斯科面临的危险与日俱增。15日夜晚，外交人民委员莫洛托夫召见了各国外交使团，通知他们立即随同政府一起离开莫斯科，前往古比雪夫。莫斯科城一时处于慌乱之中。最高统帅斯大林决定不随政府迁往古比雪夫，他坚持留在了莫斯科。

10月20日的报纸上公布了戒严令。命令规定，破坏社会秩序的所有人将立即送交军事法庭，所有奸细、间谍或煽动骚乱的其他敌人将予以就地处决。命令还说，在莫斯科以西70～75公里的防线上，保卫首都的任务已经交给朱可夫大将。

这段时间是朱可夫一生中最紧张、最繁忙，也是最难忘的时期。他以忘我的精神全力以赴投入到工作中，以确保苏联首都的安全。

为了确保莫斯科城万无一失，在莫斯科实行全城戒严以后，所有留在莫斯科的市民们都集中了起来，帮助部队组织城市的防御。在3天时间里，工人、工程师、科学家、作家、职员和学生都被动员了起来，组成了25个民兵营，兵力达12000人。到10月底，民兵营进一步增加到4个师，兵力达4万人。

此外，市民们还建立了169个巷战小组和数百个坦克歼击组，共计有1万人。莫斯科的工厂开始生产修筑防御工事所必需的各种材料；有45万人参加修筑莫斯科周围防线的工作，其中绝大多数是妇女。勇敢的莫斯科妇女们顶着凛冽的严寒，冒着刺骨的寒风，艰苦工作，建立起一个蔚为壮观的环形防御地带。

尽管局势异常严重，斯大林仍决定举行传统的一年一度的十月革命节阅兵式。

11月6日，苏联首都人民在地下铁道马雅可夫斯基车站隆重地举行了伟大的十月社会主义革命24周年的庆祝大会。斯大林作了《伟大的十月社会主义革命24周年》的报告。斯大林指出，德军的后备快要枯竭，苏联的后备才刚刚充分扩充起来，德军的力量也比苏军大为削弱，德国法西斯对苏联实行的闪电战已经彻底破产，德国帝国主义及其军队必然灭亡。

第二天，即11月7日午，莫斯科红场上规模宏大的阅兵式开始了。

这天，从清晨起，一场纷纷扬扬的大雪把整个莫斯科装束得雪白雪白的。整个阅兵式都是在雪中进行的，坦克、大炮和汽车都被雪覆盖着，庄严肃立的指战员们的双肩和后背上也都是雪。红旗在雪白的世界里显得格外鲜艳夺目。接受检阅的红军将士们屏住呼吸，同全国人民一起，全神贯注地聆听从列宁墓的观礼台上传出的那个熟悉有力的、略微带点儿嘶哑的声音：

红军和红海军战士、指挥员和政治工作人员、男女游击队员同志们！全世界都注视着你们，把你们看作能够消灭德国侵略者匪军的力量。处在德国侵略者压迫下的欧洲被奴役的各国人民都注视着你们，把你们看作他们的解放者。

伟大的解放战争使命已经落在你们的肩上。你们将不辜负这个使命！你们进行的战争是解放的战争、正义的战争。

让伟大的列宁的胜利旗帜引导你们，彻底粉碎德国侵略者！消灭德国占领者！我们光荣的祖国、我们祖国的自由、我们祖国的独立万岁！在列宁的旗帜下向胜利前进！

斯大林的讲话语调坚定，铿锵有力，富有极大的感染力和号召力。最后，他列举了俄国伟大先驱者和民族英雄，他说，苏联共产党和苏联政府有信心、有能力彻底消灭德国法西斯侵略者。他说道：

这一群丧尽天良、毫无人格、充满兽性的人恬不知耻地号召消灭伟大的俄罗斯民族，

▲德军装甲部队将莫斯科紧紧包围起来。

消灭普列汉诺夫和列宁、别林斯基和车尔尼雪夫斯基、普希金和托尔斯泰、格林卡和柴可夫斯基、高尔基和契诃夫、谢切诺夫和巴甫洛夫、列宾和苏利柯夫、苏沃洛夫和库图佐夫的民族……德国侵略者想对苏联各族人民进行歼灭战。好吧，既然德国人想进行歼灭战，他们就一定会得到歼灭战。今后我们的任务，苏联各民族人民的任务，我们陆海军战士、指挥员和政治工作人员的任务，就是把侵入我们祖国领土的所有德国人——占领者一个不剩地歼灭掉。对德国占领者决不留情！消灭德国占领者！

斯大林的讲话结束后，庄严的阅兵式开始了。虽然疯狂的法西斯德军兵临莫斯科城下，外面炮声隆隆，但莫斯科红场的气氛却是异常热烈。革命歌曲响彻云霄，歌声和口号声连成一片，此起彼伏，一浪高过一浪。苏军最高统帅斯大林一身戎装，以蔑视和压倒一切敌人的神态，威严地站立在列宁墓的观礼台上。指战员们全副武装，雄赳赳气昂昂地从列宁墓前列队走过，直接开赴前线。

斯大林在阅兵式上的讲话文本迅速在军队和人民中散发，飞机向敌占区空投了讲话文本。每个苏联人都如同得到了精神食粮，如饥似渴地学习传阅这两个讲话。斯大林的讲话和红场上的阅兵式使军队和老百姓的士气为之大振。

No.4 法西斯德国的第一次大惨败

1941 年 11 月上旬，苏德双方都对兵力部署作了调整和补充。到 11 月 15 日为止，德军中央集团军群总兵力增加到 74 个师和 4 个旅，其中在西方方面军正面，希特勒就集中了 51 个整编师，包括 31 个步兵师、13 个坦克师和 7 个摩托化师。这期间，朱可夫大将指挥的西方方面军也补充了 10 万官兵、300 辆坦克和 2000 门火炮，总兵力达到 35 个步兵师、3 个坦克师、3 个摩托化师、12 个骑兵师和 14 个坦克旅。

11 月 15 日，德军向莫斯科发起了苦心计划半月之久的第二次进攻。德军总的战役计划是：第 9 集团军牵制加里宁方面军并进攻克林，从北面包围莫斯科；第 2 集团军牵制西南方面军并占领图拉，从南面包围莫斯科；第 4 集团军在西面消灭莫斯科西面的苏军，然后从南、北包抄，在莫斯科以东会师完成包围。最后，几个集团军同时配合，正面进攻，一举占领莫斯科。

15 日清晨，德军开始向克林发起疯狂进攻。与此同时，德军投入 300 多辆坦克进攻加里宁方面的第 30 集团军，而苏军在那里总共才只有 26 辆轻型坦克，双方力量悬殊太大。苏军防御很快就被突破了。23 日，德军占领了克林。

▲斯大林在红场发表了鼓舞人心的演讲。

几乎在同一时间里，德军又从沃洛科拉姆斯克地区发动进攻。德军为了对付苏军的 150 辆轻型坦克而投入了 400 辆中型坦克。双方展开了一场力量极不平衡的激战。苏军第 16 集团军虽然打得异常顽强，但最终还是没能抵住德军的强大攻势，不得不后撤到了新的防线。

27 日，德军攻占了离莫斯科只有 24 公里的伊斯特腊。这里是德军在这次大战中所到达的离莫斯科最近的地点。这就意味着莫斯科已处在德军的大炮射程内，德军已经能够用望远镜看见克里姆林宫的顶尖了。当天夜间，一小股德军渡过了莫斯科－伏尔加运河。

在 11 月 16 日以后的几天里，对苏军来说，局势变得异常严峻。德军孤注一掷，动用强大的兵力实施进攻，并用占有绝对优势的坦克在先头开路，使得苏军伤亡严重。这样，实力本来就比德军弱的苏军更显兵力不足、实力薄弱。据苏军第 16 集团军司令员报告，当时摩托化步兵第 107 师只剩下大约 300 人，坦克第 25 师只剩下 12 辆坦克，而坦克第 58 师已经损失了所有坦克。在几天的严酷战斗中，苏军虽然损失惨重，但他们终于阻止住了德军向莫斯科的推进。

从德军方面看，他们的战线虽然向前推进了不少，但种种不利因素也在与日俱增。部队已经被连续的战斗和严酷的寒冬弄得疲惫不堪，军官们忧心忡忡。更使德军感到不安的是，补给品极端缺乏，尤其是缺少冬装，穿着单薄的德军士兵在零下 20 摄氏度的冰天雪地里冻得瑟瑟发抖，疾病流行，枪支因缺少防冻油而常常拉不开栓，部队中一片哀怨。

11 月 12 日，苏军列宁格勒方面军对齐赫文实施了反突击；11 月 17 日，南方方面军在罗斯托夫发动反攻，终于把德军坦克第 1 集团军赶回到乌斯河对岸；11 月 29 日，苏军夺回了罗斯托夫，迫使德军不得不从其他地段抽调部队。而此时正值德军最需要集中兵力向莫斯科发动大规模进攻的时候。因此，苏军最高统帅部在其他战区组织的反击减轻了德军对莫斯科方面的压力，从而有力地支援了朱可夫大规模反攻计划的实施。

这时，德军由于战线拉得过长，已经开始感到难顾左右、力不从心了。尽管向莫斯科方向发动进攻的德军连连受挫，但对莫斯科的威胁仍然没有减轻。德军继续缓慢向前推进，

▼ 1941 年 11 月 7 日十月革命纪念日，斯大林目送着红军官兵从列宁墓前走过，受检阅的部队直接从红场开赴前线作战。

日益逼近莫斯科城下。

考虑到整个战场的形势，斯大林和苏军最高统帅部开始考虑反攻问题了。一天，当德军在与苏军加里宁方面军交战中再一次得手之后，密切关注战场局势的斯大林给朱可夫大将打来电话：

“你坚信我们能够守住莫斯科吗？”没等朱可夫回答，斯大林语气凝重地继续说道：

“我是怀着沉重的心情问你这个问题，希望你以一个共产党员的诚实来回答我。”

“毫无疑问，我们能够守住莫斯科，斯大林同志！”朱可夫大将信心十足地回答说。稍微停顿了一下，朱可夫又说：

“但是，我们至少还需要增加两个集团军和 200 辆坦克。”

“你能有这样的信心，很好！”斯大林的心情轻松了许多，接着说道：

“11 月底以前我会考虑给你增加两个集团军，我将与沙波什尼科夫同志商量这两个集团军的部署问题。至于 200 辆坦克，考虑到目前的实际困难，一时无法满足你。”

德军企图从南、北两翼包围并占领莫斯科的计划受挫后，决心在 12 月 1 日从苏军防线的中部单刀直入，直插莫斯科。进攻当天，德军部分部队突破防线 24 公里，但很快又被迎面赶来的苏军歼灭了。

这时，德军指挥部分析，要想突破苏军防线有新的进展，必须首先除掉位于突出部的著名军火工业城市图拉。于是，德军便对图拉施加了强大的压力。12 月 3 日，德军切断了通往莫斯科的铁路和公路，图拉被德军合围。

不过经过几天激战，德军的进攻还是以惨败告终。从 11 月 16 日到 12 月 5 日，德军在这次进攻莫斯科的战役中伤亡 15.5 万官兵，损失 777 辆坦克和其他大量兵器。部队严重缺编，一些连队只剩下 20 ～ 30 人，官兵士气也急剧下降。德军被迫退到纳拉河西岸。

12 月 5 日，在莫斯科周围 320 公里附近的半圆形阵地上，德军的进攻被全部粉碎，闪电战的“台风攻势”破产了。与此同时，也标志着苏军的反攻即将开始。

还在 1941 年 11 月 29 日，朱可夫大将就给斯大林打电话，汇报战场情况，请求最高统帅下令开始反攻。斯大林对朱可夫大将的分析听得很认真，并问道：

“你确信敌人已经接近危机状态了吗？敌人有没有可能投入新的兵团呢？”

朱可夫毫不迟疑地回答：“敌人已经极度虚弱，但是如果我们现在不及时消除敌人楔入的危险，德国人将会从北方集团军和南方集团军抽调强大的预备队来加强莫斯科地区的力量，那时局势可能会更加复杂化。”

斯大林告诉朱可夫说，他将同参谋部再作进一步的研究，然后做出决定。

当天晚上，朱可夫就接到通知，最高统帅部已经决定开始反攻，并要求朱可夫尽快呈报反攻战役计划。

第二天早晨，朱可夫大将就把反攻战役的计划报告给了最高统帅部。斯大林在仔细阅读分析了计划后，没有做出任何修改，便签字批准了。

朱可夫制订的反攻战役计划的总意图是：在西北方面收复克林、索涅奇诺戈尔斯克；在西面解放伊斯特腊；在南部解除德军对图拉的包围，从而消除莫斯科面临的危险，并进一步扩大战果，尽可能把德军向西赶得越远越好。

在苏军大反攻前夕，德军虽然兵力上优于苏军，但战线拉得太长，两翼的突击部队相距 200 公里，兵力分散。与此相比，苏军虽然在兵力上不占优势，但却比较集中，即使在

▲莫斯科战役中，两名冻得发抖的德国士兵。

莫斯科防御战最困难的时刻，他们仍然严格限制使用预备队，以保存实力，等待时机，打击敌人。

1941 年 12 月 6 日清晨，朱可夫的西方方面军从莫斯科南、北两面开始了反攻。与此同时，友邻方面军也在积极配合，在最高统帅部的统一指挥下，分别在加里宁和耶列茨地区向前推进。苏德双方展开了大规模的战斗。

经过 10 天的较量，已经被削弱且疲惫不堪的德军遭受了严重打击，在苏军的强有力反击下，向西节节败退。到 12 月 16 日，苏军已经把德军赶出了加里宁、克林和耶列茨。

得知前线的战况后，希特勒在大本营气急败坏，大喊大叫，并开始追究前线指挥官的责任。德军南线部队司令员伦德施泰特、坦克集团军司令古德里安等高级将领被革职；12 月 18 日，希特勒任命冯·克鲁格元帅接替“病情加重”的德军中央集团军群总司令、陆军

▼德军的坦克隐蔽在树林里。

元帅冯·博克；陆军总司令冯·布劳希奇元帅曾两次请求辞去职务，12 月 19 日希特勒正式批准了他的请求，由他担任陆军总司令。

希特勒担任德军陆军总司令后，发布了一道严令：前线部队不得撤退一步，坚决死守，直到最后一兵一卒、一枪一弹为止。按照希特勒的命令，德军转入防御，拼命死守。尽管德军仍在拼命挣扎，然而到 12 月底，莫斯科方向上的德军已经到了山穷水尽的地步了。

在莫斯科会战中，在以朱可夫大将指挥的西方方面军为主力的苏军沉重打击下，德军共损失了 50 万人，1300 辆坦克，2500 门火炮，1 万多辆汽车和大量其他军事装备。与此同时，苏军把德军向西赶出 150 ～ 300 公里，收复了克林、加里宁、卡卢加等城市，解放了 1 万多个居民点。

莫斯科战役是德国法西斯发动第二次世界大战以来所遭受的第一次大惨败，它大大鼓舞了世界反法西斯主义的斗争，打破了希特勒“闪电战”不可战胜的神话。莫斯科战役后，德军的有生力量被大大削弱，从此开始走下坡路。与此相反，苏军却得到了进一步的发展壮大，全军将士斗志更高。

第十一章

太平洋战争爆发

1940年春夏之际，希特勒以“闪电战”横扫西欧，荷兰和法国相继败降，英军退守英伦三岛，美国仍持孤立主义在大洋彼岸置身事外。日本统治者为了建立他们梦寐以求的所谓“大东亚共荣圈”，南下太平洋成了其最重要的战略目标，而美国则是他们实现这一梦想的一大障碍。

珍珠港是当时美国在太平洋上最大的海军基地，也是美国太平洋舰队的主要驻扎地。由此，珍珠港成为日本攻击美国太平洋舰队的聚焦之地。

No.1 为解太平洋战场“后顾之忧”，日军再攻长沙

苏德战争爆发后，德军很快陷入“泥潭”，使得苏军仍然能够在东线屯驻大量军队，以备日本有所异动。

已经与德国、意大利成为盟友的日本以为能够乘机争夺利益，但眼看北方没有什么动手的机会，便认为还是南下去构造“大东亚共荣圈”才是上策。毕竟南太平洋的温和气候才是日本人心中的目标，远比跑去近北极圈的地方与日耳曼人分食苏联要有利得多。经过考虑，日本决定开辟太平洋战场。

如果开辟太平洋战场的话，日军就需要抽调中国内陆兵力向南方沿海集结，其中从武汉第 11 军抽掉两个半师团即第 4、第 6 师团和第 33 师团一部。但这样一来，很可能太平洋还没有“太平”，中国就先把日本苦心经营的地区又全部夺回去了。

因此，日本为了毫无后顾之忧地席卷太平洋，他们决定先主动出击，打击中国军队。于是，第二次长沙会战就这样爆发了。

第二次长沙会战中，日军指挥官换成了阿南惟几。阿南惟几吸取了第一次长沙会战的教训，不再分散出击，改为集中纵深攻击。

第一次长沙会战之后，薛岳就一直密切关注日军的动向。当日军再次频繁部署之时，薛岳立刻敏锐地察觉到，日军即将再次进攻长沙。

1941 年 9 月 18 日，阿南惟几战刀所指，日军倾巢出动，很快到达新墙河以北 20 公里内的区域。在新墙河，中日军队激战几个昼夜。上级严令之下，新墙河畔的中国官兵浴血奋战，前赴后继地抵挡日军的凶猛进攻，战斗后期，很多作战部队战斗兵员已经所剩无几。

从大云山回防新墙河的杨森率领军队还没有走多远，前线已经传来消息：新墙河一线失守了。

薛岳无可奈何，下令两部迅速后撤，准备在第二防线再整顿兵力和日军交火。

中日军队之间的较量就这样展开了。但日军的前进速度实在太快，中国军队无论如何也无法赶到其前方。短期的快速推进，让日军用有限的补给取得了极大战果，这让以逸待劳、后方有广大基地的中国军队没有占到多少优势。

阿南惟几最初制定的战略是沿长沙至岳阳公路突破，向金井及湘江方面扩张，预计将第 3、4 师团用于湘江方面作战，但一项意外的收获让阿南惟几兴奋不已，决定把战争的主动权握得更紧。

原来，日军情报科特情班截获了薛岳的密电码，中国军队的 3 个主力军被日军 4 个师团闪电击败。

国民政府决定火速调遣两支王牌部队上战场。这两支正在靠近战场的军队，其中一支就是赫赫有名的第 74 军。第 74 军和第 10 军两支军队同时出现在战场上，说明真的已经到了一个生死存亡的危急时刻。

9 月 25 日晚，日军靠近捞刀河，长沙近在咫尺。第九战区长官部从长沙撤往湘潭。

第 10 军沙场惨败，王耀武的第 74 军也没有能够凯旋。

接到薛岳电报后，王耀武率第 74 军奔赴前线。王耀武率领第 74 军第 57 师于 25 日先

▲日机轰炸下的衡阳机场燃起浓烟。

行进入战场，前往长沙东方的捞刀河北岸，于春华在山下占领阵地，以掩护主力部队。

阿南惟几在他的指挥部里，看着中国军方的一举一动，同时张开了一张无形的大网。

阿南惟几调集了 3 个师团，外加 1 个坦克联队，2 个独立野战重炮联队，2 个独立山炮联队，2 个迫击炮大队。阿南惟几终于觉得给第 74 军编织的这张网布置得差不多了。

第二天一早，57 师后续的一个团、51 师、58 师陆续赶到作战一线。

27 日凌晨，57 师向日军第 3 师团主力联队发动突袭。黑暗中，日军勉强组织起防御，最终败落，向后方撤退 3 公里。

8 时，日军发起反攻。第 3 师团在飞机的配合下，攻击中方阵地。

王耀武用望远镜观察敌情，发现日军阵线上出现了一个破绽，遂急命 51 师步兵指挥官李翰卿率两个团去春华山北侧向日军发动奇袭。1 个小时后，李翰卿领兵突然出现在日军的侧翼，打乱了日军的阵脚，日军开始撤退。

这时，日军第 4 师团突然赶来夹击李翰卿。李翰卿在突围中不幸中弹身亡。

战斗持续到下午，57 师损失了 3000 多人。师长余程万请示王耀武收缩兵力，王耀武同意。

另一边，58 师遭日军第 6 师团和第 3 师团一部夹击。天上有飞机轰炸，地上敌军如潮，58 师伤亡惨重。

下午 2 时，74 军全线崩溃，春华山失守。

日军强渡捞刀河，逼近长沙，不日就将兵临长沙城下。

10 月，日军忽然开始全线停止进攻。原来，日军因连续作战，后勤补给不足的问题已经日渐严峻。第 3 师团一部占领了长沙以南 50 公里处的株洲——但那仅仅是一座空城。如果继续进攻长沙，日军恐怕要面临弹尽粮绝的境况。到时候中国军队不必发动进攻，日军自己就将面临败亡。

10 月 1 日，阿南惟几给所属部队下达了北撤命令。接到命令后，日军第 3、第 4、第 6 师团跟随在第 40 师团之后，陆续北返。中方军队追击，恢复原阵地。

其他战区为策应第 9 战区作战，趁机在宜昌发起反攻。宜昌作战是中国军队在 1941 年正面战场中主动发起的一次进攻战役。

第二次长沙会战，先期中方应对不及，导致长沙、株洲一度失守，但日本侵略图谋并未得逞，中国民心士气得到鼓舞，增强了抗战胜利的信心。

此后，1941 年 12 月，日军再次试图南下，发起第三次长沙会战，长沙守备部队顽强坚守核心阵地，连续挫败日军的进攻，取得了长沙会战大捷。

No.2 山本五十六盯上珍珠港

虽然日军为了解除太平洋战场的“后顾之忧”攻击中国长沙，但长沙这块骨头并不那么好“啃”。日军等不及完全拿下长沙，就迫不及待地在新战场开战了。

1941 年 1 月 7 日，日本丰后海峡佐伯湾风平浪静。但是，一个野心勃勃的战争计划已酝酿成熟，太平洋上乌云翻滚，山雨欲来。

在四万吨级的“长门”号旗舰上，日本帝国联合舰队司令长官山本五十六海军大将在他的舰队司令官指挥舱拟订了一封致海军大臣及川古志郎的《关于战备的意见书》。

这就是著名的“山本上书”，正是它揭开了酝酿已久的太平洋战争的序幕。

毫无疑问，山本五十六是挑起太平洋战争的第一人。但同时，大量的史实证明，山本五十六在当时又的确是反对日本同美国开战的主要代表人物。山本第一次在日驻美大使馆供职期间，对美国工业情况考察后，就日本是否应同美国交战一事讲过如下一段话：“仅看看美国的汽车城——底特律发达的汽车工业和一望无际的得克萨斯油田，便不难得出这样的结论：凭日本的国力，根本不能与美国为敌，同其抗衡。”

1940 年 9 月，日本政府已经开始酝酿对美战争，山本极力反对，他认为同美国开战，日本必然大伤元气。在日本计划同德、意法西斯结盟的过程中，山本五十六也曾多次表示了反对的意见。

▲中国军队重机枪手向日军射击。

山本心中对于日本天皇和政府短视的做法是很不屑的，但是，他身上流淌的是一个日本武士的血液，“效忠思想”在山本的内心深处是根深蒂固的。山本五十六的“反战”绝不是由于他对和平的爱好，而是出于他对战争形势老奸巨猾的分析，目的是更加有效地服务日本法西斯侵略战争的全局。山本“反对同美国开战”是想避免树立“新的更强大的敌人”，使日本的侵略扩张政策半途而废。

虽然山本从日本的侵略扩张目的出发，一再反对同美国开战，但是随着形势的发展，他也越来越明白，日美之间爆发战争已是不可避免、迟早要发生的事了。

自从第一次世界大战后，美日矛盾就不断激化。1937 年 7 月 7 日，日本发动全面侵华战争，严重损害了英美在华的政治、经济利益。1940 年 9 月 27 日，德、意、日签订军事同盟条约。美国随即宣布 1941 年 1 月 26 日到期的《日美通商航海条约》将不再续约。1941 年 5 月，美国总统罗斯福命令结束年度例行演习的太平洋舰队不返回美国西海岸，而是进驻珍珠港，对日实施威慑。1941 年 7 月 24 日，日军在印支半岛南部登陆。美国立即中断同日本的秘密谈判，并于 7 月 26 日宣布中止美日贸易，冻结日本在美国的所有资产。8 月 1 日，美国又宣布对日本实施全面石油禁运。这对于资源极为缺乏的日本而言，无疑是致命的。而且，日本早就视美国为其南下战略的最大障碍。为了获得荷属东印度的年产量 800 万吨石油的油田，为了获得南洋占世界年产量 78%的橡胶，占世界年产量 67%的锡，以及铁、铝、大米等资源，日本必须要首先搬掉美国这块绊脚石。1940 年 9 月，日、德、意三国签订《柏林公约》，日军大本营的战争贩子们即开始酝酿对美作战的计划。

▲日本海军上将山本五十六。

在这种形势下，反对与美开战的山本五十六终于“顺应潮流”，摇身一变成为日本法西斯发动太平洋战争的急先锋。

于是，山本那双秃鹫般锐利的眼睛一下子便盯上了美国太平洋舰队的大本营——珍珠港。

珍珠港位于太平洋中北部夏威夷群岛中的瓦胡岛，东距美国西海岸约 3800 公里，西距日本约 6000 公里，距菲律宾约 7000 公里，战略地位十分重要，素有“太平洋心脏”

之称。据说，此地从前盛产带珍珠的蚌，因此而得名。夏威夷群岛是太平洋上的交通要冲，原为王国，1898 年被美国从西班牙手中夺取。美国在珍珠港修建了舰艇修理厂、干船坞、燃料供应站、码头和必要的海军设施，其后在 1919 年和 1922 年又在此设立了潜艇基地和航空站。珍珠港地处瓦胡岛南岸的科劳山脉和怀阿奈山脉之间平原的最低处，与唯一的深水港火奴鲁鲁港相邻，是美国海军重要的基地和造船基地，也是北太平洋岛屿中最大最好的安全停泊港口之一。一般的民用船舶及外国舰船，无美国海军部特殊许可是不得进入的。

珍珠港港区水域面积约 32 平方公里，平均水深 12 米，可停泊各种舰艇 500 艘，港内各项设施完备，并有大型造船厂和油库。珍珠港是美国在太平洋上的主要海军基地和重要后勤基地，它作为基地的建设起始于 1909 年，但珍珠港真正被引起重视，得以全面建设、完善和利用，是在 1933 年以后，当时日本退出国际联盟，并宣布废除《华盛顿条约》。这样，为了对付迅速崛起的日本海军力量，遏制其在太平洋上的行动，美国也积极着手扩充军备，并从 1939 年开始，把常驻本土西海岸的舰队调往夏威夷，进驻珍珠港，指望这支舰队会威胁日本，使他们不敢进攻西方诸国在亚洲的殖民地。

▼没有任何掩护的美军舰队停在珍珠港内。

自 1941 年 5 月起，美国太平洋舰队的绝大部分军舰都停泊在珍珠港内，常驻兵力猛增到 100 多艘水面舰艇（3 艘航母、9 艘战列舰、20 艘巡洋舰、69 艘驱逐舰），27 艘潜艇，349 架作战飞机。由此，珍珠港更成为日军的眼中钉、肉中刺。

其实，山本五十六早在海军大学学习期间，学院就设有袭击珍珠港的兵棋演习课目。当时，美国的“加利福尼亚”号和“亚利桑那”号战列舰刚刚服役。日本海军大学的教员们认为，如果未来一旦发生日美海军大战，日海军若能对美太平洋海军基地珍珠港进行出其不意的攻击，将会使日本处于有利地位。驻泊在珍珠港的美海军舰艇，将是日本打击的好目标。海军大学教员当时还曾在课堂上，向学员们讲解了袭击珍珠港的一些战法。但演习用的舰炮射击单元尚未计算，教员让学员们去算，谁也不举手。此时，山本五十六站起来说：“如果没人干的话，让我来干好了。”他用了整整一个暑假的时间，完成了这一计算任务。而美国太平洋上的海军基地珍珠港，也从此在他的头脑中留下了深深的烙印。

1921 年，一位名叫赫克托 •C• 拜沃特的英国记者写的《太平洋海上霸权》一书在美国出版。1925 年，这本书的主要内容被扩写成名为《伟大的太平洋战争》的一部小说，内容是：一支日本舰队偷袭了美国停泊在珍珠港的亚洲舰队的舰艇，同时还偷袭了关岛、菲律宾。据说，日本海军军令部曾翻译此书，在高级军官中发行。1926 年，山本在任驻美海军武官时，读到了拜沃特的《伟大的太平洋战争》，书中记述了以舰载机袭击珍珠港内锚泊军舰的情节，虽然只是想象中的情节，但却给了山本以深刻启示。以至于在担任联合舰队司令后，山本五十六规定该书的日译本为海军军官的必读书。

更有意思的是，在 1932 年 1 月，美海军上将哈里 • 亚纳尔指挥美海军举行了袭击珍珠港的演习，目的在于检验太平洋的海军基地防卫能力。在演习中，集结于东海岸的 200 余艘舰艇隐蔽向珍珠港进发，途中实行无线电静默，以达成突然性。2 月 7 日，星期天，152 架舰载机从“列克星敦”号等几艘航母起飞，执行偷袭任务。当机群钻出云层后，未受到任何拦阻，珍珠港内停泊的一艘艘战舰，成为“空袭”的绝好靶标。事后，亚纳尔给海军部写的秘密报告中指出，可以想象，珍珠港基地将从美太平洋防御圈中消失。

对山本袭击珍珠港思想带来最为直观和最为现实影响的一次事件发生在 1940 年。这年的 11 月 11 日，英国地中海舰队以“光辉”号航空母舰和 4 艘巡洋舰、4 艘驱逐舰组成突击编队，出动 21 架次舰载机，突袭了意大利塔兰托军港内锚泊的军舰，仅以消耗鱼雷 11 条、炸弹 46 枚，损失飞机 2 架的代价，就取得击沉意大利战列舰 1 艘，重创战列舰 2 艘，击伤巡洋舰和辅助舰各 2 艘的战果，开创了以舰载机突袭敌方海军基地并获得胜利的先例。山本闻讯后立即指示日本驻意大利海军武官全力搜集有关情报，特别是英军使用的浅水鱼雷资料。因为塔兰托和珍珠港一样，水深仅十余米，无法使用常规鱼雷。

▲大战前夕，珍珠港谍影重重。

以上这些思想和战例，对山本五十六偷袭珍珠港作战方案的形成，均起到了很大的启示作用。

1941 年 1 月 7 日，山本五十六第一次以书面的形式，正式向及川古志郎上呈了有关袭击珍珠港的《关于战备的意见书》。

No.3 反复推演的超级密谋

对于山本五十六进攻珍珠港的计划，日本军令部极力反对，但山本五十六已经决定了的事，是不会轻易放弃的。

山本的观点主要是：同美国交战是不可能取胜的，在明知这一结果的情况下，如果最高当局还坚持要打，那就只有采用突袭的方式，先发制人，摧毁对方的主力，使之半年内不能投入西太平洋的作战，除此之外别无良策。

经过唇枪舌剑，最后正反双方各退一步，决定把每年海军大学的例行图上作业由 11 月或 12 月提前到 9 月举行，那时将设立专门推演室推演山本的方案。

1941 年 9 月 11 日，应联合舰队司令官山本五十六的要求，历时 10 天的日本海军大学例行图上作业提前开始了。这次作业在海军大学四楼礼堂进行。宽大的礼堂被临时隔成数个小间，依照事先确定的课题，分别在沙盘和地图上推演。这次图上作业的主要课题是日本实施南进计划，就攻占菲律宾、马来亚、印度尼西亚等战略要地的兵力区分、任务区分、机动方式、后勤补给等进行研究，以便发现问题，寻求解决的办法，进一步完善作战计划。

在日本军部的眼里，南进是日本兴亡的关键，其他方向的作战只是次要的，珍珠港作战也不例外。因此，珍珠港袭击战的图上作业，被安排在单独的一间密室进行，时间被放在最后两天。尽管袭击珍珠港只是南进的补充或附加作战，由于与美国开战事关重大，从保密的角度考虑，这一作业间警卫森严，出入人员均受到严格限制。

参加袭击珍珠港图上推演的是海军军令部的军官和联合舰队的军官，共约 30 余人，由山本坐镇。军令部总长永野修身率作战部部长福留繁少将和作战处处长富冈定俊大佐参演。联合舰队出席作业的均系山本选定的各方面的主官和主要参谋，其中包括：第 1 航空母舰编队司令官南云忠一中将、参谋长草鹿龙之介少将，第 2 航空母舰编队司令官山口多闻少将，第 3 舰队司令官三川军一中将，第 1 鱼雷战队司令官大森仙太郎少将，潜艇舰队司令官清水光美中将和参谋三户寿大佐以及源田实中佐等。演习的总裁判由联合舰队参谋长宇垣缠少将担任。

由于有不少人反对空袭珍珠港的计划，也有一部分人对该计划存有疑虑，因此在正式

▲时任日本海军军令部部长的永野修身。

推演之前，参加作业的人员首先讨论了两个对计划至关重要的问题。

第一个问题是：从技术上看，这次作战能否实施？这个问题的关键是选择哪条航线最佳。由日本进击夏威夷有南航线、中航线和北航线三条海上航线可供选择，南云忠一认为攻击之时，已到晚秋季节，正值北航线风大浪高的时期，不利于海上补给，主张选择南航线。而源田实认为，北航线距离最短，且过往船只少，利于袭击编队隐蔽航行，主张选择北航线。源田的意见得到了山口多闻等将领的支持。

第二个问题是：袭击编队的舰艇和舰载机的行动能否完全做到隐蔽、保密，直至攻击开始之时？山口多闻认为，为防止美军的空中侦察，在袭击编队的外围大范围海域，应派出警戒巡逻的舰艇和侦察机。对此意见，源田实表示坚决反对。源田认为，舰艇排放的油污、不良天候可能使担任侦察的舰载机迫降或堕入海上，编队与担任侦察巡逻舰艇与飞机的无线电通信信号等，都可能成为敌方侦察的目标，搞不好反会暴露袭击编队。最后，山口勉强同意了源田的观点。

接着，众人开始图上推演。“红军”代表美军，“红军”指挥官由小川贯灵大佐担任，他是一位美军通，对美军的战术有特别研究，故而山本选他作“红军”的指挥官，并要求他在演习中放手去干，以便尽可能多地发现问题，找出对策。“蓝军”代表日军，由南云中将担任指挥官，他指挥袭击编队沿北航线向东航行，在距瓦胡岛 900 余公里处，折向南全速前进，于某一星期日拂晓向“红军”发起攻击。“红军”早有戒备，不时派出巡逻机进行侦察，很快就发现了“蓝军”的袭击编队，迅速派战斗机升空截击，舰艇与岸炮也做好了战斗准备。演习结果，“红军”有 4 艘主力战舰被击沉、1 艘被重创，2 艘航空母舰被击沉、1 艘被重创，190 架飞机被击毁；“蓝军”损失也很惨重，有 2 艘航空母舰被击沉、2 艘受伤，127 架飞机被击落。总裁判裁定：“蓝军”袭击失败。

经过双方重新准备之后，第二次推演开始。“蓝军”仍取北航线前进，中途折向南，于攻击前晚间抵达“红军”巡逻机侦察半径圈外，至瓦胡岛的距离约 1200 公里，空袭编队由北出发，于次日拂晓“红军”巡逻机起飞侦察前飞抵目标，开始攻击。这次达成了突然性，“蓝军”突袭了“红军”军舰，使其遭受重大损失。“蓝军”损失甚微，成功地撤离战场返航。总裁判裁定：袭击成功。

这次演习虽然成功，但因偶然因素和冒险性太多也太大，因此并未打消人们的疑虑。南云在演习期间多次面带难色地对山本说：“北航线有很多危险，一有差错必然会造成重大损失。”

山本每次都说：“不必担心，一切责任由我来承担。”

海军大学的图上作业一结束，山本五十六便决定再次派黑岛去向海军军令部汇报决心，要求军令部批准。山本再三叮嘱黑岛，要充分向军令部表达坚持袭击珍珠港的决心，要求军令部批准出动全部航空母舰进击夏威夷。

就在黑岛启程之时，山本把黑岛拉到一边说："告诉他们，如果该计划未获批准，我宁愿辞去联合舰队司令官的职务。"山本五十六似乎在向军令部下达最后通牒。在派黑岛前往军令部的同时，山本还通过其好友海军中佐高松亲王，也就是天皇的弟弟，将计划直接呈交天皇，以期获得恩准。

大本营终于批准了这一计划。而且计划几经修改，各方面都更加周密完善。

在兵力编成上，既要求具备强大的突击威力，又要避免编队过于庞大而被发现。最终，计划确定出动航空母舰 6 艘，战列舰 2 艘，重巡洋舰 2 艘，轻巡洋舰 1 艘，驱逐舰 11 艘，潜艇 3 艘，油船 8 艘，共计出动 33 艘舰船。除此之外，还出动舰载机 423 架，担负突击任务的有 354 架，其余 69 架飞机则负责保护编队安全。编队司令为南云忠一中将。另外还有 27 艘潜艇组成先遣队，先期出发，其中 22 艘负责侦察，5 艘为特别攻击队，各携带 1 艘袖珍潜艇，在空袭前将袖珍潜艇放出，由袖珍潜艇自行潜入港内，乘轰炸时的混乱从水下发射鱼雷进行攻击。

在航线选择方面，经过再三比较，特别是出于保密的考虑，最后日军选择了北航线。

飞机起飞海域的距离，也是需要考虑的，太近容易被发现，太远又会使飞行员疲劳，

▼浩浩荡荡的日军舰队。

影响战斗。几经研究，最后选定起飞海域为瓦胡岛以北200海里，即北纬42°、西经170°海域。根据当时日军飞机的航速推算，从起飞到飞抵珍珠港需要约两小时。而且在舰载机起飞后，航空母舰便后撤一段距离。这样一来，日军飞机去时航程近，返回时航程稍远。美军如果派出飞机追击，那么往返航程都增加不少，增加了美军追击的困难。

突击时间的选择更是煞费苦心。突袭要和在马来亚的登陆作战同时发起，但由于登陆时间是定在拂晓，为便于作战的顺利完成，首先是要下半夜有月光的日子，即下弦月的日期；其次是要在星期日，因为根据美军的活动规律，出海的军舰通常在星期六返回，那么星期日在港内停泊的军舰最多，而且星期日人员休假也最多，戒备最松懈。综合各项情况，突击日定为12月8日，农历十九，下弦月，星期日，突击时间为早晨6时。后来，由于参战的第5航空战队的2艘航空母舰上的飞行员没有进行过夜间飞行训练，所以把突击时间改为早晨6时起飞，8时实施攻击。

计划获准的那一天是1941年10月19日。此时距珍珠港作战仅剩50天。

No.4 无声的海上战群压向夏威夷

1941年，整个世界都处于战争的风雨飘摇之中。在西方，纳粹德国的侵略铁蹄正在践踏着欧洲大陆；在东方，日本法西斯即将挑起太平洋上的战火。

11月3日，山本五十六命令部队进行最后一次演习，为期三天。在这同一天，日本陆军参谋总长杉山元和海军军令部总长永野修身一同向日本天皇呈奏了攻击珍珠港的作战计划。

11月5日，也就是山本命令联合舰队进行最后三天特别训练的第二天，日本御前会议决定对英美开战。同日，山本接到了军令部总长永野修身奉天皇之旨发来的《海军一号令》：

> 令联合舰队司令长官山本：
>
> 一、日本帝国为自存自卫，已决定于12月上旬，同美国、英国、荷兰开战。在此之前，要分别作好各种作战准备；
>
> 二、联合舰队司令长官，要根据海军具体作战需要实施准备；
>
> 三、有关细则，待军令部部长分别下达指示。

山本五十六根据永野发来的《海军一号令》精神，于当日下达了《联合舰队绝密一号作战命令》：

▲山本五十六在“长门”号作战室。

联合舰队同美国、英国、荷兰作战，按本命令附件中所规定的方案实施。

昭和十六年十一月五日

于佐伯湾旗舰“长门”号

继“一号作战令”之后，山本又接连下达了“二号作战令”和“三号作战令”。并最终确定开战日定于“X日”，即12月8日。偷袭珍珠港的舰队司令官最后决定由南云忠一中将担任。

南云接到山本的任命之后，立即对所属部队下达了作战命令：

攻击部队作战命令第一号：

一、各舰应于11月20日以前完成作战准备；

二、全舰队集结单冠湾；

三、为保持作战计划机密，在离开本国港湾对部属宣布作战任务之前，务必严守机密；

四、攻击队任务分配（略）；

五、战略巡航编组（略）；

六、严禁无线通信。

昭和十六年十一月十日

于佐伯湾旗舰“长门”号

11月20日，由31艘军舰组成的庞大攻击编队，在南云忠一的指挥下，以“木户部队”为代号，沿着不同的航线，从各自所在地点悄悄出发，秘密地向千岛群岛的单冠湾集中。这是日俄战争以来，日本联合舰队最大规模的一次集结。除了各舰长之外，连副舰长都不知道这是一次重要的军事行动。而一般官兵都以为是去北海进行演习。各舰实行严格的无线电静默，而联合舰队的其余军舰则实施无线电佯动，进行掩护。当突击编队进入单冠湾后，海防部队立即切断择捉岛同外界的一切联系，以防走漏消息。

与此同时，先遣队的27艘潜艇分别从佐伯湾和横须贺出发，伪装成日常巡逻，沿中、南航线，采取白天潜航夜间水面航行的方法，驶向夏威夷，执行侦察和监视任务。

1941年11月23日，攻击编队的先遣部队离开单冠湾，向夏威夷出发，执行侦察监视任务。

11月25日，联合舰队司令长官山本五十六海军大将从广岛湾的旗舰“长门”号战列舰上，向空袭珍珠港的机动部队指挥官南云忠一海军中将发出绝密作战命令，指示向待机海域出击。命令称：

“攻击编队务于11月26日自单冠湾出发，竭力保持行动隐蔽，12月3日傍晚进入待机海域并加油完毕。”

攻击编队的待机海域是：夏威夷群岛以北的北纬42°、西经170°附近海面。11月份的单冠湾已处于严冬季节。刺骨的北风不时裹挟着雨雪从天而降，从单冠湾远远地向单冠峰望去，天地一片茫然，真有一种“千山鸟飞绝，万径人踪灭”的意境。

11月26日，离天明还有很长一段时间，海面乌云低垂，朔风怒吼。早晨6时，“赤城”号旗舰升起了信号旗。各舰上的信号兵都向本舰舰长报告说：“旗舰发出信号，起锚，准备出港。”此时，南云忠一率领的这支日本海军史上最强大的舰队，迎着飘落的雪花，踏

▼庞大的日军舰队耀武扬威地行驶在太平洋上。

上了偷袭珍珠港的征途。

以“赤城”号为先导的 6 艘航空母舰徐徐驶出单冠湾。由于这是一次极为秘密的攻击行动，因此没有人为舰队送行。只有在单冠湾外监视敌潜艇并实施反潜巡逻的一艘警戒舰发来了信号：“祝一帆风顺。”

当然，这艘警戒舰也根本不知道这支舰队出发的真正目的，它之所以发来信号也只是单纯地表示礼仪而已。

“谢谢。”

“赤城”号一边回答信号，一边悄悄地穿行而去。舰尾的海军军旗迎着北太平洋寒冷的晨风，哗啦哗啦地飘扬。攻击舰队以壮观的环形队形向远在 3500 余海里外的夏威夷驶去……

12 月 1 日（夏威夷时间 11 月 30 日），当日本舰队越过东经 180° 的国际日期变更线，驶离东半球进入西半球洋面时，美方负责监视日本舰队动向的霍姆斯少校，给珍珠港海军通信情报部的报告依然未变，还是“日本航空母舰 6 艘仍在本国水域”等。

就在这一天，日本御前会议最终决定对美开战。12 月 2 日下午 5 时 30 分，机动部队收到了联合舰队司令长官山本五十六发来的密码电报：

联合舰队作战电令第 10 号

“NIITAKAYAMANOBORE-1208”（“攀登新高峰 -1208”）

命令通知南云机动舰队进攻日期为 12 月 8 日，即夏威夷时间 12 月 7 日。同一天，联合舰队更改密码和所有军舰的呼叫代号，以干扰和迷惑美军的无线电监听。

南云所指挥的机动舰队，为防止无线电联络泄露舰队的位置及作战意图，全部关闭或取下了无线电收发报机的发报键，只收不发，整个舰队变成了只听不说的哑巴，默默地驶向目的地。

为了不被美国人觉察到这次偷袭行动，在南云率机动舰队驶向夏威夷的同时，日本联合舰队在后方实施着大量佯动与欺骗策略。联合舰队不仅对远征舰队实行最严格的战时电波管制，而且又将担任后备培训任务的旧舰船、教练机开进内海各基地，以假乱真，偷梁换柱，同时还用训练大队假冒参战舰队，将所有参战舰船上的原班全套电台、通信军官留下，命令他们继续在九州等本土海岸基地上，互相频繁拍发旧呼号、旧电码，日夜炮制大批假电报，以此造成这样一种假象，似乎日本主力舰队仍然停泊在日本南部内海。美国情报机关非常熟悉日本主力舰队通信军官的发报指法，所以长时间地被日本巧妙炮制的假电报所欺骗。就在日本舰队从单冠湾出航的那一天，美国海军情报局对日本机动部队航空母舰和战列舰的所在位置做出了如下报告：

航空母舰“赤城”号、“加贺”号在九州南部；“苍龙”号、“飞龙”号、“翔鹤”号、“瑞鹤”号在吴港附近；战列舰“比睿”号在佐世保附近；“雾岛”号在吴港附近。

而实际上，这些战舰已经杀气腾腾地秘密开往珍珠港了。

12月2日，在日本本土的横滨港，一个精心设计的骗局正在上演：日本大型豪华邮船“龙田丸”徐徐驶离了码头。当日，《朝日新闻》以“第二次赴美撤侨，‘龙田丸’启航驶向波澜壮阔的太平洋”为题，大肆进行渲染式报道。

处在战争一触即发的关键时刻，日本人为什么甘心让如此豪华的“龙田丸”自投罗网呢？这不过是日本人使的一个障眼法而已。他们以此作为诱饵，转移美国人的视线，从而使美国人对日本的战争企图做出错误的判断，以掩护其突袭珍珠港的军事冒险行动。事实上“龙田丸”船长木村早已接到密令：一旦战争打响，立即掉转船头返航！

在南云舰队已经抵近夏威夷海域的时候，日军大本营又在东京大摆迷魂阵：3000多名头戴“大日本帝国海军”标志军帽、身穿鲜艳蓝制服和裹着白绑腿的日本水兵，涌上东京街头参观游览。他们是日军大本营海军部组织的军校学生，这是在冒充水兵，到东京街头故作姿态，以造成日本海军并无紧急战争行动的假象，从而欺骗美英间谍，掩盖南云舰队的偷袭行动。

与此同时，为了麻痹美国人的警惕性，为“偷袭”制造“烟幕弹”，日本驻美大使野村吉三郎与特使来栖三郎继续在华盛顿与美国进行谈判，既没有对美国发出最后通牒，也没有下宣战书，直到发动攻击前半小时才向美国递交一份宣布谈判破裂的通牒。

No.5 炸弹降临！这不是演习！

东京时间：昭和十六年十二月七日。夏威夷时间：1941年12月6日，星期六。

这一天晚上，美国太平洋舰队的许多舰船相继返航。珍珠港笼罩在苍茫的暮色之中，月亮从东方徐徐升起，整个军港在皎洁的月光下，更显得恬静而欢快。

这是一年里最后一个月的第一个周末。这天，瓦胡岛的月光似乎比任何一个周末的都明亮。太平洋舰队的全部战列舰，在夜雾的笼罩下整齐地停靠在珍珠港的怀抱里，好像经

▲日本人用“龙田丸”号精心设计了一场骗局。

▼珍珠港遇袭前在港湾内停泊的美军潜艇。

过了遥远、疲劳的跋涉，正在安静地歇息着。甲板上有些水兵在走动，他们准备上岸去过一个欢快的周末，玩个开心，喝个痛快。这天晚上，军官俱乐部、士兵酒吧、电影院和咖啡馆热闹非凡。

周末的美军太平洋舰队已经完全解除了武装，珍珠港好像是一个游客如织的海滨度假旅游胜地。

然而就在此时此刻，南云攻击舰队的利刃已经出鞘，在黎明前的黑暗中闪着逼人的寒光，刺向梦乡中的珍珠港。

12 月 8 日 1 时，也就是夏威夷时间 7 日（星期日）5 时 30 分，“筑摩”号和“利根”号巡洋舰上的“零”式水上侦察机由弹射器弹射起飞，开始对珍珠港的战前侦察。此时，航空母舰上的所有飞机已做好了一切准备。

根据作战计划，担任空袭珍珠港的舰载机分为两个攻击波次。第一攻击波由 16 个飞行队编成，共 183 架飞机。第二攻击波由 10 个飞行队编成，共计 171 架飞机，指挥官系岛屿少佐，他将在渊田总指挥官的指挥下，率第二波飞机于第一波战斗 1 小时后，实施攻击。

天空一片漆黑，外面什么也看不到。南云忠一不停地看着他手中的表。指针嘀嗒嘀嗒的声音在静静的待机室里清晰可闻。当指针指向约定时间，南云大声地发出了命令：“起飞！”

飞机发动机开始转动。北风在呼啸。桅杆上迎风飘扬的“Z”字旗猎猎作响。

发动机隆隆作响，由于负载了过重的炸弹，飞机升空颇为困难。飞机在慢慢滑行，飞行甲板跟着摇晃不止。飞机离开甲板后，不能直接升高，有一个下沉的过程，似乎要坠入大海，驾驶员咬紧牙关，紧握操纵杆，尽全力操纵，才使飞机逐渐升起。甲板上响起了暴风雨般的欢呼声。留在舰上的官兵挥动着帽子，挥舞着手臂，还有的则挥舞着带有“Z”字的小旗，目送着一架架飞机离开母舰，向远方飞去。

东京时间 12 月 8 日 1 时 35 分，第一攻击波 183 架飞机，相继从 6 艘航空母舰起飞，大约 15 分钟左右，在舰队上空集合完毕，并编好了队形。

第一攻击波的编队机群，在总指挥官座机的引导下，在机动舰队上空盘旋一圈，然后朝珍珠港飞去。

在整个航行的途中，各攻击队紧跟在以 3000 米高度飞行的渊田总指挥官后面，结成密集的队形。

日机群一路小心观察，居然没有碰到美军战机！天气情况也出乎意料得好！

“报告队长，看到了珍珠港！”

珍珠港——传说中鲨鱼神卡亚胡巴贺的神宫——摊开在下方，犹如一个巨大的沙盘模型地图，看上去和他原来想象的完全一样。港内大小共96艘美国军舰还是一动不动静静地“睡”在那里，空中也没有一架美机。渊田见此情景，心中大喜过望，在不见任何战果的情况下就急不可耐地对传令兵说：“快用甲级电波向舰队发报，告诉他们，我们袭击成功了……”

传令兵的手指灵敏快速地按动了发报机的电键：

“托拉，托拉，托拉！”

电波从3200海里之遥飞向日本联合舰队旗舰“长门”号。这三个重复的密码为日文的“虎”字，表示暗语：“我奇袭成功”。

当山本五十六收到攻击舰队发出的奇袭成功的电文时，渊田率领的飞机编队还在珍珠港上空盘旋，伺机投下携带的炸弹。

珍珠港晨7时55分，高桥率领的51架“九九”式俯冲轰炸机兵分两路，首先飞抵珍珠港美军机场上空投弹。刹那间，弹雨如注，铺天盖地。

短短几分钟的时间，珍珠港内便水柱冲天，大火升腾，浓烟滚滚。机场上，美机被炸

▲宁静的珍珠港之夜，一场震惊世界的事件就要在此上演。

得七零八落，惨不忍睹；海面上，美舰被炸得东倒西歪，狼狈不堪。往常蔚蓝色的海空，如今已是黑烟蔽日；昔日的粼粼碧波，眼下却成了一片火海。沉浸在美梦中的美军官兵毫无准备，丈二和尚摸不着头脑，有的惊恐万状，呆若木鸡；有的则对金梅尔司令的未雨绸缪大加称赞，认为选择这样一个星期天进行演习，实在是深谋远虑。

直至 8 时，美军福特岛的控制塔才拉响了空袭警报，并用广播宣布："珍珠港遭到空袭！这不是演习！"随后，美国太平洋舰队司令金梅尔上将命令将这个惊人的消息，用无线电通知太平洋舰队的所有部队。

与此同时，美军的零星反击也开始了，一些美舰上的高炮开火了。岛上陆军的 33 个高炮连仅有 4 个连开火，大多数高炮连的炮弹还在弹药库，根本来不及投入作战。整个珍珠港，美军几乎没有任何有组织的抵抗。

8 时零 5 分，由渊田直接率领的 49 架水平轰炸机经瓦胡岛西侧，从南面进入轰炸航线，五机一组，编成单机间距 200 米的纵队队形，在 3000 米高度，向福特岛东侧的战列舰和高炮火力比较集中的依哇机场进行轰炸。担任掩护的战斗机见没有美机升空，便分为 6 个编队对 6 处机场进行了扫射。

8 时 25 分，日军第一波飞机开始返航。渊田继续留在珍珠港的上空，观察战果并指挥即将到来的第二波攻击。在第一波攻击中，日军损失了 9 架飞机，其中鱼雷机 5 架，战斗机 3 架，轰炸机 1 架。

8 时 40 分，日军第二攻击波飞机飞临瓦胡岛，共有 171 架。这一批飞机是 7 时 15 分从航空母舰上起飞的，经过 1 小时 25 分钟的飞行赶来。

在第一攻击波后，美军已做好了战斗准备，因此日军第二攻击波遭到了较为猛烈的高射炮火的射击。有 20 架日机被击落，其中战斗机 6 架，轰炸机 14 架。

9 时 45 分，日军第二波的飞机开始返航。渊田低空绕珍珠港盘旋一周拍摄了被炸后的情景，才最后一个返航。

实际上，在日机编队兵临城下之前，日军的偷袭行动并非让珍珠港毫无察觉。

美海军作战部长斯塔克将军在 4 时 45 分收到破译的日军秘密电文，因担心在黎明前妨碍金梅尔的睡眠，而转给罗斯福总统打电话，电话占线。

美军例行巡逻飞行时，也发现可疑潜艇，然而飞行员使用密码向基地报告，以致延误了时间。

6 时 37 分，美军的"沃德"号护卫舰发现正尾随"大火星"号拖靶船企图通过防潜网的袖珍潜艇，将其击沉——这是日军的一号袖珍潜艇。随后"沃德"号两次向分区司令部报告，但值班军官漫不经心，要求进行核查。直到 7 时 40 分，分区司令布洛克少将才接到报告，为时已晚。

7 时零 2 分，设在奥帕纳山冈上的雷达站已按规定关闭，两名新兵出于好奇，又打开了雷达，发现雷达屏幕上有一堆堆闪闪发光的斑点，他们紧张万分，慌忙将这一发现报告给了值班的泰勒中尉，岂料却遭到中尉的一番嘲弄："少见多怪！别为这事操心了吧！"原来，美国有一支飞行队预计 12 月 7 日晨 7 时飞抵珍珠港，这位中尉曾与其中一位驾驶 B—17 轰炸机的朋友相约：飞行队来时会播放夏威夷音乐。当他接到这两位新兵的报告时，泰勒正陶醉在无线电传来的夏威夷音乐的美妙乐曲声中。而受到嘲弄的两名新兵，眼瞅着雷达屏上的机群越飞越近，莫名其妙且束手无策。

当美海军作战部长斯塔克将军把最终破译的电文交到美军参谋总长马歇尔将军的手中时，马歇尔指令全军戒备。但是他这一指令转手三次，珍珠港的陆军司令官肖特将军和金

▼珍珠港里的储油罐被炸燃起冲天大火。

▲两个小时的轰炸之后，珍珠港上只剩下硝烟和碎片。

梅尔海军上将收到这份电报时，已经是日机偷袭珍珠港后的 7 小时后。

珍珠港上空的滚滚硝烟和美国士兵的鲜血，使美国国内的孤立主义一夜之间销声匿迹。12 月 8 日中午，因行动不便而一向深居简出的罗斯福总统前往美国国会，而且没有坐轮椅，由他的长子扶着走进大厅，向美国参、众两院发表了为时 6 分钟的讲演。

罗斯福开门见山地说："昨天，1941 年 12 月 7 日，美国遭到了蓄意的猛烈攻击，这个日子将永远是我们的国耻日！——美利坚合众国遭到了日本帝国海空部队的蓄意进攻……"最后他说："我要求国会宣布，自 1941 年 12 月 7 日，星期日，日本无端和怯懦地发动进攻开始，合众国与日本帝国之间就已处于战争状态。"

当天，英国宣布同日本处于战争状态。

根据《中英共同防御滇缅路协定》，中国远征军也在此时成编。该军受盟军中国战区

▲ 1941 年 12 月 8 日，罗斯福总统签署对日宣战书。

参谋长史迪威中将和罗卓英司令长官指挥，由第 5 军、第 6 军、第 66 军组成，计 9 个师 10 万余人。1942 年 3 月，远征军入缅，发起滇缅路作战。失利后大部分退回云南。次年 4 月，重建远征军司令长官部，后称滇西远征军，一部撤至印度，称中国驻印军。1943 年 10 月至 1944 年 5 月，中国发起缅北滇西作战，歼灭日军 3 万余人。1945 年 1 月 27 日，两军在畹町会师。3 月，完成了打通滇缅公路的任务后撤回国内。1945 年 4 月撤销。

中国远征军是中国与盟国直接进行军事合作的典范，也是甲午战争以来中国军队首次出国作战。

第十二章

日军向南突进

日本草率地挑起太平洋战争，源自日本政客与狂热民众强烈的赌徒思维。“明治维新”后，日本国力迅速膨胀，一举踏入世界强国之列。日本坚持逢强必霸的强盗信仰，忘记了自身作为一个自然资源极为匮乏的岛国，没有油田，缺少煤炭，铜铁等主要矿产资源稀少，农产品较为单调，国民主产业以农耕及手工小作坊生产为主这一系列先天不足的条件，开始做起“大日本帝国梦”。

日本人自比与英国面积、地理位置非常相似，既然英国能够发展成为“世界工厂”和“日不落帝国”，那为什么日本不能？于是，日本不顾处于苏、美、中三个大国环绕的地缘政治条件，以小搏大，进行了赌博式的侵略扩张。

No.1 南进太平洋

1941 年 12 月 8 日凌晨 3 时 30 分（东京时间），一阵急促的电话铃声吵醒了正在睡梦中的美军远东战区总司令麦克阿瑟。电话是美国陆军部作战计划处处长伦纳德•杰罗将军从大洋彼岸的五角大楼打来的：

“珍珠港遭受日本人空袭，损失情况尚不清楚！”

“珍珠港？”麦克阿瑟无论如何也不敢相信自己的耳朵，然后他苦笑着说：“那里不是我们最强大的基地吗？”

“如果你那儿在不久的将来遭到进攻，可能也不会出人意料。”杰罗提醒着麦克阿瑟。

“告诉乔治（陆军参谋长乔治•马歇尔）不用担心，我这里没有问题。”麦克阿瑟说。

美军驻扎在菲律宾的部队是由麦克阿瑟指挥的陆军，以及由托马斯•哈特海军上将指挥的亚洲舰队的部分兵力。麦克阿瑟对防守菲律宾充满信心，他认为日本人至少要到 1942 年 4 月才能发动进攻，而那时他将拥有 340 架新式轰炸机和 130 架新式战斗机。然而，他此时只有 35 架 B — 17 轰炸机、72 架 P — 40 战斗机和其他一些老掉牙的飞机。

当麦克阿瑟在电话里说“这里没有问题”的时候，驻扎在珍珠港的美国太平洋舰队已经在日机轰炸中几乎全军覆灭。而此时的麦克阿瑟却风度依然，潇洒依旧。他放下电话，穿上衣服，钻进豪华的卡迪拉克轿车，赶到了设在维多利亚大街 7 号的司令部。他的助手们已经在那里等他了，他们一个个不知所措，束手无策。可他们的统帅则不然，麦克阿瑟根本看不起那些军衣肥大、裤管宽松、罗圈腿短得可笑的“日本鬼子”。他坚信日本人在进攻珍珠港的同时，不可能再在西太平洋这样广袤的地区内同时动手。他坚信“菲律宾仍将保持中立，不会受到日本人的攻击”。

可日本人却没有那么多的思想负担，他们一切只为了战争，这就是他们的思维方式。

日本的目的非常明确：歼灭美、菲军队和美亚洲舰队，为以后在太平洋中部方向对荷属东印度和在东南方向对澳大利亚作战创造有利条件。为此，日本联合舰队的计划要求是在南云机动舰队袭击珍珠港的同时，海军航空兵部队袭击菲律宾，在美国人发起反击之前，首先摧毁美国在菲律宾的航空兵部队，掌握制空权以掩护并协助陆军部队在菲律宾登陆。

这次空中作战任务，主要是由山本五十六麾下的第 11 航空舰队担任。第 11 航空舰队实际上没有航空母舰，只是陆基航空队，司令是冢原二四三中将，参谋长是大西泷治郎。

第 11 航空舰队的主力是被称为“中攻”的中型陆上攻击机和以“零战”而闻名的三菱“零”式战斗机，共有 350 架，部署在台湾的高雄、台南、嘉义等 3 个航空基地。

另外，在台湾东部各航空基地上，陆军航空兵部署了 190 架飞机，协助第 11 航空舰队

▲ 1941 年时任美军远东战区总司令的麦克阿瑟（右）与温赖特将军在菲律宾。

攻击菲律宾。这样，攻击菲律宾的日机将有500余架，而驻菲律宾美军所有的飞机加在一起才200余架。

12月8日凌晨3点，忙碌了一晚上的日本攻击部队就要出发了。然而就在此时，一场大雾突然笼罩了机场。近400名飞行员坐在自己的飞机上等待着起飞命令，然而大雾越来越浓，5米之内看不见人。飞机挂满了炸弹，密集地排列着，这是攻击编队最害怕受到攻击的时刻，但飞机却起飞不了。

冢原司令长官无可奈何地看着大雾，喃喃地说道："推迟出发时间会给我们什么样的后果啊！"

"那也没办法，听天由命吧！"此时的大西心急如焚。他参与了偷袭珍珠港计划的制订，因此清楚地知道，3时30分，南云的机动舰队就要袭击珍珠港了。那边一动手，消息很快就会传到菲律宾的美军司令部，到那时，麦克阿瑟会放过台湾的日军吗？他的35架号称"空中堡垒"的B—17重型轰炸机如果抢在日本飞机前面，对台湾的日军基地实施攻击，将产生多么可怕的场景啊！集中在机场、装满了汽油和炸弹的日本飞机将在瞬间被送进地狱。

大西不停地看着手表，3点半已经过去了，攻击珍珠港的行动已经开始了。

6点半，台湾东部各基地的大雾开始消散，日本陆军航空兵的32架轰炸机终于起飞了，目标是吕宋岛北部的碧瑶机场和图盖加拉奥机场。

7时15分，美国陆军航空兵司令亨利·阿诺德从华盛顿打电话通知布里尔顿，绝不能使停在机场上的轰炸机重蹈珍珠港的覆辙。而此时的布里尔顿尚未考虑把克拉克机场上剩下的18架B—17轰炸机转移到德尔蒙特去，他还指望着麦克阿瑟能最终批准他的轰炸台湾岛计划呢！若把飞机转移到德尔蒙特，然后再调回来去执行轰炸任务，岂不贻误战机？他认为麦克阿瑟一定会答应他的计划的。

但是，麦克阿瑟的决定太晚了，日本人不会再给他机会了。

"立即出发！"浓雾刚刚消散，大西便迫不及待地下达了起飞的命令，起飞号吹响了，首先由"零"式战斗机以3机编队的方式起飞，以便在空中进行警戒。接着轰炸机也一架接一架地陆续升空了。日本海军第11航空舰队的192架飞机开始了前往菲律宾的500公里飞行。

12时25分，54架高空轰炸机在35架"零"式战斗机的掩护下，首先扑向克拉克机场。临空的日机飞行员难以相信自己的眼睛：美军的"空中堡垒"和P—40战斗机一排排整齐地停放在机场上，机身在阳光下闪闪发光，而空中也没有一架飞机巡逻警戒。

机场餐厅里，美军士兵正一边吃饭一边热火朝天地议论着。今天上午的新闻可真多，珍珠港、香港、马来亚遭炸，日美宣战、日英宣战，真是天下大乱。

▲美军在菲律宾的海空军基地遭到了日军飞机的轮番轰炸，损失惨重。

餐厅的喇叭中正播报着新闻："据未经证实的消息，日军飞机正在轰炸克拉克机场。"

这句话引起了哄堂大笑，"正在轰炸克拉克？炸弹在哪儿？在哪儿？是这个吗？"一名中士边戏谑着边把空啤酒瓶抛向空中，瓶子落在地上，"哈！轰炸开始了！"他依然在开着玩笑。

然而笑声未绝，日机的炸弹便像雨点儿般落了下来。

几架美军战斗机紧急升空迎战，但很快即被日本"零"式战机击落。第一批攻击的日机呼啸而过，机关炮吐着火舌，炸弹在水泥地上迸出一团团火球。第二批日机紧接着进入攻击阵位，随后又是第三批。美军升空的战斗机寥若晨星。日本战斗机根本没把它们放在眼里。刚刚扫射了邻近一个战斗机机场的 44 架“零”式战斗机意犹未尽，再度粉墨登场，开始了对克拉克机场的疯狂扫射。停在机库前面的美军飞机纷纷中弹起火。整个克拉克基地仿佛要在隆隆的爆炸声中升上天空。飞机库和其他地面设施被炸得四分五裂，地面一片火海，熊熊烈焰冲天而起。

日本飞机轰炸扫射了近一个小时，除了跑道上的飞机外，机场周围的油库、营区、修理厂、办公楼都遭到了攻击。直到再无目标可寻，日机才恋恋不舍地离开了。

遭袭之后的克拉克机场浓烟滚滚，遮天蔽日，到处是烧焦的和正在冒烟的飞机残骸，只有事前被转移到棉兰老岛的 17 架“空中堡垒”轰炸机幸存了下来，其他 18 架全部被炸成了碎片。同时遭袭的还有伊巴机场，72 架战斗机被炸掉 55 架。在战争开始后的第一个小时里，麦克阿瑟的空中力量就折损近半。日本人仅以损失 7 架“零”式飞机的极小代价，便赢得了以后入侵菲律宾所需要的空中优势。

12 月 10 日正午，日军第 11 航空舰队的轰炸机群再次光顾菲律宾。布里尔顿将军用仅有的 35 架战斗机升空拦截，但在强大的日机编队面前，这些飞机无论是在质量上还是在数量上都处于绝对劣势。日本轰炸机又是几乎在毫无妨碍的情况下，再次重创了美军远东航空队，并重点轰炸了甲米地海军基地。

随后，日机对这个港口实施了两个小时的轮番轰炸。麦克阿瑟夫人带着她 3 岁的小儿子站在马尼拉饭店顶楼的平台上，观看着这幅可怕的轰炸景象。美国亚洲舰队司令哈特上将则站在离基地仅 600 米的司令部大厦上，眼巴巴看着从军港上升起的熊熊烈焰和滚滚浓烟，气得暴跳如雷。

基地彻底被毁。亚洲舰队被迫撤出了菲律宾。

日机在一周内对菲律宾接连实施了几次轰炸，美军战斗机消耗殆尽，幸存的 B — 17 轰炸机也被转移到了澳大利亚。

不久，日军在菲律宾登陆，麦克阿瑟下令退守巴丹半岛。

No.2 “不沉战舰”折戟南海

对于山本五十六来说，12 月 8 日这天可谓“捷报频传”。在他的精心策划下，他的下属南云忠一和大西泷治郎均非常出色地完成了偷袭珍珠港与空袭菲律宾的作战任务。然而此时的山本，早已把那双秃鹫般的眼睛盯在了英国皇家海军远东舰队（代号“Z”）身上。

1941 年 10 月，英国为了威慑和防止日本南下夺取其在远东的殖民地，向远东舰队派出了号称“永不沉没”的最新式战舰“威尔士亲王”号、高速战列舰“反击”号、航空母舰“无畏”号。

“威尔士亲王”号是英国第二次世界大战前建造的“乔治五世”级的最新式战列舰之一，是集当时海上强国英国造船技术的精华建造而成的。其攻击和防守能力堪称是当时全世界中威力最强的战舰，享有“不沉战舰”的美誉。该舰曾在大西洋的征战中击毁德国的最新式战列舰“俾斯麦”号，而在第二次世界大战初期享誉世界海军。1941 年 8 月丘吉尔和罗斯福还在该舰进行会晤，并签署了有名的“大西洋宪章”。

“反击”号战列舰是第一次世界大战时期的老舰，它以拥有 360 毫米口径的大炮而自豪，航速 29 节，高射炮群的威力几乎同“威尔士亲王”号不相上下。甚至“反击”号比“威尔士亲王”号还长近 20 米，舰体比较细长，某种程度上更加机动灵活。

在东南亚，日本海军没有能够与“威尔士亲王”号战舰相抗衡的军舰，山本五十六决心用实战证明海上“航空时代”的到来。

12 月 8 日晨，当驻新加坡的英国远东舰队司令菲利普海军上将获知日军已在马来亚北部登陆之后，马上召开了紧急会议，决心率舰实施反击。

8 日下午 5 时 35 分，菲利普率领“威尔士亲王”号和“反击”号以及 4 艘驱逐舰，浩浩荡荡地驶出新加坡港，矛头直指日军登陆滩头哥达巴鲁、宋卡等地。

此时，日本联合舰队也已经开始跟踪英国“Z”舰队的活动。9 日，暴雨如注，风急浪大，海面上天气十分恶劣，这虽然给航行带来了不少困难，但却十分有利于英国舰队隐蔽它的行踪。大约下午 5 时左右，在关丹海域执行警戒任务的日潜艇“伊－65”号，终于在潜望镜里发现成纵队向北前进的“Z”舰队。“伊－65”号发电向上级报告完毕后便立即逼近英舰，企图进行攻击，不料猛烈的暴风雨袭来，日潜艇失去了追踪目标。

“伊－65”发出的电报被耽误了近两个小时才到达第 22 航空战队司令部。19 时，第 22 航空战队的 53 架飞机便紧急起飞，奉命全力搜索并攻击英国舰队。

此时的南海夜幕笼罩，天空浓云密布，能见度极低。突然，一架日机发现海面上有两道闪闪发光的长带，飞行员断定这是英国军舰的航迹，便立即发出了“发现目标”的急电。当日机争先恐后地冲向目标并准备实施攻击的一刹那，却突然发现海面上的舰队原来是小泽中将率领的日军南遣舰队。

而此时，菲利普的“Z”舰队与小泽舰队相距仅仅 15 海里，恶劣的气候使他暂时逃脱了日军的魔掌。

10 日凌晨 2 时 20 分，“伊－58”号潜艇又发现了正在南下的“Z”舰队。它一连向“反击”号发射了 5 条鱼雷，但均未命中。随后，“伊－58”号上浮，将这一最新消息用无线电发回，并以水面最高航速尾随英舰。但与此同时，菲利普也接到了帕利泽从新加坡发来的电报：“日

▲英军“反击”号战列舰。

军正在关丹地区登陆。”菲利普认为这一战机不可错过，于是“Z”舰队改变航向驶向关丹。“Z”舰队因此而甩掉了跟踪的“伊－58”潜艇。

但是，菲利普10日黎明赶到关丹时却发现，此处并无日军登陆。菲利普对舰队长途跋涉而一炮未放就返回军港很不甘心，遂没有立即再返回新加坡港。此举使“Z”舰队陷入了险境。

10日晨，在接到“伊－58”的报告后，日本第22航空战队又开始了紧张的搜索活动。6点25分，9架陆上侦察机从西贡机场起飞，向南呼啸而去。9架飞机分散成扇形，各机搜索指定区域。7点35分，34架携带炸弹的“九六”式攻击机、26架携带鱼雷的“九六”式攻击机和26架携带鱼雷的“一”式攻击机，不等发现敌人的通报就从西贡各机场起飞，在空中跟随侦察机处于待命状态。

日机的搜索很不顺利，直到10时30分，仍没有发现英国舰队的影子，日机逐渐失去了信心。由于燃油已消耗过半，日机已陆续返航。然而，正在这时，一架“八九”式侦察机突然从云隙中发现海面上有一条细长的白线，仔细看时，对方正是“Z”舰队。

“发现敌方主力舰。北纬 4°，东经 103° 55′。”听到侦察机的呼叫，大批返航的日机立即改变航向，一窝蜂般地扑向英国舰队。

11 时 33 分，日机群终于发现了“Z”舰队。

当“攻击”的命令一下达，日本海军航空兵便首先对着两艘主力舰发动了猛烈的攻击。

白井中队的 8 架飞机率先集中扑向“反击”号。“威尔士亲王”号右舷的 133 毫米高射炮开火了，隆隆的炮声打破了海空的寂静。接着“反击”号的大口径高射炮和驱逐舰的

▲“反击”号上的舰炮正向日军开火射击。

高射炮也一齐开始射击。8 枚 250 公斤的炸弹向“反击”号坠落，其中一枚直接命中了该舰腰部，炸弹穿透了弹射器柱架，在机库甲板上爆炸。正当白井中队调整位置，准备再次轰炸的时候，第二批轰炸机的 17 架鱼雷攻击机也已到达，它们分成两队，8 架以“反击”号为攻击目标，另 9 架以“威尔士亲王”号为攻击目标。

“反击”号舰长坦南特驾舰极力躲避着一条条鱼雷。同时，他不得已打破无线电静默，向新加坡基地发送了告急电报。

此时由高桥胜作指挥的鱼雷攻击编队又到达了“Z”舰队上空，分成两队攻击。然而“反击”号又成功地进行规避，一条条鱼雷恰好从它的两舷侧旁穿过。

10 分钟后，专门用来攻击舰队的鹿屋航空队“一”式陆上攻击机队 26 架，又加入了战场。按计划，第 1 中队攻击第 1 号舰，第 2 中队攻击第 2 号舰，第 3 中队则视情况参加攻击受损程度较轻的军舰。

不久，第 3 中队中队长壹岐春记率领该中队加入了第 2 中队攻击“反击”号的行列。15 架鱼雷轰炸机同时从 15 个不同的方向进攻，使得坦南特舰长根本无法看清鱼雷的航迹，更无法转舵利用蛇行规避疾驰而来的鱼雷。15 枚鱼雷中有 14 枚命中目标。连续的爆炸使舰舱内机械到处都在断裂，大量海水涌进，军舰很快失去浮力。5 分钟后，坦南特意识到他的军舰已无法幸存，在军舰倾斜 40° 的情况下，他一手抓住栏杆，一手将麦克风举到嘴边，强忍着悲痛用颤抖的声音说：

“舰员们，你们都已表现得十分出色，我由衷地感谢你们。现在就请你们各人照看自己吧！上帝保佑你们。”

接着他下令弃舰。8 分钟后，“反击”号沉没。

在“反击”号遭受攻击的同时，“威尔士亲王”号大小 100 多门火炮，朝着蜂拥而来的日机拼命射击。日机不顾死活地鱼贯俯冲而下，在大约 152 米的高度投放了 9 条鱼雷。鱼雷入水后，以 40 节的速度冲向“威尔士亲王”号，在海面上划出一道道雪白的航迹。这艘旗舰避开其中的 7 条鱼雷，但未躲过另两条鱼雷的致命攻击，它的中部和左舷后部被先后击中，军舰猛烈一震，伴随着震耳欲聋的爆炸，巨大的水柱夹着浓烟突入云空，高达 200 多米……

日机最后一次攻击开始了。负责给予“威尔士亲王”号最后一击的是武田大尉率领的 8 架飞机，它们各自均携带了 500 公斤的穿甲炸弹。武田大尉判断“威尔士亲王”号的速度是 6 节，瞄准后大叫一声：“投！”除了有 1 枚炸弹未投下外，其余的 7 枚向“威尔士亲王”号当头落下。有 2 枚炸弹穿透甲板，在舰体内爆炸，烈焰顿时腾空而起。渐渐地，倾斜的后甲板离海面仅仅只有 1 米了，重油向海面流出，“威尔士亲王”号速度停滞，左横倾急剧增大，在连续发出一阵惊天动地的巨响之后，号称世界上最精锐的战舰露出了它的红色的舰底，从舰尾垂直插入海中……

几分钟之后，5 架航速缓慢的“水牛”式英国飞机才迟迟从新加坡赶到，他们正好目睹了“威尔士亲王”号的翻沉。

在这次突袭中，英国有 840 名海军官兵丧命，其中包括英国远东舰队司令菲利普海军上将。而日本舰队飞机的损失微乎其微：3 架被击落，1 架着陆时撞毁，2 架受重伤，25 架受轻伤。

10 日晨，丘吉尔在伦敦的寓所接到了第一海军大臣语无伦次、声音怆然的电话：

“首相，我不得不向您报告，‘威尔士亲王’号和‘反击’号都被日本飞机炸沉了。汤姆·菲利普已经淹死。”

消息传到日舰“长门”号，舰上一片欢腾。

No.3 东京空袭

荷属东印度是控制亚洲和与澳洲、太平洋与印度洋海上交通的咽喉要道，又盛产石油、橡胶、锡、煤等战略物资，久为日本政府所垂涎，是日军南下的主要战略目标。日本军部早已为此制订了进攻荷印的战略方针：

“以马来亚、菲律宾为基地，从两翼实施包围，逐岛夺取，先扫除外围岛屿，夺取机场，掌握制空权和制海权，切断荷印与澳大利亚和印度的联系，最后集中兵力夺取爪哇岛。”

该战役指挥官由日本今村中将担任，拥兵 10 万。山本五十六派出了他的第 3 舰队和第 11 航空队，陆军航空队第 3 飞行集团所拥有的 430 架飞机也配合海军作战。

当时，盟军在荷印地区的兵力，陆军为 9.2 万人，海军各类舰船为 146 艘，作战舰只 88 艘，各型飞机 300 余架。盟军的陆海空实力与日军相比还是颇为强大的。

经过几次激烈交锋，日军打开通往爪哇岛的大门，美英荷澳海军联合司令部解散。

一时间，作为日本联合舰队司令的山本五十六在日本的声誉达到了高峰，他被日本人视为“战神”“海军之花”。

面对日军的战略进攻，新上任的美太平洋舰队司令尼米兹上将开始采取“攻势防御”战略，以避日军锐气，寻求“战略平衡”，同时积极实施局部主动出击。

美军强大的潜在实力像骨鲠一样卡在山本五十六的喉咙里，在他的心头始终笼罩着一片难以驱散的阴影——美国人对日本的报复。哪怕在遥远的西南太平洋指挥作战，他每天都问一下东京的气象情况。若被告知天气晴朗时，他就暗暗地为东京的安全捏一把汗。

从 1942 年 2 月 1 日开始，美海军舰载机对马绍尔群岛、吉尔伯特群岛和威克岛等实施了一连串空袭，进一步加深了山本的忧虑。为防止空袭本土与东京事件的发生，山本设立了一条舰艇望线，其范围离日本本土东岸 600 到 700 海里，每天还辅以海军飞机进行远程巡逻。当马绍尔群岛遭到空袭后，山本又迅速从西南太平洋调回南云忠一海军中将指挥的“瑞鹤”号和“翔鹤”号两艘航空母舰，以加强对日本本土东面的空中防御力量，同时加派航空战队日以继夜地警戒，以防东京遭到美舰载机的袭击。

1942 年 4 月 18 日清晨，硕大的太阳像透亮的红色圆盘从海平面上升起，日本海军第 5 舰队征用的“日东丸”号渔船正在东京以东 720 海里的警戒线上值勤。突然，这条武装渔船的船员们吃惊地发现，有一支舰队正在向日本本土急驶，船长急忙用望远镜观察，认清

▼“威尔士亲王”号被击中即将沉没，舰上官兵纷纷弃舰逃离。

是美国的航空母舰。兴奋异常的“日东丸”号船长还没来得及在清晨的薄雾中数清面前这支舰队的数目，便用明码向东京发报：“发现 3 艘美国航空母舰！”

山本五十六马上意识到：“他们来了！目标一定是东京！”

在此同时，美舰“维森斯”号雷达手和瞭望哨也同时发现了日船，舰长立即向舰队指挥官哈尔西将军报告了日舰位置。

负责指挥此次空袭日本东京的哈尔西得知被日军发现踪迹后，十分恼火，但他此时仍抱着一线希望，但愿舰队尚未被日船发现。他命令：在未被证实发现前，舰队继续向预定起飞海域行驶。在哈尔西看来：这次对日本东京的空袭，是带有一种悲壮色彩的自杀性攻击行动。他把飞行员们运载到离日本海岸越近的地点，他们完成空袭后穿过日本海、黄海、东海，到达中国的机会就会越大，生还的希望也就越大。

然而，几分钟后，哈尔西的希望破灭了：“大黄蜂”号无线电报务员截获了日舰发往大本营的电报。电文是：“6:30（东京时间），我们在犬吠以东 650 海里处发现 3 艘敌人的航空母舰。”美舰上的气氛蓦地紧张了起来。

日本联合舰队司令部已经采取紧急措施，布下天罗地网，决心要乘此机会，消灭这支美海军在太平洋上的航母舰队。

山本五十六首先下令采取“对美舰队作战第 3 号战术方法”：

一、先遣部队（指潜艇部队）、机动部队、南方部队和北方部队投入对美特混舰队的作战；

二、主力部队根据需要进行支援；

三、第 11 航空舰队（指岸基航空部队）派一部分兵力到本土东部。

随后，山本五十六又命令刚刚从南线回到本土的第 2 舰队司令长官近藤海军中将立即率领横须贺地区的所有水面部队出击，同时又命高须海军中将的第 1 战列舰战队也从广岛湾火速起航，支援近藤作战。尚位于台湾南端巴士海峡的南云海军中将的机动部队也被分派了战斗任务。与此同时，山县正乡海军少将指挥的第 26 航空战队的 32 架中型轰炸机，在 12 架“零”式战斗机的掩护下，迅速从东京的木更津空军基地起飞，向东掠过太平洋波涛汹涌的海面，扑向美舰队。

至此，哈尔西将军指挥的这只特混编队已面临着巨大的挑战。最令哈尔西吃惊的是：日本海军最强大的第 1 航空舰队（即南云忠一指挥的拥有 5 艘大型航母的舰队），就在日本海域附近，而且，在截获的电令中表明：这些航母及其他日本海军舰只已向他的舰队围拢过来。

▲日军占领爪哇岛后，疯狂掠夺石油等资源。

事已至此，若仍死抱住原定计划不变，显然凶多吉少。倘若继续拖延，一旦遭受日军围攻，后果必将是舰覆人亡。哈尔西没有别的选择，即使距预定起飞地点尚有 150 海里之遥，他也得立即命令担负空袭任务的杜立特尔中校和他的轰炸机群起飞。

哈尔西心里明白：提前起飞意味着飞行员生还的可能性进一步减小，纵使轰炸机能抵达日本上空，袭击也只能在白天进行了。由于敌人已得到预警，杜立特尔一行很可能在到达目标之前就被敌人战斗机击落。既失去了突然性，又得延长飞行距离，他们安全到达中国机场的机会几乎不存在。

但是，他的舰队几乎占了美国海军在太平洋 50% 的航母作战力量，一旦损失，那么美

▲美军“大黄蜂”号航母正在执行作战任务。

▲美军轰炸机向目标投掷炸弹。

国将付出更大的代价，他没有权力拿特混舰队和几千名官兵的宝贵生命去下赌注。

上午 8 时，哈尔西签署了命令：

“放飞轰炸机，致杜立特尔中校及英勇的飞行员，祝好运。愿上帝保佑你们。”

于是，杜立特尔率领的 16 架 B — 25 轰炸机起飞，经过长途发行，突然出现在东京上空，几十枚炸弹凌空而下，顿时使“盛开着鲜花的圣土”笼罩在一片火光和硝烟之中。

日本本土遭到了历史上第一次空袭。日本人目瞪口呆，他们心目中的神圣帝国随着巨大的声响和强烈的气浪，开始被冲击了。

这些飞机从何而来？又怎么会飞上戒备森严的东京上空呢？日本军国主义者的心头不禁打上了问号，全世界为之欢呼的人民心里也同样打上了问号。

空袭东京对日本人带来的心理打击是巨大的。

日本海军军令部总长永野修身在空袭后的一个小时，还满脸汗水地在办公室里不知所措地来回踱步，嘴里不停地叫着：“这怎么能行，这怎么能行！”

在此之后，日本人很多天都惶恐不安。4 月 20 日，东京发布空袭警报，再度风声鹤唳。21 日，日本内阁举行会议，将负责本土防空的有关人员按军法惩办，陆军省和海军省人员也有所变动。山本五十六惶惶不可终日，再三向天皇请罪。

这次空袭直接迫使日本把 4 个陆军战斗机大队留在了国内，以保卫东京等城市，也迫使海军将“瑞鹤”号和“翔鹤”号两艘大型航母及大批舰只留在日本海附近，大大牵制了日军在太平洋战场上的兵力。

但是，东京在遭到空袭后，日本军阀恼羞成怒，侵华日军在美国轰炸机降落的江浙地区采取了报复行动，在后来的几个星期中，10 万日本兵在乡村烧杀掳掠，约 25 万中国人在日军的报复行动中惨遭杀害，日军的野蛮和凶残同时也激起了中国人民更加猛烈的抗争。

这次对东京的空袭还有另一个重要的后果：它直接影响了正在争吵不休的山本五十六提出的关于中途岛作战的方案。日本人意识到：美国人一旦开了头，就会再来，而动用的飞机会更多更大，正如轰炸本身所引起的震撼一样，它会使整个日本颤抖。山本五十六再次力陈，必须毫不迟延地把防御圈向东推进到中途岛和阿留申群岛西部，并主张尽早实施中途岛作战计划。军令部也深感事态严重，他们认为来自东面的威胁才是当务之急。那些主张向南扩张的军界要人，此时也偃声息语，反对意见顿时烟消云散。

一个月之后，山本五十六发动了著名的中途岛大海战，并在这次海战中遭到了彻底的失败。

第十三章

中途岛大海战

中途岛位于太平洋中部，是北美和亚洲之间的海上和空中交通要道。1942 年 4 月 18 日，美军杜利特尔航空队空袭东京后，日本认为威胁来自中途岛，遂决心实施中途岛—阿留申群岛战役。

日本联合舰队为实施这次战役，集结了自日本海军建立以来最庞大的一支力量，动用包括运输舰、辅助舰在内的舰艇共 200 余艘，其中航空母舰 8 艘、战列舰 11 艘、巡洋舰 23 艘、驱逐舰 56 艘、潜艇 24 艘。1942 年 5 月 26 至 29 日，各编队先后由日本本土起航，预定于 6 月 4 日对中途岛发起进攻。

可是令日军没有想到的是，他们的一举一动早已在美军的掌握之中……

No.1 山本五十六的新赌局

就在日本海军胜利频传的时候，山本五十六又在谋划新的进攻计划——他的目光瞄准的是烟波浩渺的太平洋中的一个弹丸小岛——中途岛。

中途岛位于太平洋中的波利尼西亚群岛，在珍珠港以西1828公里，由沙岛和东岛两个环礁小岛及北部的泻湖组成，面积仅4.7平方公里。这里地处亚热带，年平均降水量在1000毫米以上。1859年，美国人首先发现了该岛，1867年出兵占领。该岛位居太平洋东西两岸的中间位置，其名称便由此而来。由于中途岛具有极大的军事及战略价值，因此美军于1903年在岛上建成了海军基地，并随后扩建为海军巡逻机的前进基地，在岛上修建了机场跑道。

中途岛对保卫美军太平洋舰队的大本营——珍珠港有着重要作用。中途岛是珍珠港面对日本方向的屏障，如果作为前方空中观察基地的该岛失守，美军就无法派遣侦察机进行远程搜索，不能掌握日军舰队动向，珍珠港将无法固守，太平洋也会随之沦入日军之手。

▼设在中途岛上的美军基地。

谁知，山本五十六的中途岛作战计划，一开始就受到了来自各方的巨大阻力，并导致了这一计划的一再拖延。

1942 年 4 月 2 日，作战参谋渡边安次带着进攻中途岛和阿留申群岛的作战计划，来到东京征询军令部的意见。军令部再次对这一计划表示坚决反对，其中作战部作战课课长富冈定俊大佐和他的航空专家三代辰吉中佐反对得尤为强烈。

在经过重新“研究”的基础上，4 月 5 日，在军令部作战室，就中途岛的作战计划再次举行了一次激烈的争论。军令部总长永野修身和伊藤整一及福留繁都参加了讨论。渡边当时心中想，如果这样争论下去，结果可能很难让长官满意。于是，渡边便起身到外边给远在“大和”舰上的山本打电话，就正在进行争论的情况做了汇报。

山本五十六在电话的那一端，显然是有些气急败坏，但他还是强忍着怒气对渡边说：“请转告军令部的长官们，联合舰队进击中途岛的决心已定，不能再改变了，请他们无论如何予以同意。”

▲山本五十六在“大和”号的甲板上。

在得到山本又一次明确指示的情况下，渡边回到作战室，向与会者转达了山本的意思："长官说他决心已定，计划不能再改变了。"

福留繁十分了解山本的为人和性格，他转向伊藤次长，用请示的口吻说道："既然山本长官这样说了，那么我们就依从他的意见吧！"

伊藤并没作声，只是点了点头，总长永野也没有提出任何异议。讨论珍珠港作战计划时的情形再次重演了。4 月 8 日，渡边安次满意地返回了"大和"号，可谓不辱使命。4 月 10 日，大本营正式决定了攻击中途岛的作战方案。而 4 月 18 日，杜立特尔对日本本土的空袭几乎把所有对山本中途岛作战计划的反对、怀疑一扫而空，军界的首脑们甚至一致认为山本五十六的确是先知先觉，他们对中途岛作战计划的态度可以说一天之内便经历了 180° 的大转变。

自从袭击珍珠港以来，军令部的高层人员对山本五十六也几乎迷信般地信赖；山本自己一赌到底的性格，使他在已经做了决定的时候，根本就听不进别人的意见。袭击珍珠港时，山本的赌注下在了美国人还在梦乡沉睡的时候，而现今这一次他是否还会如愿以偿呢？

5 月 1 日至 4 日，在"大和"舰上，联合舰队举行了关于中途岛作战的图上演习。山本麾下这支士气正盛的所谓"无敌舰队"这几天格外忙碌，"大和"号上的场面更是格外壮观。各舰各系统的高级将领从四面八方云集"大和"，来参加这次图上演习。

据渊田后来与人合著的《中途岛战记》一书中记载，这次图上演习是十分荒唐的，根本没有起到应有的作用。

担任此次演习总监和裁判长的是联合舰队参谋长宇垣缠。演习中，有美国的陆基轰炸机队轰炸日本航空母舰群的一个场面。为了确定舰群受损程度，总监部参谋奥宫正武少佐结合演习中所规定的裁判规则，竟用掷骰子的方法，最后判定舰队中敌弹 9 枚。但宇垣对此结果不满意，遂赶忙制止奥宫说："不能判定为 9 枚，应判定为 3 枚。"舰队"受损"情况因此而大大降低。本来准备判定为沉没的"赤城"舰，却被判为轻伤；而已经沉入海底的"加贺"号则又奇迹般地重新浮上水面，参加了新的作战行动。

"这样判定作战结果，真不知羞耻。就是脸皮最厚的飞行员见了，也会被惊得目瞪口呆的。"渊田美津雄如此评价这次推演。

这次演习由于极其主观、草率，效果可想而知，但这毕竟是一次图上演习。更令人吃惊的是，准备参加实际作战行动的机动舰队与登陆部队，主观与草率程度比这次图上演习更是有过之而无不及，几乎完全丧失了应有的警惕，似乎根本就没有想到失败的问题。某飞行队在临出发前，竟毫无顾忌地在一份电报中通知说："6 月中旬以后，凡寄交本队的邮件，收件地址一律写'中途岛'。"交战之前，南云在一份关于敌情的报告中写道：虽然敌军缺乏斗志，但我方向其阵地发起进攻时，他们也会奋起反击。

1942 年 5 月 5 日，奉天皇敕令，大本营海军部向联合舰队发布了第 18 号《大海令》，明确山本五十六海军大将挂印亲征，全盘统率指挥中途岛作战。

攻击舰队分为六支大的战术部队。

第一支是主力编队，由山本五十六指挥。它又分为两部分：山本亲率的主力部队及高须四郎海军中将指挥的“阿留申警戒部队”。

山本的主力部队拥有战列舰“大和”号、“长门”号、“陆奥”号，轻型航空母舰“凤翔”号，水上飞机母舰“千代田”号、“日进”号以及轻巡洋舰“川内”号和其他 9 艘驱逐舰。这支兵力预计部署在中途岛西北 600 海里处，随时准备与胆敢前来救援的美太平洋舰队展开一场生死决战，一举将其全歼。

高须中将的“阿留申警戒部队”由 4 艘战列舰、2 艘轻巡洋舰和 12 艘驱逐舰组成，任务是支援阿留申攻略作战。同时规定，如果一旦确知美军在某个海域反击，上述两支战术舰队就将立即会师，合兵一处，给美舰队以毁灭性打击。

第二支是南云忠一指挥的机动舰队，任务是对中途岛进行登陆前的空袭作战，并肩负着给予随时出现的美舰队以致命打击的重任。其兵力为“赤城”号、“加贺”号、“飞龙”号、“苍龙”号 4 艘重型航空母舰，拥有战机 261 架，飞行员都具有丰富的实战经验，个个技高胆大，基本上是偷袭珍珠港的原班人马。此外，还有阿部弘毅海军少将指挥的“支援部队”，共拥有战列舰 2 艘、重巡洋舰 2 艘、轻巡洋舰 1 艘和驱逐舰 13 艘。

▼在太平洋上编队航行的日军舰队。

南云部队是此次作战的先锋部队，计划将于6月5日（中途岛时间是6月4日）从中途岛西北250海里的海域对中途岛实施登陆前的空中轰炸，并随时准备迎击可能出现的美舰队。

第三支是中途岛攻略部队，总指挥近藤信竹海军中将。其下又分五支舰船分队，其具体作战计划是：由田中赖三海军少将指挥的“运输船团”载运中途岛登陆部队5000人，于6月7日拂晓在中途岛的珊瑚礁桑德岛和东岛登陆；栗田健男海军中将指挥的重巡洋舰提供近距离支援；近藤信竹亲率由轻型航空母舰“瑞凤”号，战列舰“金刚”号、“比睿”号，重巡洋舰“爱宕”号、“鸟海”号、“妙高”号、“羽黑”号以及1艘轻巡洋舰、8艘驱逐舰组成攻略部队主力，在中途岛以南或西南待机，以掩护其翼侧安全。

第四支是“阿留申部队”，总指挥是细萱戊子郎海军中将。其主要任务是空袭美军荷兰港，攻占阿留申群岛中的阿图岛和基斯卡岛。

第五支是潜艇部队，由小松辉久海军中将指挥。兵力组成为：15艘潜艇，2艘补给舰，1艘巡洋舰。作战计划是在6月2日以前在中途岛与夏威夷中间的位置上设置甲、乙、丙三道潜艇警戒线，密切观察美舰行踪。

第六支战术部队是由冢原二四三海军中将指挥的“岸基航空部队”。它是由分布在威克岛、夸贾林岛、奥尔岛和活特杰岛以及贾卢伊特岛等地的200余架战机组成，任务是对中途岛战役进行空中支援。同时，冢原海军中将还要在5月30日派遣两架“川西2”式水上飞机飞临珍珠港进行空中侦察。侦察机途中在弗伦奇——弗里格特环礁由潜艇给以加油。此行动命名为第二次“K号作战”。

中途岛之战，山本五十六的赌徒性格再次暴露无遗，他几乎派出了整个联合舰队，准备与美太平洋舰队一赌输赢。

No.2 绝密电报被美军截获

山本五十六把进攻中途岛的N日（进攻日）定为1942年6月7日，那时的月光将对夜间行动和登陆极为有利。为防止泄密，“N–2”日就要发起进攻。攻击阿留申群岛的行动从“N–3”日开始。

山本的如意算盘是：各战术部队从不同的地点驶往预定海域，6月4日阿留申方面的进攻战斗首先打响；6月5日南云舰队对中途岛发动登陆前的大规模空袭，摧毁中途岛的空防力量。此时，山本率主力编队在中途岛西北600海里处伺机而动。6月6日，藤田海军少将率领的小型水上飞机供应部队在中途岛西北60海里的库雷小岛上降落，建立基地，

▲中途岛海战中战功卓著的美军侦察机正降落在航母甲板上。

▼美军“无畏”式鱼雷轰炸机在“企业”号航母甲板上待命。

一面接应登陆部队，一面远程侦察，监视美舰动向。6 月 7 日黎明，由田中赖三少将指挥的中途岛登陆部队 5000 人，在近藤的中途岛攻略部队主力以及栗田健男的近距离支援部队的掩护下，对中途岛的沙岛和东岛同时发起猛攻，并强行登陆。

此前，5 月 25 日晚，山本五十六在他的 64000 吨超级战列舰“大和”号上举行宴会，把包括南云中一海军中将和草鹿龙之介海军少将在内的几百名将领请到这艘旗舰上赴宴，共祝出征胜利。山本五十六开启了天皇所赐的美酒，与即将出征的将士们共饮，“大和”舰上一时觥筹交错，豪气冲天。那种把酒临海、喜气洋洋的情景让人感到似乎是联合舰队已经从中途岛大胜归来一样。

然而中途岛大战前接连而至的不祥之兆，却似乎已经预示了一种与之截然相反的结局。

就在联合舰队接到《大海令》的这一天，在伊予滩进行训练的“日向”号战列舰队突然发生了一次意外事故，第 5 号炮塔发生爆炸，造成了 50 余人的死亡和 20 多人的受伤。

据说，在联合舰队出征前的一个晚上，已经身为浦贺船渠公司总经理的堀悌吉做了一个很不吉祥的梦，他梦见在为竣工的船舶举行下水仪式时，滑轨上的船突然翻倒了，他当时很是为即将出征的山本担心，本想打电话给山本，祝他此战顺利，但一想到刚做了一个不祥之梦，最终还是作罢了。

5 月 25 日，在柱岛的“大和”舰上，联合舰队举行了中途岛战前的最后一次沙盘演习。厨师为与会者准备的午饭是加酱烧鲫鱼。“加酱烧”在日语中的读音正好与“失败”同音，当这道菜端上来后，山本的脸色都变了。经常乘船出海的人都难免会有一点儿迷信，更何况是在一次如此重要的大战之前。

如果说这一连串的不祥之兆还只是人们的随意联想，那么，日军密码被美军破译则是山本五十六走向现实失败的第一步了。

1942 年 1 月，日本的一艘“伊— 124”号潜艇于澳大利亚附近海域被美军击沉。“伊— 124”潜艇沉没在了仅数十米深的海底，美军为了获取日海军的机密，经过几昼夜的紧张作业，终于将“伊— 124”号潜艇打捞上来。在“伊— 124”的指挥室和电报间里，美国人终于找到了他们最需要的东西——战略密码本和技术密码本。美国人如获至宝，立即组建了以罗彻福特为首的秘密情报中心，夜以继日地对日军的密码电报进行监听与破译。

然而最为要命的是，山本五十六对“伊— 124”号上的密码落入美军手中却一无所知，他还以为它们早已被美国人打成了一堆废钢烂铁，在汪洋大海中消失得无影无踪了。

也正是从这时开始，山本五十六和他的联合舰队开始走上了一条梦魇般的路途。此后，珊瑚海海战的受挫、中途岛之战的失利，以及山本五十六最终遭到美机的伏击身亡，无一不是日本海军密码本失落敌手惹下的祸根。

原来，早在 1942 年 4 月份，日本联合舰队异常频繁而神秘的电报往来，便引起了“魔术大师”罗彻福特的高度警觉，也引起了尼米兹的极大关注。罗彻福特的情报小组立即行动起来，在截获的一系列日本联合舰队来往的电报中，最引人注目的是“AF”两个字母。美国人断定，山本五十六又要采取重大的军事行动了。但“AF”之谜却一时让尼米兹搞不明白。

但是，尼米兹断定“AF”之谜干系重大，无论如何也不能放过这一蛛丝马迹。

罗彻福特为“AF”伤透脑筋，彻夜未眠。但凭他的经验，他断定“AF”一定是山本五十六即将发起重大军事行动的地点。那么“AF”到底是什么地方的代号呢？

突然，有一个人想起日本突袭珍珠港过程中曾经使用过“AF”这一代号。罗彻福特情报小组的成员们立即翻查以前堆积如山的电文。经过仔细的查找，终于找出了那份电文。电文中说：命令水上飞机到“AF”附近的一个珊瑚小岛，由潜艇给以补充燃料。据查，这个小岛就是中途岛和夏威夷中间的弗伦奇——弗里格特环礁。因此，罗彻福特推断“AF”一定是中途岛的代号。

▼中途岛海战之前，美国的五艘航空母舰在海上游弋。

“AF”的军事行动是一场决定美国命运的大战，在美军太平洋舰队司令部中极受关注。很多人对罗彻福特的推测表示怀疑，毕竟他没有拿出足以说明“AF”就是“中途岛”代号的证据。如果“AF”万一指的不是中途岛，而是别的一个什么地方的代号，那将使美军的整个作战部署彻底落空，从而很可能直接导致大战的失利，给美军带来巨大的损失。在这紧要关头，足智多谋的罗彻福特又心生一计，他来到了太平洋舰队司令尼米兹的办公室。

“能否指示中途岛基地指挥官西马德海军中校，让他拍发一份明码电报，就说中途岛淡水蒸馏设备发生故障，不能使用，请求供应淡水。”罗彻福特建议说。

尼米兹先是愣了一下，但马上就心领神会。他禁不住咧嘴一笑，然后幽默地说：“就按罗彻福特中校的指示办吧！”

于是，中途岛美军基地遵尼米兹之命，拍发了诱饵电报。两天后，“鱼儿”果然上钩了。日本海军侦听中心截获到这份用浅显的英文拍发出的明码电报，并信以为真地认定“AF”上缺乏淡水，并把这一情况用密码电报拍发给了准备参加中途岛作战的各舰队。正在全神贯注地侦听日方通讯的罗彻福特情报小组，截获了联合舰队从海上发往日本大本营海军部的一份密电：

“据报‘AF’缺乏淡水，请速增派淡水供应船！”

就这样，“魔术大师”罗彻福特略施小计，终于揭开了神秘的、极为重要的“AF”之谜，悬念得到了证实，“AF”即“中途岛”。

罗彻福特以此为突破口，连续破译了日本联合舰队大量的关于中途岛作战计划的密码电报。到5月中旬时，日本联合舰队“AF”行动的全部计划和部署，包括日本舰队出发的准确时间、航线和准备发起进攻的海城等情况均在尼米兹的掌握之中。

日本联合舰队山本司令还在梦想着再度取得偷袭珍珠港那样的辉煌胜利，但他却做梦也没有意料到他的所有计划已经都在美军的严密监视之下了。

确实，同袭击珍珠港之前相比，此次中途岛作战行动的保密工作做得实在是太差了，这一方面可能是因为日本海军过于自信的缘故，另一方面可能是由于骄傲和麻痹大意所致。但是，在日本联合舰队甚至整个海军内部，自信和骄傲之间的距离，此时已被盲目的乐观情绪缩小到了“零距离”。日本的海军情报专家始终认为他们的密码是绝对不会被破译的，正是这种自信抑或骄傲断送了联合舰队和日本的“前途”。不管是哪方面的原因，战前联合舰队的作战意图几乎就像是公开了一样：海军基地吴港中的战舰，出出入入，完全没有偷袭珍珠港时的谨慎与伪装，使人一看便知道又要准备打大仗了。向即将开往北太平洋海域的“隼鹰”“龙骧”号航空母舰运送备战物资的驳船，每天频繁地来往于母舰队和港口之间，上面载着的大量的防寒等战略物资毫无掩饰，像是在告诉人们：舰队将开赴北方寒冷的地区作战。据说，有一次渊田美津雄在吴市的一个理发馆理发时，理发师竟神秘地向他透露了他所知道的“绝密”消息：“这次又要打大仗了！”。

渊田在战后所写的一篇回忆录中说道：“当时我就十分困惑地觉察到：小道消息比公函来得还要快，这简直太不像话了。难怪后来的作战极不顺利。”

到了 5 月中旬的时候，就连夏威夷的檀香山大街上，也开始流传日本要攻打中途岛的消息了。

No.3 空前惨烈的海上交锋

当尼米兹根据“魔术队”所破译的联合舰队作战情报，开始有条不紊地调兵遣将，单等日军前来厮杀的时候，山本五十六对这一切还完全被蒙在鼓里，毫无所知。他依然按照敌人已经了如指掌的作战计划，让他的联合舰队浩浩荡荡地走上了中途岛海战的失败之路。

5 月 31 日，中部太平洋的天气依然恶劣。不仅山本部队和近藤部队，而且在东面几百海里以外的南云部队的航空母舰也遇到了强风，有时还下雨。与此同时，“大和”号上的无线电情报班又侦察到美军在夏威夷和阿留申附近活动的迹象，美机和潜艇尤其活跃。山本海军大将和他的幕僚猜测夏威夷地区美军的活动，可能是美方一支特混舰队出动的前兆。

6 月 1 日，雨虽然停了，但天气仍旧阴沉沉的。云层很低，能见度很差，从“大和”号舰桥上只能勉强看到离它 1500 米远的驱逐舰警戒部队模模糊糊的暗影。

6 月 4 日凌晨，双方发生了第一波遭遇，但是日本人的运气似乎好得不得了。美国近百架轰炸机和鱼雷机发动的 5、6 个批次的轮番空袭，竟然全部落空，未伤及日舰一根毫毛，而自己却落得个大败而归。

上午 10 点 24 分，南云舰载飞机的全部出击准备已经完成，第一架护航战斗机已经滑出甲板起飞。差不多就在这同一时刻，32 架从“企业”号上起飞的美国海军“无畏”式俯冲轰炸机，在克拉伦斯·麦克拉斯基少校率领下升空。克拉伦斯·麦克拉斯基少校在上午 9 点 55 分发现了一艘掉队的日本驱逐舰，然后尾随它，发现海面上的日本航空母舰正在掉头转到迎风的方向，准备让舰上的飞机起飞。

虽然油料已经不足，但是麦克拉斯基立即下达攻击敌舰的命令。他命令理查德·贝斯特上尉率领的中队去攻击南云中将的旗舰——“赤城”号航空母舰，威尔默·加拉赫上尉率领的中队，跟随他本人攻击“加贺”号航空母舰。一声令下，早就渴望为珍珠港报仇的美国飞行员们个个奋勇争先，往日本舰队俯冲下去。

对于任何一个俯冲轰炸机的飞行员来说，这都是一幅蔚为壮观的景象：在洋面上阵容庞大的战舰，组成一个巨大的环形队列，在这护卫圈的当中，是4艘大型航空母舰。更妙的是，在舰队的上方和周围，连日本护航飞机的影子都没有；所有的飞机都排列在航空母舰的甲板上，似乎对它们的危险处境一无所知。

俯冲下去的加拉赫上尉，瞄准了画在“加贺”号航空母舰飞行甲板上的太阳旗，投下第一颗炸弹，然后急剧拉起飞机。他目不转睛地盯着他投下的炸弹，终于看到它在“加贺”号的飞行甲板的后部炸开了。接着，又有3颗炸弹飞往这艘航空母舰，在飞行甲板的前中后部分别炸开。飞行甲板上那些排得整整齐齐等待起飞的飞机，以及上面日本海军航空兵优秀飞行员们，刹那间全部被漫天大火所吞没。

“加贺”号这艘巨舰，就这样在几分钟内被彻底摧毁了。

“加贺”号航空母舰的命运，把在“赤城”号上目睹这一切的草鹿少将惊得呆若木鸡。他没有注意到俯冲轰炸机也在向他这艘航空母舰扑来。几秒钟内，炽烈的大火从舱内腾起，四下蔓延，吞没了飞行甲板上的飞机。船尾的舵机也失灵了。这艘几分钟前还威风凛凛的大型航空母舰，如今在大海上绝望地颠簸摇晃，把燃烧着的飞机从甲板上抛进沸腾的大海。

火舌已经舔着舰桥上的玻璃窗。草鹿朝南云喊道：“咱们得撤离啦！”

▲“赤城”号航母上的鱼雷攻击机。

但是南云拒绝离开。后在下属苦求之下，南云和他的幕僚们最终转移到了“长良”号轻巡洋舰上。

短短的 6 分钟内，“赤城”号就被彻底炸毁了。

当然，美国飞机也有损失：攻击“加贺”和“赤城”的 32 架俯冲轰炸机，被日本舰队的防空炮火击落了 14 架。

就在麦克拉斯基少校率队向南云舰队发动进攻时，从“约克城”号航空母舰上起飞的 17 架俯冲轰炸机，由马克斯韦尔·莱斯利少校率领，正飞行在距离日本舰队东南方约 10 公里。

莱斯利看见天际黑烟冲天，便朝西北方向飞去。透过云层，他瞥见了“飞龙”和“苍龙”号两艘航空母舰，便立即下令全队进攻，从 4500 米的高空向“苍龙”号猛冲下去。一颗 450 公斤的炸弹首先击中“苍龙”号的飞行甲板，几分钟内，又有两颗炸弹命中，“苍龙”号很快就被大火吞没了。它成了一座爆炸燃烧的地狱。

最后，“苍龙”号航母的舰长柳本柳作大佐不得不下令弃舰。美国飞机的袭击于 10 点 30 分结束。

前后短短的 8 分钟，日本三艘大型航空母舰都没有逃脱覆灭的命运。几分钟前它们还是那么威风凛凛，转瞬间就变成了烈火熊熊的庞大残骸。随后的一天里，它们一一沉入波光粼粼的太平洋。

南云突击舰队现在只剩下“飞龙”号一艘航空母舰了。

上午 10 点 40 分，18 架“九九”式俯冲轰炸机，在 6 架“零”式战斗机的护航下，从“飞龙”号航空母舰上起飞，前去搜索攻击美国航空母舰。单靠他们自己本来是找不到的，莱斯利少校率领的返航机群成了他们的向导。这些轰炸机无意中把敌机带回了弗莱彻将军的旗舰——“约克城”号航空母舰。

美方在高空盘旋的 12 架“野猫”式战斗机，居高临下，冲入日本机群进行阻击，一举击落敌机 6 架。其余的日本轰炸机迅速向下低飞，进行俯冲轰炸。虽然有更多的敌机被炮火击毁，但还是有 3 颗炸弹命中“约克城”号。炸弹在巨舰体内爆炸，美军人员死伤无数。当日本飞机消失之后，洋面上一片沉寂，留下 13 架“九九”式轰炸机和 3 架“零”式战斗机的残骸。返航的日本机群立即向山口少将报告：命中“约克城”号，敌航空母舰爆炸起火。

靠着“约克城”号航空母舰上全体人员的奋力抢救，舰上的火被扑灭，母舰不仅能低速航行，而且飞行甲板上的飞机还能继续起飞。可是好景不长，不久又有 10 架日本“九七”式鱼雷攻击机在 6 架“零”式战斗机的护航下，掠海飞来。这是从“飞龙”号上起飞的第二批突击机群。他们把已经不再冒烟的“约克城”号当作了美军另外的航空母舰，对它再

▲日军“加贺”号航母被美机击中后起火燃烧。

度发起攻击。日本飞机发射的鱼雷，击中了这艘大型航空母舰的右舷和中部，破坏了舰上的全部动力、照明和通信设备。

“约克城”号剧烈地向左侧倾斜摇晃，听任风浪的摆布。舰长伊利奥特·巴克马斯特上校尽可能地坚持，但最后还是发出了弃舰的命令。这样，美国方面只剩下斯普鲁恩斯少将指挥的两艘航空母舰了。此后，受伤的“约克城”号依然在海上漂浮，由一艘扫雷舰拖向珍珠港。

6月6日清晨，日本“伊—168”号潜艇发现了受伤的“约克城”号，偷偷地向它发射了两颗鱼雷，还向为它护航的驱逐舰“哈曼”号发射了一颗鱼雷。驱逐舰当即被击沉，舰上241名官兵，有1/3葬身大海。航空母舰虽中了鱼雷却还在坚持。直到6月7日早晨，它的舰身突然倾侧翻转，在起伏的波浪中坠入海底。

接下来，美国人决心为“约克城”号报仇。

6月4日下午2点45分，一架美国侦察机发现，一支日本舰队正在西面行进。它们包括：2艘战列舰，3艘巡洋舰，4艘驱逐舰以及由这些战舰护卫着的“飞龙”号航空母舰。这一消息通过无线电传到“企业”号航空母舰之后，斯普鲁恩斯将军便集结起所有还能作战的飞机攻击对方。24架“无畏”式俯冲轰炸机轰鸣着飞离“企业”号的甲板，向“飞龙”号奔袭而去。

下午5时，日军舰队望哨惊呼：“敌人俯冲轰炸机！”

在已成惊弓之鸟的“飞龙”号上，水兵们看见在西南方，从夕阳映照的天际，窜出一

▼受到重创的“约克城”号正在退出战斗。

长串飞机，宛如一条长蛇。这可怕的情景，使他们个个胆战心惊。

6 架“零”式战斗机猛扑过去进行阻击，击落了 2 架美国飞机。但是其余的美国飞机继续俯冲了下来。重磅炸弹激起水柱无数，“飞龙”号从头到尾都淹没在火海里。

中途岛西北海面，瞬间成了一片火海。晚上 7 点 15 分，“苍龙”号带着 718 名已死或被困在舰内的日本官兵，包括那位把自己绑在舰桥上而拒不离开的舰长柳本大佐，慢慢地沉入海底。

6 月 5 日黎明前，“赤城”号的舰长请求山本大将允许把该舰沉掉。山本热泪盈眶。多年前他曾在“赤城”号上当过舰长。他无可奈何地表示：“那就让驱逐舰向‘赤城’发射鱼雷吧。”最终，有 221 名日本官兵随该舰沉没。

6 月 4 日 21 点 23 分，海水大量涌入，“飞龙”号倾斜 15°，随后完全失速。“飞龙”的舰长山口多闻将军，决定让驱逐舰“凤云”号将“飞龙”炸沉。6 月 5 日凌晨 2 点 30 分，山口把舰上人员召到甲板上，对着他的 800 名官兵说，“飞龙”“苍龙”两艘航空母舰的沉没，由他一人负责。“我决心与舰共存亡。我命令你们全体离舰，继续为天皇效忠。”在这次

▼中途岛海战中被美军击毁的日军重巡洋舰。

最后的作战中，除自愿与舰共存亡的两位指挥官外，还有 416 名舰员丧生。

南云损失了四艘主力航空母舰后，美国的两支特混舰队除“约克城”号遭重创外，其余仍完好无损。他不得不对原来的作战计划予以重新考虑，最终无奈地下令舰队向北西撤退。

一时间，山本五十六所在的“大和”号舰桥上，寂静无声。连日剧烈的腹疼使山本五十六脸色蜡黄，额头上不停地冒着虚汗。

山本五十六及其部下人人都感到败局已定，但没有一个人建议中止作战。相反，他们都拼命想方设法要从失败中捞回一些东西，就像极力想抓住一根救命稻草的溺水者一样。然而，连老天也不帮他们，气候状况让他们的进攻计划落空，他们能选择的只能是承认失败，下令撤退。

▼日本一艘战舰被击沉后，冒起浓浓的黑烟。

于是，6 月 6 日（日本时间 6 月 7 日），即原定要攻克中途岛的那一天的清晨，“大和”号旗舰此时已经离开中途岛 600 多海里，正驶向日本。

中途岛这边，冒着不利的天气情况，美军对日军进行了持续追击，击沉了日军“三隈”号巨舰。之后，美国航空母舰考虑到有可能遭受威克岛上日本飞机的攻击，于是放弃追击，战斗就此结束。

这场壮观的、具有历史意义的中途岛海战至此告终。中途岛战役之后，尽管双方就水面舰只多寡而论，日本人仍占优势，但训练有素的日本航空兵精华自珊瑚海之后又遭此沉重打击，从而使日本开始失去太平洋上的制空权，并为今后制海权的彻底丧失创造了条件。

同时，中途岛之战使日本侵略者之后再也不敢在辽阔的太平洋战场上随心所欲地发动进攻了，太平洋上的战略主动权已开始逐步转入美国海军手中。

第十四章

斯大林格勒保卫战

经受了 200 个日日夜夜战火洗礼的斯大林格勒，骄傲地屹立在伏尔加河畔，屹立在世界人民的心中。人们从这里清楚地看到了世界反法西斯战争胜利的曙光。这次决战是世界反法西斯力量由暂时退却转入全面反攻的起点，也是法西斯军队由疯狂进攻走向全面崩溃的标志。

斯大林格勒战役的胜利，是对希特勒的致命打击。德军的侵略计划被粉碎，苏德战场的战略态势得到了根本改变。希特勒不仅丢光了 1942 年夏季攻势中用巨大血本换得的一点儿战果，而且在苏军趁势发动的全面冬季攻势中又遭到巨大失败。

No.1 兵临城下

1941—1942 年之交的严冬，是苏德战争开始以来的第一个冬季。由于根本没有作长期作战的准备，纳粹德军实实在在地尝到了西伯利亚寒流的苦头。同时，由于苏联军民的英勇顽强和浴血奋战，纳粹德军不可战胜的神话开始破灭了，德国人开始尝到了失败的滋味。

斯大林指挥的苏联军队紧紧抓住严冬有利于苏军作战的机会，乘莫斯科保卫战胜利的东风，把战线向西推进了 150 ～ 200 公里。然而，苏联军民面临的毕竟是装备优良、兵力强大的武装到牙齿的疯狂敌人，而且在战争初期，刚刚取得政权不久的苏维埃以及苏联军队遭受到了纳粹德军突然袭击的重创，因此，虽然苏联军民保住了自己的工业中心列宁格勒，获得了莫斯科保卫战的胜利，保住了自己的政治中心，但是，毕竟损失惨重，没有足够的能力一举把德军赶出苏联领土。

数次战役之后，德军再次取得了战争主动权。这使得战争狂人希特勒的胃口越来越大。为了实施更大规模的进攻，德军统帅部把南方集团军群分为 A、B 两个集团军群。A、B 集团军群共有 97 个师，1200 辆坦克和强击火炮，17000 门大炮和迫击炮，以及 1640 架作战飞机。

1942 年 6 月 28 日，德军的两个集团军群先后发动进攻，进抵顿河大河湾，从而把矛头直接指向了斯大林格勒方面军和北高加索。

大敌当前，局势严峻，苏军最高统帅部及时建立了新的斯大林格勒方面军。从 7 月 22 日起，方面军司令员由铁木辛哥元帅改为戈尔道夫中将担任。在斯大林格勒方面军的编成内，共有 38 个师，其中只有 16 个师能够占领主要地带防御阵地。其当面之敌是德军的第 6 集团军，下辖 18 个齐装满员的师。

就这样，1942 年 7 月下旬至 8 月上旬，在顿河大弯曲部西岸的平原上，苏德两军又摆开了一个生死攸关的大战场。这就是举世闻名的斯大林格勒大会战中一系列战场中的第一个。

在苏联的欧洲国土上，主要大河都集中在中南部。最大的三条河流的流向都是自北向南，而且从西到东并列在一起。最西边的是第聂伯河，中间是顿河，东边是伏尔加河。在这三条大河中，顿河虽算不上最长、最宽、水流最急的河流，但却是河道曲折、转弯最多的河流。

顿河发源于莫斯科西南的图拉州，弯弯曲曲流向南方。进入罗斯托夫州之后，一个接近 90 度的大转弯转而向东，沿一条直线向东流出百余公里，进入东邻的斯大林格勒州，然后一个大弯接一个小弯，在弯弯相接的流程中又慢慢转向南流，之后又流转回罗斯托夫州，最终直接向西注入亚速海。顿河在斯大林格勒州形成的一个大弧形，被苏联人称作顿河的大弯曲部，进入了大弯曲部，也就等于进入了斯大林格勒州。

7 月下旬，保卢斯的第 6 集团军攻入了顿河大弯曲部，侵略者的铁蹄践踏了斯大林格勒州的土地。于是，斯大林格勒会战正式打响了。

第 6 集团军是德军东线中最大的一个集团军，下辖 18 个师，从 1942 年 1 月开始，保卢斯被任命为该集团军的司令。苏军最高统帅部决定组成斯大林格勒方面军的目的，就是想把德军阻止在顿河以西地区。因为在这片广阔的大平原上，一旦失去了这最后一道天然屏障，斯大林格勒城就非常危险。

1942 年 7 月 23 早晨，德军以 5 个师的兵力进攻苏军第 62 集团军的右翼。经过 3 天激战，德军终于突破了防线，先头部队渡过了顿河。7 月 25 日，德军对苏军第 64 集团军右翼实施突击，企图强渡顿河，直扑斯大林格勒。由于这一防区的苏军英勇奋战、顽强抵抗，终于粉碎了德军原定的“在行进中占领斯大林格勒”的计划。然而，此时顿河西岸苏军的处境已十分困难，两翼都已陷入敌人的包围之中。也就是说，斯大林格勒的西面和西南面已经受到了德军的严重的威胁。

战役初期，由于苏军斯大林格勒方面军的部队分布在 700 公里长的战线上，指挥十分不便。于是，苏军最高统帅部当机立断，于 8 月 5 日将斯大林格勒方面军一分为二：斯大林格勒方面军和东南方面军。为了协调斯大林格勒地区各部队的行动，斯大林又派总参谋长华西列夫斯基上将到方面军坐镇督战。

经过多日的激烈交战，8 月 23 日，德军坦克部队已经突入维尔佳奇地域，把斯大林格勒的苏军防御部队分割成了两部分，并且逼近了伏尔加河。与此同时，纳粹德军凭借其空中优势，对斯大林格勒实施了狂轰滥炸，使整个城市变成了一片废墟。

就在德军攻势进入高潮之际，战争疯子希特勒的野心又一次急剧膨胀起来。面临纳粹德军的疯狂进攻，苏军兵分两路向后撤退：一路向东撤到斯大林格勒，一路向南朝着高加索油田方向的河下游撤退。这样，按照战争常规，希特勒面临着两种选择：或者集中兵力攻占斯大林格勒，封锁伏尔加河，或者全力向高加索方向进攻，夺得苏联的大油田。

战争期间，纳粹德军的飞机、坦克、汽车急需汽油，高加索大油田无疑对希特勒有着很大的吸引力；但是，斯大林格勒的重要战略地位又很难使他心甘情愿地放弃。左思右想，被一时胜利冲昏了头脑的希特勒最终不顾一切地下定决心，同时拿下斯大林格勒和高加索。稍有军事常识的人都知道，希特勒的决定犯了分散兵力、两个拳头出击的大忌。因此，希特勒的不切实际的狂妄决定，自然引起了纳粹统帅部的意见分歧。陆军总参谋长哈尔德极力主张集中兵力攻打斯大林格勒，并一再陈述了他关于德军目前无力在不同方向上同时实施两个重大战役的看法。而希特勒不但听不进陆军总参谋长哈尔德的意见，而且为了在军队中推行他的意志，反而把哈尔德撵下了台，任命蔡茨勒将军为陆军总参谋长。

进入8月以来，斯大林格勒地区持续高温，没有下一场雨，天气酷热难忍。炎炎的烈日无情地吸吮着斯大林格勒所有物体中的水分。尽管这座城市背靠伏尔加河，它依然全无湿润的气息。斯大林格勒是座工业城市，市内的建筑稠密，铺着油毡的木结构房屋鳞次栉比。同时，斯大林格勒也是一座水上转运中心，市内和码头上，原料和燃料仓库星罗棋布。

▼斯大林格勒是苏联重要的工业城市。

因此，当纳粹德军数以千计的燃烧弹、炸弹在市内各处落地开花时，斯大林格勒即刻成为一片火海也就不足为奇了。

No.2 最长的一天

8月23日9时，叶廖缅科上将正在与指挥部的参谋人员研究战场情况，电话铃突然急促地响了起来。他马上抓起听筒。

“空军第8集团军参谋长谢列兹涅夫向您报告。歼击机飞行员刚刚侦察归来。”谢列兹涅夫报告说：“据侦察，小罗索什卡地域正在进行激烈的战斗，遍地都在燃烧。飞行员发现了两路敌人坦克纵队，每路约100辆，后面跟着满载步兵的密集的汽车纵队，正向斯大林格勒开来，先头纵队正通过小罗索什卡防线。敌航空兵分成数批轰炸我军部队，为其坦克和汽车纵队清理道路。”

“命令你集团军的全部飞机立即起飞，向敌坦克纵队和摩托化步兵实施强有力的突击！”叶廖缅科大声说道。

“是！”

叶廖缅科马上又要通东南方面军空军司令员赫留金少将，也向他下达了同样的命令。

此时，方面军汽车装甲坦克兵主任什捷夫涅夫和方面军作战部长鲁赫列少将应召赶到。

叶廖缅科向他们介绍了最新情况后，命令他们立即将预定进行整编的两个坦克军的余部组成一个集群，交由什捷夫涅夫指挥，担负阻止敌坦克和摩托化步兵从西北方向突向斯大林格勒，并准备实行反冲击。事实上，

▲斯大林格勒方面军司令员叶廖缅科。

这两个坦克军当时只余下 25 辆坦克。

他们正在商议着坦克集群突击的具体方案，方面军通信主任科尔舒夫少将的电话打断了他们的谈话：

“在科特卢班车站附近，敌人坦克击毁我军用列车，正向斯大林格勒前进。”话音刚落，卫戍司令兼第 10 师师长萨拉耶夫上校正好走进指挥部。

“敌人的坦克距斯大林格勒只有 14 到 15 公里了。”叶廖缅科对他说：“正向城市北部全速推进。”

“这我已经知道。”萨拉耶夫低声答道。

“你采取了什么措施？”

“我已向在西北和正北方向占领防御的两个团发出做好战斗准备的号令，要求他们务必和驻守在该地区发射阵地上的防空部队各炮兵营营长取得联系，并命令将预备团从米宁郊区调往街垒工厂地域。”

叶廖缅科认为萨拉耶夫所采取的措施基本是恰当的，在又向他嘱咐了几句后，萨拉耶夫就赶回了阵地。

不一会儿，东南方面军司令员戈尔多夫中将给叶廖缅科打电话说：“敌人从 7 时起开始冲击，12 时占领了京古塔车站和第 74 公里会让站，我们正在采取措施准备向京古塔实施反冲击。”

“好，就这么办吧。请你给东南方面军预备队中的坦克第 56 旅下达命令，令其做好立即出动的准备。”

指挥部电话铃声不断，一个又一个不妙的消息接踵而来：

“敌军近 250 辆坦克，大约 1000 辆有摩托化步兵的汽车，在航空兵的支援下，击溃我步兵第 87 师的一个团，突进至近卫步兵第 35 师的右翼侧。”

“敌坦克和摩托化步兵已经突进到奥尔洛夫卡以东，第 10 师第 282 团正与敌展开激战。”

“敌人的坦克已经接近拖拉机厂。有几发炮弹落在了厂区，工厂十分危险，我们准备把一些重要设施炸毁。”

……

作战参谋在巨型军用地图前忙碌着，不断把新的情况用红蓝不同的军队标号标到作战态势图上。

从作战态势图上可以清楚地看到，德军北突击集团主力已渡过顿河，占领了顿河东岸 45 公里宽的登陆场，并在斯大林格勒以北前出到伏尔加河岸，切断了苏军第 62 集团军与斯大林格勒方面军其他部队的联系，对市区构成严重威胁。

苏联最高统帅部发来了训令：现在没有援兵，你们只能用现有的兵力消灭突入的德军集团，最重要的是不要惊慌失措，不要惧怕无耻的敌人，要相信我们一定会胜利。

到了下午，形势进一步恶化。

一阵阵凄厉的防空警报在斯大林格勒上空响起。德军出动2000架次飞机，对斯大林格勒城进行毁灭性轰炸。无数炸弹、燃烧弹从斯大林格勒上空落下。当德军轰炸时正刮大风，风助火势，一条条火龙吞噬着一座座房屋、一条条街道。成千上万座建筑倒塌了。斯大林格勒成了一片火海。

在伏尔加河岸上，被炸毁的储油池烟熏火燎，黑压压地连成一片。燃烧着的石油四处流淌，铺成一条条长长的火毯，街道和广场的柏油马路烟雾腾腾，发出一股股臭味。电线杆像划着的火柴一样燃烧着。

石油不断注入伏尔加河，码头也起火了，港口停泊的轮船被烧毁；在熊熊的大火中，不时传来炸弹和炮弹的爆炸声，令人毛骨悚然。濒死的人在呻吟，妇女和儿童在悲惨地哭泣和呼救。灾难和死亡的阴影笼罩着斯大林格勒的每一个家庭。

德军的空袭持续了数小时，晚上斯大林格勒上空被火光照得如同白昼。空袭将苏军通信线路破坏了。那一夜，许多部队与指挥所失去了联系，陷入了混乱。

空袭半小时后，斯大林格勒与莫斯科之间的通信联络中断，机要秘书的头戴耳机中不停地传来呼喊声，但无论如何也听不到最高统帅忧郁的声音。

指挥部的空气凝固了。从方面军司令员到每个参谋人员，人人都感到了巨大的压力！

叶廖缅科站在电话机旁，焦急地盼望着最高统帅部和部队的声音。但是除了机要秘书的呼喊声，他没有得到任何方面的声音。怎么办？如果不能尽快遏制德军的攻势，斯大林格勒沦陷就不可避免。他与指挥部的其他人紧急商量，迅速拿出了应急方案，派专人将命令送到各部队。

通信联络不通，身在第62集团军的苏军总参谋长华西列夫斯基只好用广播电台与斯大林进行简单的通话。这样的通话，8月23日一共进行了两次。

根据指挥部的命令，苏军的歼击机几乎全部起飞，与德军飞机在空中展开了激烈的搏斗。大约500门高射炮对德军飞机发出怒吼。一架架德军飞机冒着缕缕黑烟，栽落到地面上，响起刺耳的爆炸声。8月23日，德军在斯大林格勒上空一共损失了120架飞机。

共产党员将全体市民——工人、职员、青年、家庭妇女们团结在一起，带领他们扑灭大火，保护工厂及厂内的贵重设备免遭火灾。大家从火中抢救贵重物资，将儿童和伤员撤出危险地带隐蔽起来。

坦克第23军在斯大林格勒西北郊展开了英勇的防御战。该军的第27、137、189旅，

▲德军向斯大林格勒大举进攻。

前不久刚刚换装了威力巨大的 T — 34 坦克。195 辆 T — 34 坦克全部展开，与进攻的德军坦克和摩托化步兵厮杀起来。它们有力地阻止了德军坦克的前进，直到支援的几个步兵师赶来。

在紧急关头，斯大林格勒的人民，首先是工人，纷纷拿起武器，和军队一起，奋起保卫自己的城市。工人们扛起步枪和机枪，驾驶着刚刚从车间传送带上下来的坦克，英勇地驶向战场：他们与坚守在这里的苏军坦克第 99 旅一起，组成了坚强的防线。

当晚，叶夫季费耶夫接到命令，向冲进苏军阵地的德军实施反击。

斯大林格勒方面军副司令科瓦连科少将指挥组织了这次反击。华西列夫斯基在部署任务时对科瓦连科说："这不是歼灭战，而是拼消耗，挫一挫德国人的锐气。"

反击部队共 3 个步兵师、一个坦克旅和一个坦克军。反击对象是德坦克 14 军形成的长 60 公里、宽 8 公里的走廊。这条走廊的出现，切断了苏军两个方面军的联系，对苏军作战极为不利。

入夜，伏尔加河畔。淡淡的月光透过硝烟，照在战场上。苏军坦克集群悄悄逼近德军阵地。随着炮声轰鸣，战斗打响了。

德坦克 14 军因穿插速度过快，其两翼步兵未能跟上，在苏军冲击下阵形大乱。但坦克 14 军很快稳住阵脚。科瓦连科指挥的突击集群兵分两路，一路受挫，另一路进展顺利，于 8 月 24 日 2 时冲进了大罗索什卡地域，切断了德坦克 14 军后勤供应车队。但最后德军预备队赶到，又恢复了供应。此战，双方损失都很惨重，但苏军达到了自己的作战目的。

8 月 23 日 24 时，斯大林格勒与莫斯科恢复了联系，华西列夫斯基汇报说：

"……城南德军占领了京古塔车站、74 公里会让站。城北德军已进抵斯大林格勒北郊，在那里被阻后，向斯大林格勒拖拉机厂进攻。敌人在维尔加契田庄、佩斯特瓦特卡车站地域突破斯大林格勒方面军的左翼防御，并从拉托申卡地域向东突击，已前出至伏尔加河，将我方面军分割为两部分。敌军航空兵猛烈空袭斯大林格勒，城市处在火海之中。伏尔加河水上航道和供应我军给养的铁路线均遭严重破坏。"

汇报结束时，华西列夫斯基强调："形势万分危急，但斯大林格勒仍然在我们手中。"

8 月 23 日这一天对于斯大林格勒的所有人来说，总算结束了。

就在斯大林格勒危在旦夕之际，朱可夫大将正在指挥西方方面军和加里宁方面军实施攻击，以牵制德军的预备队，使之不能投入斯大林格勒方向的作战。然而，由于兵力不足，朱可夫的进攻收效不大，并没有对德军造成更大的威胁。

8 月 27 日，斯大林打电话给朱可夫："你必须尽快赶到最高统帅部，留下参谋长代理你的工作"。

放下话筒，朱可夫便直接飞到了莫斯科。

No.3 防守每一寸土地

1942 年 8 月 27 日深夜，朱可夫下了飞机，直奔克里姆林宫面见斯大林。

用一昼夜的时间研究情况后，朱可夫于 8 月 29 日从莫斯科中央机场起飞直飞前线。4 小时后，他在斯大林格勒附近卡梅申地区一个野战机场着陆。

9 月 4 日到 9 月 13 日，德军在斯大林格勒南面突破到伏尔加河，把守卫城市的第 62 集团军同战线上的其他部队分隔开来。

9 月 10 日，战场的僵持态势持续，朱可夫心急如焚，于是便来到第一线部队，巡视了各集团军的部队。通过了解到的情况，朱可夫得出了这样的结论：以苏军现有的兵力，是不可能突破敌人的战斗队形并消除其走廊的。戈尔多夫、莫斯卡连科、马利诺夫斯基、科兹洛夫等将领都同意朱可夫的这个意见。

9 月 12 日，希特勒在大本营里召开了一次会议，主要讨论德军在斯大林格勒地区的作战进程。希特勒在会议总结时说："……俄国人已经精疲力竭了……他们已不能再进行可能对我们构成危险的广泛的战略性的报复行动。此外，顿河北翼将从盟国军队方面得到很多的增援部队。在这种情况下，我看不出北线有什么危险。在其他方面必须关心的是，要尽快地把城市拿到自己手中，不让它变成大家长期注目的焦点。"

正是按照希特勒的这一要求，德军对斯大林格勒又发动了新的进攻。德军攻打斯大林格勒市区的战斗从 9 月 13 日开始，到 11 月 18 日结束，历时两个月。

德军用在斯大林格勒方向上的兵力有 50 多个师，其中用来直接进攻市区的有 13 个师，共 17 万人。他们拥有 500 辆坦克、1700 门大炮和迫击炮。

▲在斯大林格勒郊区作战的德军机枪手。

▼一名苏联士兵正用火焰喷射器向躲在墙后的德军猛烈射击。

苏军斯大林格勒方面军和东南方面军虽然总共有 120 个师，但是人员编制严重缺额，许多师只有编制人数的 20%～25%，有的师仅余 800 人。实际上负责防守市区和西南一带的主力第 62 和 64 集团军总共只有 9 万人、1000 门大炮和迫击炮、120 辆坦克。在市区争夺战中，德军在兵力和武器上是占优势的。

9 月 13 日到 15 日的 3 天，对交战双方来说，都是十分艰难的日子。争夺市区的激战达到白热化的程度，全市的街道和广场都变成了激烈的战场，有些重要据点被苏德双方反复争夺，第一火车站的争夺战甚至持续了 1 周之久。

德军不顾一切，一步步向市中心逼近。双方在每一条街、每一幢房屋、每一堆废墟展开了残酷的阵地战，或者说是“堡垒战”，完全不同于以往的大规模作战。这时的战场已经从过去开阔的草原转入沟壑纵横的伏尔加高地，转入斯大林格勒工业区。

斯大林格勒工业区修建在崎岖不平的地带，建筑物都是用钢筋混凝土浇筑的，或是用石头砌成的。德军推进的距离不再用公里，而是用米来计算。这时的作战地图是一张城市平面图。为了争夺每一幢房屋、每一个车间、每一座水塔、每一段铁路路基，甚至每一块废墟，双方都要经过激烈战斗，激烈程度达到空前的地步。

▼斯大林格勒的苏军带着迫击炮转移阵地。

在德国航空兵和炮兵的狂轰滥炸下，苏军的兵力在不断减少。但是，在斯大林格勒人民群众的支援和配合下，官兵们激发出无比坚强的战斗意志，只要德军一向前推进，就要受到苏联军民的顽强阻击。

苏军的顽强不屈使进攻的德军精疲力竭，一筹莫展，付出了沉重的代价。显然，苏军在利用地形地物和使用伪装方面胜过德国人，而且在街垒战斗和争夺单个建筑物的战斗中更有经验。

然而，希特勒不顾士兵死活，一心要占领斯大林格勒，强令德军在狭窄的地段上连续冲击。就在这最艰难的时刻，苏近卫第 13 师渡过伏尔加河进入了斯大林格勒市区，对德军突然发起反冲击，夺回了一些重要据点，缓解了苏军在战场上的危急形势。近卫第 13 师的突然出现，对战争起到了转折性作用。

9 月 16 日，戈洛瓦诺夫的远程航空兵对德军进行空袭，炮兵轰击了德第 8 军，再次有力地援助了驻守在斯大林格勒的苏军。

为了加强各自的力量，双方都抓紧时间调兵遣将。9 月底和 10 月初，苏军又有 6 个步兵师和 1 个坦克旅调到斯大林格勒市区。德军也调来了 20 万人的补充部队，包括 90 个炮兵营（1000 多门大炮）和 40 个受过攻城训练的工兵营。

一时间，双方各自调整力量，准备决一死战。为此，朱可夫奉命与华西列夫斯基进一步拟制反攻计划。10 月 1 日，朱可夫又一次由斯大林格勒返回莫斯科，接受最高统帅斯大林的指示。斯大林看过完整的反攻计划之后，签字批准实施。

不久，苏德军队在斯大林格勒市内和附近地区继续进行激烈的交战。苏军最高统帅部命令 6 个满员师渡过伏尔加河进入斯大林格勒，以加强第 62 集团军。与此同时，罗科索夫斯基的顿河方面军也得到了一些加强。

▲走在斯大林格勒大街上的德军神情紧张，他们不知道什么时候苏军的子弹会打在自己身上。

这个时候，希特勒又命令“B”集团军群和保卢斯的第 6 集团军尽快占领斯大林格勒。为了向斯大林格勒突击，德军指挥部把军队从两翼的防御阵地调来，派罗马尼亚军队接替他们，从而大大削弱了轴心国部队在谢拉菲莫维奇和斯大林格勒以南地域的防御能力。

10 月中旬，德军对斯大林格勒发动了猛烈进攻，把部署在 5 公里正面上的 3 个步兵师和 2 个坦克师投入战斗。10 月 14 日这一天，德国飞机出动了约 3000 架次，几乎没有间断地对苏军进行轰炸和扫射。当天午夜，德军包围了捷尔仁斯基拖拉机厂。双方在工厂的各个车间展开了战斗，仅在工厂的围墙前面就有 3000 名德军被击毙。

但是，苏军也遭到重大伤亡，轰炸造成的伤亡尤为严重，有些部队损失惨重，以致完全丧失了战斗力。10 月 15 日，崔可夫指挥的第 62 集团军的 2 个师兵员损失达 75%。

就是在这个时候，华西列夫斯基奉斯大林之命，以最高统帅部的名义，指示叶廖缅科到崔可夫那里去详细了解真实情况，并就必须采取哪些步骤有效地援助第 62 集团军提出报告，同时对那些仍在红军手中的城区，必须不惜一切代价坚决守住。

尽管市内的一些房屋、建筑物以及整个街区都多次易手，但苏军还是很快召集起后方地区的公民——裁缝、鞋匠以及车间工人和马房里的人手，组成了一些连队，并立即让他们投入残酷的战斗。这些并未受过正规训练的士兵，一到斯大林格勒后却像变了一个人似的，有的人很快变成了巷战能手，但有的人却不幸牺牲了。

最后，双方都到了筋疲力尽的程度。10 月 29 日傍晚，战斗的激烈程度才逐渐减弱下来。第二天，双方只有零星的交火。显然，保卢斯的第 6 集团军已没有能力再继续发动大规模进攻了。

这时，朱可夫、华西列夫斯基和沃罗诺夫来到斯大林格勒，继续从事反击的现场计划工作。

在这段时间里，德军发动的一次又一次进攻都没有达到目的，斯大林格勒仍然牢牢地掌握在苏军手里。随着时间的拖长，德军减员越来越大，不仅士兵，而且军官的士气也降到了最低点，开始担忧起自己的前途。

苏军保卫斯大林格勒之战，成功地持续了 3 个多月。据统计，从 1942 年 7 月到 11 月，德军在顿河、伏尔加河、伏尔加河地域和斯大林格勒的交战中损失近 70 万人以及 1000 余辆坦克、2000 余门火炮和迫击炮、1400 架飞机。这样，无论希特勒是否承认，事实已经很清楚，德军在斯大林格勒地域的进攻计划已告失败。

No.4 覆灭的军团

到 1942 年 11 月 13 日为止，苏德双方在斯大林格勒方向上的基本态势是：德军“B”集团军群共有 80 个师，3 个旅，100 万人，10290 门火炮和迫击炮，675 辆坦克，1216 架飞机。

▲德军坦克攻入斯大林格勒市中心，这里早已是一片废墟。

接近斯大林格勒市区和西部外围一带的是德军第 6 集团军和第 4 坦克集团军，这是德军的主力。掩护其西北翼的是罗马尼亚第 3 集团军、意大利第 8 集团军、匈牙利第 2 集团军以及德第 2 集团军。

在苏军方面，斯大林格勒方面军、顿河方面军和西南方面军共有 110 万人，15500 门火炮和迫击炮，1463 辆坦克和强击火炮、1350 架作战飞机。另外，这时苏军已配有崭新的 T — 34 型坦克和 1250 门“喀秋莎”火箭炮。

此时，在斯大林格勒方向上，苏军在兵力和兵器上已经处于优势。加之苏军士气空前高涨，这就为苏军最高统帅部早已准备实施的大规模反攻创造了必要的条件。

11 月 19 日晨，在斯大林格勒西北面，西南方面军 2000 多门大炮向德军阵地倾泻炮弹。震耳欲聋的炮声预示着苏军西南方面军和顿河方面军反攻的开始。快到 9 点钟时，炮兵火力向轴心国防御纵深延伸，红军的步兵部队在坦克和火炮的支援下开始进攻。

瓦杜丁指挥的西南方面军分两路出发，以坦克部队为先导，向战斗力薄弱的罗马尼亚第 3 集团军阵地冲击。在坦克和机械化部队以及骑兵部队的协同突击下，他们迅速突破罗马尼亚第 3 集团军的防御。面对如此突然和凶猛的进攻，罗马尼亚军队惊恐万状，很快便土崩瓦解了。

同时，罗金少将指挥的苏军坦克第 26 军，冲进彼列拉佐夫斯基，重创了罗马尼亚第 5 军。这次进攻非常神速，以致罗军司令部的办公桌上还摊着文件和打开的卷宗，保险柜

▲一名惊慌失措的德军士兵，在他掩蔽的小战壕里看着苏联坦克向他开来。

的钥匙还留在钥匙孔里，军上衣还挂在衣架上。

抵达彼列拉佐夫斯基附近以后，苏军第 26 军的部分坦克便向东南挺进，以便同斯大林格勒方面军的部队会师。21 日，德军企图阻止红军装甲部队的推进，但未能得逞，于是开始向顿河撤退。罗金少将采取了一项大胆的行动——趁暗夜夺取了卡拉奇附近顿河上保存下来的唯一的一座大桥。

凌晨3时，该军的先遣坦克部队开着前灯，排成一列纵队沿奥斯特罗夫至卡拉奇的公路前进，穿过德军防线直奔渡口。这支部队被德军误认为是自己人，一路上畅行无阻地隆隆开到顿河桥头，很快过了桥，占领了这座桥的左岸，随即发射信号弹，向后续部队发出进攻信号。

同时，苏第21集团军也突破了罗马尼亚步兵第13师和第15师的防线，派遣由坦克第4军和近卫骑兵第3军组成的机动集群进入突破口以扩大战果。这个集群还在苏军坦克第5集团军的配合下，消灭了德军预备队及其司令部和后方地域部队，切断德军向西和西南撤退的道路，阻止德军后方预备队的接近。苏军坦克第4军预定23日在卡拉奇东南的苏维埃斯基地域，同斯大林格勒方面军的部队会师，完成对德军的合围。

11月23日，苏军坦克第4军加快了前进速度，越过被苏军坦克第26军夺占的顿河大桥，粉碎了德军在卡梅申地域的防御，然后向苏维埃斯基突进。

苏军部队只用了4天时间便封闭了对德军第6集团军和坦克第4集团军的合围圈，共合围敌军22个师，约33万人。朱可夫和最高统帅部的其他成员深知，德军必定要设法突围，于是决定把合围圈的对外正面向西推进大约150～200公里，以防德军统帅部解救被围部队。

苏军发动的这一系列突然而又强大的反攻，把德军打得晕头转向。希特勒顿时慌了神，急急忙忙把曼施坦因元帅从列宁格勒调到南方组建“顿河”集团军群，以解救被围的德军。德军统帅部一面筹划援救第6集团军的行动，一面命令保卢斯坚持作战，企图拖住苏军。

为了制止敌军从其中央集团军群调动部队，斯大林和朱可夫于12月8日联名向西方方面军和加里宁方面军下达了一项指令，指示他们在12月第3周肃清尔热夫突出部的敌人。但是，西方方面军未能突破德军防御。斯大林对此很是不高兴，立即派朱可夫前往科涅夫将军的司令部，查明问题出在哪里，并设法予以纠正。

▲苏军终于成功围困住德军第6集团军。

朱可夫到达方面军司令部后，发现敌人已从其他地段调来部队，加强了防御。由此，朱可夫认为这次战役已不适宜继续进行下去。

与此同时，加里宁方面军也

出现了问题：德军切断了索洛马京少将的机械化军与主力的联系。朱可夫迅速从最高统帅部预备队调来一个步兵军，帮助索洛马京的部队突围。4 天以后，西伯利亚的援军赶到，才救出了索洛马京的部队。

虽然苏军未能肃清尔热夫突出部的敌人，但苏军的攻势作战使德军统帅部不能从这个地段大量调动部队，去增援斯大林格勒地域。为了守住尔热夫至维亚济马的阵地，德军不得不调来 4 个坦克师和 1 个摩托化师。

12 月 12 日，德军坦克第 4 集团军不顾重大伤亡，一次又一次地向斯大林格勒实施突击，妄图重新占领先前德军装甲部队夺占过的地盘。12 月 19 日，这支自称为“同死神赛跑”的德军，推进到斯大林格勒的最后一条天然屏障——米什科瓦河，并且成功地在河北岸占领了一个桥头堡。这里离斯大林格勒只有 40 公里，德军先头部队从这里能够看见斯大林格勒周围炮火的闪光。

就在这个时候，苏军向顿河中游的敌第 8 集团军发动了大规模进攻。曼施坦因命令被围德军向西南突围。但是，此时被围困的德军已是心有余而力不足了。因为缺少燃料，坦克最远只能跑 40 公里的路程。曼施坦因被迫大量抽调赫尔曼·霍特将军的坦克第 4 集团军去掩护罗斯托夫，其中霍特的最精锐的部队——坦克第 6 师被调向西北，企图阻止如潮水般涌来的苏军。

苏军把新锐部队投入到战斗中。马利诺夫斯基中将指挥的近卫第 2 集团军在大雪覆盖的草原上，以每天强行军 40 ～ 50 公里的速度赶到了作战地区。当这些苏军部队参加战斗以后，德军撤退到科捷尔尼科沃，接着于 12 月 29 日又放弃该城，后退到科捷尔尼科沃西南大约 100 公里的齐莫夫尼基，并撤过了马尼奇河。这里正是曼施坦因 12 月 12 日开始发动进攻的地方。

1942 年 12 月的最后几天里，在朱可夫和最高统帅部的精心筹备下，“指环”战役计划已准备就绪，只待一声令下，便可对被合围的德军第 6 集团军实施最后进攻。

就在德军一筹莫展的时刻，苏军西南方面军和沃罗涅日方面军的一支部队以 450 辆坦克为先导，发起了新的攻势。他们一路南下，行程达 180 公里，并于 23 日迂回到整个德军“顿河”集团军群的大后方。同时，另一支苏军又从德军侧面发起攻势，迫使德军“顿河”集团军群的左翼西退。

看到突然间像潮水般涌来的苏联军队，曼施坦因有些招架不住了，并开始担心“顿河”集团军群有被苏军包围而吃掉的危险。为了自身的安全，曼施坦因不得不急令北上的德军南撤，同时命令被围德军停止突围。这样一来，希特勒的解围计划成为泡影。

斯大林格勒地域的德军，初期被困在东西长 40 公里、南北宽 20 公里的圈子里。被围

▲斯大林格勒之战中，德军和匈牙利的部队只有一部分从南部逃脱。

▼德军战俘中懂俄文的士兵正给同伴念苏联报纸。

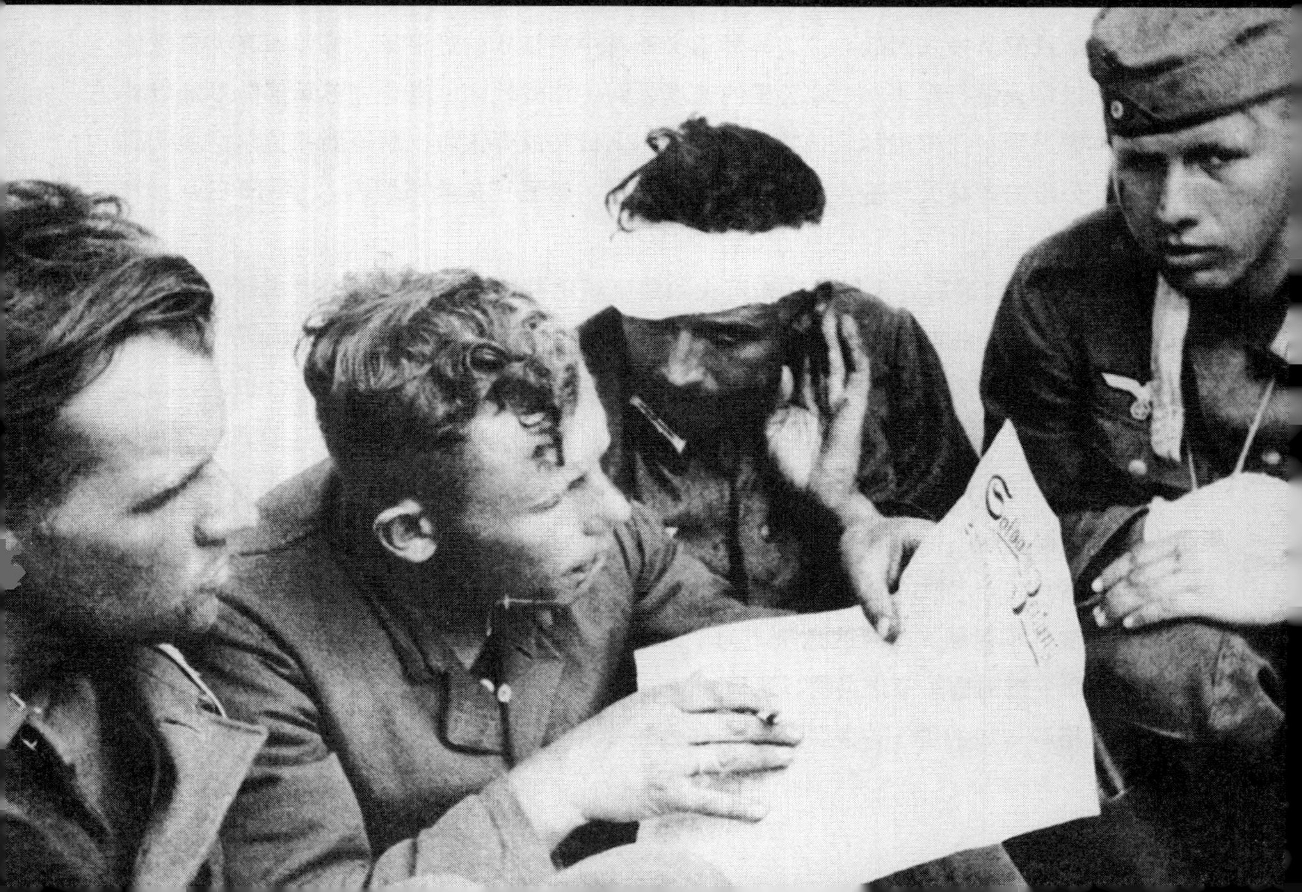

的 30 万德军官兵，每天至少需要 750 吨物资。此时的曼施坦因和保卢斯还寄希望于陷入合围的德军能够牵制大量苏军部队。德国法西斯第二号头目戈林信誓旦旦地保证说，将向被合围的第 6 集团军空运足够的补给品，一直坚持到 1943 年春季——据认为那时德军将再次征服这一整个地区。

然而，戈林的保证最后未能兑现，德军人人受到饥饿和严寒的折磨。坦克因缺少燃料而不能开动，火炮缺少炮弹，伤亡人数与日俱增，每个人都预感到覆亡的命运即将来临。

为了减少无谓的牺牲和出于人道主义考虑，1943 年 1 月 8 日，苏军最高统帅部派使者向德第 6 集团军发出最后通牒，要求德军投降。苏军给予德军投降的条件是：所有被俘人员一律发给通常标准的口粮；伤病员和冻伤人员将得到医治；所有被俘人员可以保留他们

▲斯大林格勒战役中被俘虏的德军士兵。

的军阶领章、勋章和个人财物。

通牒要求德军 24 小时内答复。

德第 6 集团军司令保卢斯用电报将苏军最后通牒的全文发给希特勒，并要求准予随机行事，但立即遭到希特勒的驳斥。

看到没有答复，1 月 10 日，苏军以 5000 门大炮轰击包围圈内的德军，随后坦克和步兵发起迅猛的冲锋。德军由退却变成毫无命令的逃跑，沿途丢下成千上万的尸体，随后便

▲德军元帅保卢斯在斯大林格勒向苏军投降后，神情严肃地看着前方。

被风雪和炮灰掩埋。不到 6 天，德军的阵地又缩小了一半。1 月 24 日，保卢斯再次电请希特勒允许立即投降，但是得到的答复仍然是“不许投降”，要死守阵地，“直到最后一兵、一卒、一枪、一弹”。

1 月 18 日，即斯大林格勒战役尾声，朱可夫被晋升为苏联元帅，成为第二次世界大战中荣获这一荣誉的第一位野战指挥官。

到 1 月 25 日，德军被击毙、击伤和被俘者已超过了 10 万人。苏军又把包围圈缩小到南北长 20 公里、东西宽 3.5 公里的地段上。

保卢斯的第 6 集团军濒临覆灭的命运！

同以往一样，希特勒又开始施展一贯的伎俩。他信誓旦旦地向被围的德军保证说，德国陆军最高司令部准备重新组织空运，并扩大空运规模。只要第 6 集团军能坚持到底，陷在斯大林格勒的德军可以指望在 1943 年 2 月下半月被解围。

然而，德军官兵知道已经毫无希望了。在岌岌可危的局势下，德军各部队陆续开始向苏军投降。

1943 年 1 月 30 日是法西斯在德国执政 10 周年，也是德第 6 集团军即将全军覆没的前夕。这一天，希特勒下令授予保卢斯将军以元帅军衔，同时给予被围的 170 名德军军官各升一级，用心是想提高他们的士气。1 月 31 日，苏联红军从各个方向发起最后的冲击，以夺取斯大林格勒市中心区。

经过猛烈的火炮和迫击炮轰击之后，苏军攻占了百货公司前面的广场。苏军得知保卢斯正待在百货公司大楼里。一位年轻的苏军中尉在炮弹仍旧不断轰击的情况下，冒着生命危险冲进了这座随时可能倒塌的大楼。他在一家百货公司的地下室里生俘了保卢斯，当时保卢斯正穿着军服躺在一张铁床上。

“唔，一切都结束了。”苏军中尉说。保卢斯只是点了点头。这位刚当了一夜的德军元帅的第 6 集团军司令就这样被俘了。随后，保卢斯的参谋长代表保卢斯在投降书上签了字。

2 月 2 日，被围德军全部投降或被歼灭。至此，经过 200 天的残酷激战，这场第二次世界大战期间规模最大的一次战役宣告结束。

此战后，斯大林急于解放全部苏联领土，他命令苏联军队全线出击，打算于 1943 年春到达第聂伯河。在斯大林的指挥下，英勇的苏军在许多战线上，取得了冬季攻势的重大战果。

第十五章

日本法西斯日落黄昏

1908 年，访问所罗门群岛的美国作家杰克·伦敦，写下了著名的短篇小说《纯洁无邪充满原始风味的处女地——瓜达尔卡纳尔》。他万万没想到，34 年后，他笔下描写的这个岛屿成了美日两军激烈较量的舞台……中途岛海战后仅仅两个月，即 1942 年 8 月，美国和日本便不约而同地把目光瞄向了这个南太平洋地区默默无闻的小岛，一场空前规模的大战由此爆发了。

No.1 三川夜袭

苏联在苏德战场上扭转战场局势的时候，美国和日本正持续在海上鏖战。

在西南太平洋所罗门群岛中，最大的岛屿叫瓜达尔卡纳尔岛，它的形状很不规则，全岛东西长约145公里，南北宽40公里，陆地总面积6500平方公里，约是美国长岛的两倍大。然而，就是这样一个小岛，却是控制所罗门群岛及其周围海域的一把钥匙，因此它自然便成了日美在南太平洋争夺的焦点。

中途岛海空战之后，1942年7月2日，美军夺取瓜岛的“瞭望塔”作战计划由美参谋长联席会议以命令的形式正式下达，预定开始日期为8月1日。但在7月4日，“瞭望塔”计划的制订者尼米兹将军获悉了日军在瓜岛修建机场的消息，感到事态极为严重，因为日军将可以利用这个机场直接威胁美澳交通线上的重要基地——新赫布里底和新喀里多尼亚，对尔后作战将是非常不利的。因而，尼米兹决定将夺取瓜岛及其附近的图拉吉作为执行“瞭望塔”作战的第一步，以打乱日军部署，牵制它在新几内亚的作战，使其陷于被动。

7月10日，尼米兹将军下达了夺占瓜岛和图拉吉的命令，并任命美第1海军陆战师师长范德格里夫特少将为登陆部队指挥官。由特纳海军少将指挥的南太平洋登陆运输队将由23艘运输船组成，满载美海军陆战第1师近16000人，从斐济等地出航。

▼美军在瓜岛上登陆。

对于日军统帅部来说，美军在瓜岛登陆完全出乎意料。他们曾认为美军不会这么快就开始反攻，主导性的意见是，美国将在 1943 年下半年才能开始反攻，在瓜岛登陆很可能只是一次侦察性的进攻。如果这次登陆确是反攻的开始，那么美军还没有充分准备，日本陆海军夺回瓜岛不会有什么困难。

两岛告失，日海军部首脑大为光火，军令部总长永野修身海军大将气急败坏地下令：联合舰队必须以重夺瓜岛作为第一个目标。

于是，瓜岛争夺战的血腥战幕拉开了。

刚刚蒙受中途岛失利之辱的山本五十六海军大将闻听美军在瓜岛登陆的消息后，同样是怒火中烧，急忙调兵遣将，决心与美军决一死战。他铺开南太平洋的作战地图，紧紧地攥起拳头狠狠地砸向瓜达卡纳尔岛，下令驻扎在拉包尔的日本海军第 8 舰队司令三川海军中将："三川，给我出击！"

接到山本五十六的命令，51 架日机从拉包尔起飞，奉命作几乎难以返航的 500 海里的远程轰炸。但是，日机却在瓜岛上空遭到了美机凶猛的拦截。日本帝国海军王牌飞行员、一等飞行兵曹酒井三郎后来回忆说："整个世界仿佛都在爆炸，我驾驶的'零'式机像个小玩意儿似的震得直抖。我觉得，我的头好像被狠狠挨了一闷棍。"当时，酒井三郎头负重伤，一只眼睛失明，飞机像个醉汉似的摆晃不定，途中他几次神志恍惚，但却奇迹般地飞回了拉包尔。空袭结果，是 16 架日机被击毁。日本人损兵折将，无战果可言。

远在日本柱岛泊地的山本五十六对此焦急万分，他再次向三川发出命令，让他亲自出马尽快夺回瓜岛与图拉吉岛。

8 月 7 日黄昏，三川中将亲率重型巡洋舰"鸟海"号，轻巡洋舰"天奄"号、"夕张"号和驱逐舰"夕风"号，由辛普森港出航，于圣乔治水道与重型巡洋舰"青叶"号、"加古"号、"衣笠"号、"古鹰"号等 4 舰会合后，在夜晚 8 时驶离圣乔治角。8 艘黑黝黝的战舰像一群恶鲨，在漆黑的洋面上以每小时 24 节的速度，东绕布干维尔岛南下，矛头直指瓜岛。

8 日下午 4 时，三川编队进入新乔治亚海峡（又称"狭口"海峡）。16 时 40 分，三川用闪光灯向各舰下达了一个简单而具体的战斗计划：首先对停泊在瓜达卡纳尔锚地的美舰进行鱼雷攻击，然后横渡到图拉吉港区，用舰炮和鱼雷攻击那里的美舰船。编队将由萨沃岛以西高速进入，由萨沃岛以东撤退。

这时，正在北口水域巡逻的美军驱逐舰"塔尔波特"号发现了日军侦察机，立刻发出了警报，可是相距仅仅 20 海里的美军旗舰"麦克考利"号居然没有收到，其他收到警报的美舰，也丝毫没有引起警惕。有的美舰舰长看到飞机上有航行灯，还以为对方是友机呢。实际上，这是三川于 23 时 13 分派出的两架侦察机，它们不断地向三川发回重要的侦察情报。

▲美军正在瓜岛临近的岛屿装卸作战物资。

凌晨1时稍过，日舰观察员在黑暗中发现美军的另一只警戒驱逐舰“布鲁”号模糊不清的舰体，立即做好了射击准备。然而“布鲁”号丝毫没有察觉，仍旧以巡航速度向西南驶去，

9日凌晨1时33分，三川下达了总攻击令。一枚接一枚的鱼雷向美舰袭来。

直到1时43分，美驱逐舰“帕特森”号突然在正前方发现一艘舰船黑影，立即用无线电发出警报：“警报——警报，未判明的舰船正在进港！”但为时已晚，一架日机凌空投放了照明弹，周围一片通亮，令人毛骨悚然，把美舰“芝加哥”号和澳舰“堪培拉”号的舰身映得一清二楚。日舰“鸟海”号、“青叶”号、“古鹰”号抓住这稍纵即逝的一刹那，迅速用主炮轰击，有24发炮弹打在“堪培拉”号的左舷。数分钟前发射的鱼雷此时也发挥了威力，该舰右舷被两雷命中。当“堪培拉”号顽强地回击了两条鱼雷和几发炮弹后，主机就不转了，舰体向右倾斜10°，火势蔓延到整个上甲板，浓烟滚滚，焚烧的甲板上布满了尸体，舰长也被击毙，一些伤重而生命垂危的水兵，仍在挣扎着把烈火烤得灼热的炸弹抛到海里去，以防引起连锁爆炸，但这无非是一场徒劳。后来，遭受重创的“堪培拉”号终于在9日晨8时沉入大海。

在这炮声震荡的海面，闪光划破夜空的激战之初，美巡洋舰“芝加哥”号舰长包德上校正在蒙头大睡。当他被唤醒时，朦胧中听到瞭望哨飞报：“右舷发现鱼雷航迹！”他立即下令：“右满舵！”可他话音未落，左前方又有鱼雷扑来，他又急令向左转向。他力图使军舰在鱼雷航迹中穿来穿去，但终未能逃脱厄运。1时47分，“芝加哥”号的舰首被一条鱼雷命中，爆炸掀起的水柱使前甲板涌满了海水。同时，该舰前桅又被日军巡洋舰发射的一发炮弹命中，甲板上弹片横飞，烈焰冲腾，死伤惨重。至此，“芝加哥”号无可奈何地脱离了编队，孤独地向西缓慢行驶，宛如一堆漂浮在海面上的废铁。

最先发现日舰的“帕特森”号在用无线电发出警报之后，便立即投入战斗。舰长瓦克中校高喊：“发射鱼雷！”可是混乱中，下面的人压根儿没有听到他的命令。在随即爆发的炮战中，尽管“帕特森”号高速作“Z”字运动，但仍被日舰击中一弹，打燃了副炮弹药仓，两门炮被炸成哑巴。

“南区”激战从凌晨1时43分至1时49分，历时6分钟，日舰共发射17条鱼雷，命中了3条，同时还倾泻了大量炮弹，美舰编队溃不成军，而三川舰队却未损一根毫毛。9日凌晨1时50分，日舰队分成两支，开足马力驶向“北区”。

1时50分，日军旗舰“鸟海”号强烈的探照灯光捕捉住美舰“阿斯托里亚”号，并果断开炮。当“阿斯托里亚”舰长威廉·格瑞曼上校从睡梦中惊醒时，从“鸟海”号上发射的炮弹已经像暴雨般倾泻而来，“阿斯托里亚”号的上层建筑一片火海。当已经奄奄一息的“阿斯托里亚”号用尽气力向“鸟海”号发出最后一次齐射时，灼热的大火又引起副炮

弹药库爆炸，在营救无效之后，该舰沉没。

在“鸟海”号疯狂地向“阿斯托里亚”号进行攻击之时，日舰“青叶”号也从后方接近了美舰“昆西”号，日舰突然打开探照灯，把“昆西”号照得通亮，随即进行凶猛的齐射。9日凌晨2时35分，“昆西”号葬身海底。

美巡洋舰“文森斯”号也没有逃脱遭受攻击的厄运。2时50分，“文森斯”号在一片火焰中倾覆沉没。

面对美“南区”巡逻队早已溃不成军，“北区”巡逻队几乎全军覆灭的有利战局，三川军一若乘胜进击，那么，全歼瓜岛美军运输舰船，真可谓探囊取物，易如反掌。可是，就在这千载难逢的关键时刻，袭击珍珠港时南云所犯的“纵虎遗患”错误，又在三川身上发生了。

9日凌晨2时20分，三川突然下令：“全军返航！”旗舰“鸟海”号加速至35节，驶到纵队前头，取西北方向，经“峡口”海峡撤离战场。究其原因，一是说日舰当时鱼雷

▼在瓜岛滩头被击沉的日军巡洋舰。

已渐告罄。但主要原因则是在日舰攻击完毕后，天色将明，三川担心会遭到弗莱彻的舰载机的袭击。这一顾虑也不是没有道理的。

No.2 航母大搏斗

日海军在萨沃岛海战中夜袭美澳舰队，取得辉煌战果，暂时掌握了瓜岛海区的制海权。但是，山本五十六一想到美海军陆战队仍占据瓜岛一隅，控制着瓜岛机场，构成心腹大患，心头不免隐隐作痛。在山本的命令下，三川几乎每夜都派出巡洋舰和驱逐舰，沿“狭口”

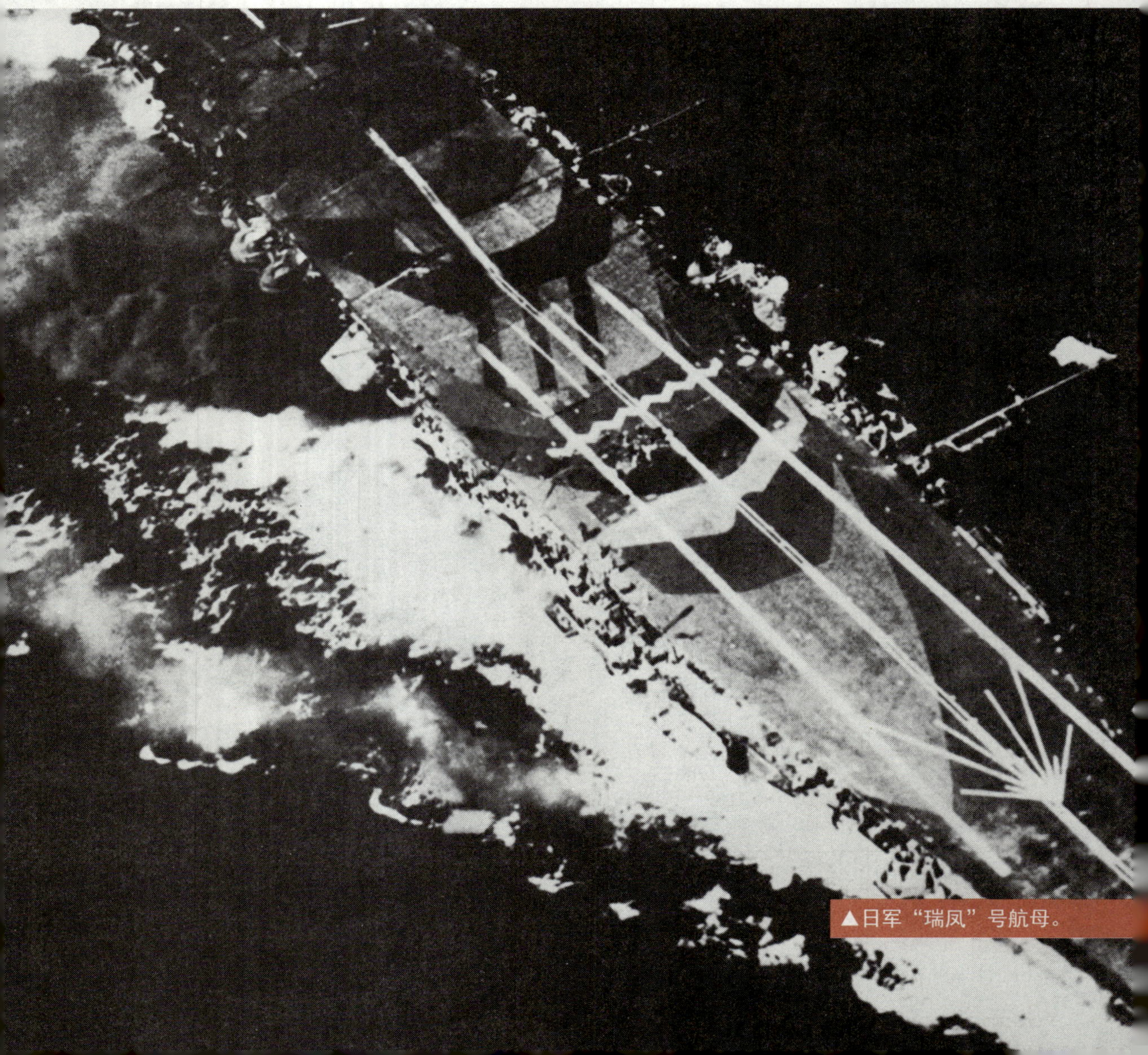

▲日军“瑞凤”号航母。

海峡准时而来，把充满死亡和象征毁灭的炸弹倾泻到美军阵地上，炮击结束后又乘黑夜迅速返航。美军士兵将这一攻击行径称之为“东京快车”。

日美双方在陆海两条战线上不断加码，不断增兵，瓜岛争夺日趋激烈。虽然任何一方都在竭尽全力，希望把对手吃掉，然而双方势均力敌，相持不下，瓜岛战局渐成胶着状态。

1942 年 10 月 9 日，3000 名荷枪实弹、全副武装的美军士兵正乘坐 2 艘运输船和 8 艘驱逐舰，从新喀里多尼亚的努美阿拔锚起航，前往瓜岛实施增援，预计 13 日晨到达瓜岛隆加湾抛锚并卸载。

由于日海军的“东京快车”攻击异常活跃，瓜岛制海权仍掌握在日本人手中，因而弗

▲美军“大黄蜂”号航母被击中后燃起熊熊大火。

莱彻对运兵一事格外小心。这次，将有三支强大的海上支援舰队为这支登陆输送船队保驾：一支是以航空母舰“大黄蜂”号为核心的特混编队，第二支是以战列舰“华盛顿”号为主力的战列舰群，第三支是美海军少将诺曼·斯考特率领的第 64 特混编队。这些战舰不但都装有雷达，而且舰上的水兵还经过集中的夜战训练，专门用来对付猖獗一时的“东京快车”。“搜索并击毁日军的舰船和登陆艇，以进攻行动保护美军的登陆输送船队。”这就是斯考特接到的战斗命令。

无独有偶，在同一天，即 10 月 9 日，日军也准备向瓜岛进行大规模增援。一列“东京快车”于当日午夜，开始运送日陆军第 17 军军长百武晴吉中将和一批部队前往瓜岛。

美日双方在黑暗的海面上继续摸索着接近。

当天的 23 时 46 分，双方突然近距离遭遇。美舰首先开火，日舰被突如其来的袭击打得晕头转向，它们毫无目标地乱放了一通炮火。而重巡洋舰“青叶”号和“古鹰”号早已腾起大火，遭受重创，唯有重巡洋舰“衣笠”号和“初雪”号由于擅自从左向后转向，逃避了美舰雨点般炮弹的轰击……

此战，日军被击沉巡洋舰和驱逐舰各 1 艘（救援舰未计在内），被击伤巡洋舰 2 艘。美军被击沉驱逐舰 1 艘，被击伤驱逐舰 1 艘、巡洋舰 2 艘。但是，这次海战中，美军却首次击溃了日军的“东京快车”，又粉碎了它对机场进行夜间炮击的企图，使自恃为夜战行家的日本海军损兵折将，大败而归。

“东京快车”在埃斯帕恩斯角海域大败之后，山本五十六再也坐不住了，他决意派出最强阵容，对美军实施报复行动。

山本五十六集聚了自中途岛海战以来所未曾见过的阵容强大的日本舰队，包括 5 艘航空母舰、4 艘战列舰、14 艘巡洋舰和 44 艘驱逐舰。它将为第 2 师团的 4500 名日军于 10 月 14 日夜登陆瓜岛提供火力支援。这批登陆日军将参加百武中将在 10 月 20 日发起的孤注一掷的进攻，并计划于 10 月 22 日一举攻占机场。

10 月 12 日，浩浩荡荡的日本联合舰队从特鲁克拔锚起航，奔赴瓜岛。出发前，山本五十六训话，要求联合舰队不辱使命，竭力取胜，以报效天皇。

然而，瓜岛上的美军已进行了充分的备战，日军攻占机场的任务变得极为艰巨。原定 10 月 22 日为战斗结束日期，可是到了 10 月 22 日还没有打响，进攻的日期被迫一再推迟。至 10 月 24 日，日本联合舰队若再不发起进攻，燃料将不足。百武晴吉中将不得已，仓促间发起进攻。谁知，进攻刚刚开始，又猛然下起瓢泼大雨，成纵队的日军士兵暴露在平射炮火下，血肉模糊地倒毙。最后，连狂热的日军第 2 师团也溃败到丛林中。

虽然攻击不顺，但山本五十六严令日军强攻，于是溃败瓜岛丛林的日军于 25 日深夜钻

▼靠近滩头的水中到处都漂浮着日军士兵的尸体。

出丛林，在丸山将军的指挥下，兵分两路，发动“最后的决死进攻”。他们轻率地冲入美军的火力网，在美军猛烈的炮火中，日军再次在战场上丢下了2500具尸体，丸山狼狈而逃。这在第2师团的战史上也是空前的惨败。至此，攻占瓜岛机场已彻底化为泡影。

瓜岛陆军噩耗尚未传来，海面上的日舰队又突然处在危急之中。

26日凌晨零点11分，一架美侦察机发回急电：“发现日本舰队，距离300海里，方位西北。”3小时后，这架美机又报告：“发现大型航空母舰1艘和其他类型军舰6艘，距离200海里，方位同前！”

日舰队首先被美侦察机发现了！在日舰载机刚刚离舰之际，美军轰炸机便飞临南云舰队上空。日“瑞凤”号航母尾部起火，失去战斗力。至此，日军可以作战的航空母舰只剩下了3艘。

8时22分，日军从航空母舰“瑞鹤”号和“翔鹤”号上又起飞了24架轰炸机、20架鱼雷机前往攻击美舰！

美特混舰队发起空中攻击的时间比日军晚20分钟。7时30分，“大黄蜂”号上的15架轰炸机、6架鱼雷机、8架战斗机相继腾空；8时，“企业”号上的3架轰炸机、8架鱼雷机、8架战斗机也纷纷离舰；8时15分，“大黄蜂”号上又有9架轰炸机、9架鱼雷机、7架战斗机咆哮入空。三组机群顾不上编成战斗队形，便匆忙踏上了攻击日本航空母舰的征途。

7点50分，从“大黄蜂”号上第一批起飞的15架轰炸机和4架战斗机逼近了日本的“翔鹤”号航空母舰。尽管“零”式战斗机紧追不舍，“无畏”式俯冲轰炸机还是不顾一切地开始俯冲，4颗1000磅炸弹命中了“翔鹤”号的飞行甲板，两颗命中舰尾部升降机附近。此时，“翔鹤”号舰长不得不下令掉转船头，撤出战斗。

此次轰炸，使“翔鹤”号在以后整整9个月内都无法参加战斗。

几乎就在美机攻击日舰队的同时，日本人也找到了美国航空母舰的准确位置，135架轰炸机和战斗机飞向目标。此时，担任“大黄蜂”号航空母舰空中战斗巡逻的38架美“野猫”式战斗机没有发挥应有的作用，它们空中巡逻的区域配置太近，一经发现日机，它们已开始俯冲。由于“企业”号恰好躲在一块厚厚的积雨云下方，不利于日机发起攻击，因此，“大黄蜂”号就成为日机攻击目标了。尽管“大黄蜂”号密集的防空火力一下子就击落了25架日机，但自己也多次中弹，仍是难逃厄运。1架日军舰载俯冲轰炸机在中弹后，实行自杀性攻击，笔直地撞到“大黄蜂”号的飞行甲板上，机上所带的两枚炸弹一起爆炸，使“大黄蜂”号舰面发出一团惊人的烈焰，灼热的大火一下子就吞没了这艘巨型航空母舰。“大黄蜂”号变成了一座燃烧的地狱，爆炸声此起彼伏，强大的气浪把舰面上的飞机掀翻到大海里。随后，两条鱼雷又钻进了这艘受伤的航空母舰机舱里爆炸，使“大黄蜂”号主机停车。不一会儿，“大黄蜂”号又遭到了日鱼雷机的攻击，一下子就中了 8 条鱼雷。庞大的“大黄蜂”号虽已是千疮百孔，仍倔强地不肯入水，直到傍晚时分，赶到的日本舰只又加射了 4 条鱼雷，这艘美军主力航空母舰才沉入大海。

这时海风已把天空中的热带雨云吹散，“企业”号航空母舰也就暴露在晴天之下，它的好运气也随之烟消云散。就在“大黄蜂”号沉没不一会儿，24 架日军轰炸机又扑向“企业”号，厄运降临到了“企业”号头上。由于“企业”号防空火力较强，所以日机只击中了两颗炸弹，但包括“南达科他”号在内的几艘警戒舰却受到重创。不一会儿，又有 18 架日鱼雷攻击机冲破美机拦截，低空向“企业”号逼近，发起殊死攻击：1 架在距海面 50 米的空中中弹爆炸，另 1 架马上跟进，就这样先后 5 架飞机相继中弹坠毁。剩下的 12 架日机分成两队，从“企业”号的两舷开始投放鱼雷，但大部都被躲过，只命中了 1 条鱼雷。此时，双方战机仍处于混战状态，但日机明显占据优势，身受重伤的“企业”号见势不妙，赶紧

▲一架美军战机在飞行中，其下方是一艘着火的日本运输船。

趁混乱逃出了战场。

圣克鲁斯大海战是太平洋战争开战 11 个月以来，日美双方自珊瑚海大海战、中途岛大海战、东所罗门大海战之后，发生的第四次航空母舰之间大规模的海空厮杀。海战结果，日击沉击伤美航空母舰各 1 艘、击沉美驱逐舰 2 艘、轻伤美战列舰、巡洋舰和驱逐舰各 1 艘以及击毁美机 74 架；日军 2 艘航空母舰、1 艘巡洋舰遭重创，并损失飞机近 100 架。尤其日军损失了近百名训练有素、实战经验丰富的飞行员，这对日本联合舰队来说是一个无法弥补的损失。正是由于这一原因，南云忠一在此战后被山本五十六解除了职务。

▲瓜岛战役中，美军战列舰用舰炮向日军目标轰击。

No.3 三日三夜血染大洋

进入 1942 年 11 月份，瓜岛血战已持续四个月之久，但日美双方仍胜负难分，形成僵局。双方都未能阻止对方从海上增援瓜岛，也不能保证自己海上航渡的安全。

为夺回瓜岛机场，山本五十六决心将陆军第 38 师团的 13500 人用 11 艘快速运输舰运往瓜岛增援。这确实是一支非同小可的兵力，因为经过四个月的运兵，至今日本人在瓜岛才不过拥兵 3000 人。

就在山本五十六摩拳擦掌之时，在努美阿的“蛮牛”哈尔西命令 6000 名美军陆战队士兵和步兵分两批在瓜岛抢滩登陆。同时命“企业”号航空母舰，以及“南达科他”号和“华盛顿”号 2 艘战列舰，以及 2 艘巡洋舰和 10 艘驱逐舰护航。

美军第一批运兵船队刚刚在瓜岛落脚，就立即遭到了从日本航空母舰“飞鹰”号起飞的 12 架飞机的轰炸，幸而损失不大。

由特纳指挥的第二批运兵船队和卡拉汉指挥的支援群，途中被日机发现，双方短暂交锋 8 分钟，美舰高射炮平均每分钟击落日机 1 架，日机最终逃脱。美军方面，卡拉汉的旗舰“旧金山”号遭到一架受伤的日机自杀性撞击，损坏一部分装备，还伤亡了 50 余人。

11 月 12 日傍晚，特纳率舰船离开瓜岛，驶往圣埃斯皮里图岛。夜晚 10 点，卡拉汉护送特纳安全出航后，掉头返航，经嫩格水道，驶回瓜岛海域。卡拉汉把 13 艘舰只排成一字长蛇阵，随时准备歼击随后可能出现的日舰编队。

11 月 12 日深夜，日本阿部海军中将率领两艘排水量为 32156 吨，长达 200 米的战列舰“比睿”号和“雾岛”号，轻巡洋舰“长良”号以及 14 艘驱逐舰杀向瓜岛海域。阿部以为日落后美舰肯定会撤出瓜岛海域，而且他又自恃兵力雄厚，遂放松了警惕。

1 时 42 分，日机在瓜岛机场上空投下照明弹，阿部正欲开炮，却突然得报，正前方发现了美舰编队！阿部惊慌万分，因为他的战舰甲板上堆放着轰炸瓜岛机场的高爆炸弹，倘若落下一颗炮弹，就会将整艘舰只炸毁。为迎击美舰，阿部命令全部火炮换填穿甲弹，于是，日本兵狂乱地卸下高爆炸弹又改装上穿甲弹，匆忙做好了应战准备。

这时，卡拉汉不失时机地率舰队旋风似的杀入敌阵，准备给日舰致命一击。可是关键时刻美舰通信系统却陷入混乱，当各舰收到卡拉汉下达的射击命令时，首先被发现的那两艘日舰早已在黑暗中溜掉了。直到 1 时 50 分，美舰才开始射击。漆黑的夜幕骤然间被炮弹的闪光撕破，冲天的火光和舰只焚烧的火焰几乎使黑夜变成白昼。

混战中，美巡洋舰“亚特兰大”号首先遭难，斯考特少将殒身炮火，他的参谋人员以及多名舰员也牺牲了。

▲美军 B-17 轰炸机起飞前往瓜岛执行轰炸任务。
▼日本鱼雷击沉了美国“大黄蜂”号航空母舰。

在纵队前面的 4 艘美驱逐舰如同饿狼般向着庞然大物“比睿”号发动了殊死进攻。驱逐舰“库欣”号虽然中弹负伤，但仍紧紧咬住“比睿”号不放，连连向该舰发射了 6 条鱼雷，可惜无一中的。当它赶上前正欲再行攻击时，不幸被一道探照灯光罩住，日舰的炮火立即将它打得千疮百孔，“库欣”号瞬间沉没。

美舰“拉菲”号在勇猛前冲中几乎与“比睿”号碰撞，它利用这一千载难逢的时机，抵近向“比睿”号发射了鱼雷。因两舰相距太近，鱼雷保险装置还没有打开就被“比睿”号雄厚的舰舷装甲弹了回来。但它仍顽强地用机关炮向“比睿”号的舰桥上射击，不料却被“比睿”号的大口径炮弹和一条鱼雷击中。“拉菲”号起火爆炸后也很快就沉没了。

美军旗舰“旧金山”号当时也奋力向前猛冲，它先向右侧的日舰齐射 7 次，接着又向“比睿”号猛烈开火。但它紧接着又向己方早已负弹多处的巡洋舰“亚特兰大”号进行了炮击。而就在此时，它不幸遭到日舰的火力夹击，舰桥上的卡拉汉少将当场毙命。

恶战才十几分钟，美军就损失了斯考特海军少将和卡拉汉海军少将，这在以往的海战中还是罕见的。同时，美军 1 艘巡洋舰和 2 艘驱逐舰也被击沉。

美舰编队后面的 4 艘驱逐舰在没有接到命令的情况下，也英勇地投入了战斗！驱逐舰“艾伦沃德”号战绩卓著，它咬住一艘悬挂识别灯的日舰，一口气将它击沉，当它把炮口转向另一目标时，不幸被击中一弹，炮火指挥仪被击毁。“巴顿”号连连发射了 4 枚鱼雷，后来，它为了避碰而急速刹车，不料被鱼雷命中，舰体折断，立即沉没。

日方“比睿”号中弹 50 余发，遍体鳞伤。舵机和通信系统损坏，已无射击能力，日驱逐舰“晓”号和“夕立”号被击沉，另有一艘遭重创，其他各舰都有不同程度的损伤。

阿部中将对战斗的实际进展稀里糊涂，慌忙还击之后，他便命令“比睿”号、“雾岛”号转向北撤，放弃了原定的炮击机场的计划。

虽然日军已经撤走，但是哈尔西凭着对山本五六十的了解，他一定会命日军卷土重来，所以命金凯德指挥的第 16 特混编队以及李海军少将的第 64 特混编队迅速北上，防护瓜岛海域。

13 日黎明，当金凯德尚位于瓜岛南东 340 海里时，即令“企业”号上的鱼雷机 9 架，战斗机 6 架转移到瓜岛机场去。10 点 20 分，这批舰载机飞临萨沃岛以北海面，发现了身负重伤的“比睿”号及其护航的日驱逐舰，立即展开了围剿战。11 月 13 日 18 时，“比睿”号沉没，这是太平洋战争中被击沉的第一艘日本战列舰。

14 日，美机群又对撤退中的日本炮击舰队追击轰炸，击沉日重巡洋舰“衣笠”号，重巡洋舰“鸟海”号、“摩耶”号、轻巡洋舰“五十铃”号和一艘驱逐舰遭受重创。

同一天，美机群又重创了大群日本战斗舰艇和运输舰船。日军瓜岛增援部队和大批补给品损失重大，残兵勉力向瓜岛前进。

此时，美海军少将李在瓜岛西南 100 海里的洋面上游弋巡航，遭遇近藤指挥的突击群和主力群。它拥有战列舰“雾岛”号，重巡洋舰“爱宕”号、“高雄”号，轻巡洋舰“川内”号、“长良”号和 8 艘驱逐舰。主要任务是：继续炮击瓜岛机场，掩护残余的增援舰群。

22 时 10 分，担任前方远距离警戒的日轻巡洋舰“川内”号首先发现了李少将编队，近藤闻讯立刻把 14 艘舰只分成 4 路，散布在 10 平方海里的海区内，采用分散配置的战斗队形，迅速向美舰接近。

直到 23 时，美战列舰“华盛顿”号的雷达才发现近藤的先头警戒舰。美战列舰“华盛顿”号和“南达科他”号立即把 406 毫米口径的舰炮的黑洞洞的炮口对准了日舰编队。23 时 17 分，李少将一声令下，美舰巨炮轰鸣，“川内”号情知不是对手，立即施放烟幕，掉

▲在瓜岛被美军俘获的日军战俘。

头高速向北逃走。

5 分钟后，夜战大规模展开了。

首先，美编队前部的 4 艘驱逐舰向日驱逐舰“凌波”号、“浦波”号以及轻巡洋舰“长良”号为首的前卫群展开了炮击。大炮的火光在夜幕里闪烁，剧烈的爆炸声在海空震荡，须臾，美“沃尔克”号和“本哈姆”号便被打得遍体鳞伤。不久“沃尔克”号又被鱼雷击中，很快沉没。“普林斯顿”号的两间锅炉舱被击毁，后烟囱倒塌，狼狈之际，侧后又倾来一通炮火，把该舰上层建筑打得稀烂，立即失去了战斗力。“格温”号也被日舰击中两弹，一弹在主机舱爆炸，另一弹击中舰尾，该舰燃起了冲天大火。

第一回合历时 20 多分钟，美驱逐舰虽然顽强奋战，但仅重创了日驱逐舰“凌波”号。

▲饥饿难挨的日军俘虏正狼吞虎咽地进食。

▲活跃于丛林的游击队员正向美军传送日军情报。

李少将见己方驱逐舰已溃不成军，遂于 23 时 48 分命令它们撤退。

紧接着，美战列舰显神威的时刻来到了。“华盛顿”号、“南达科他”号迅猛向北冲去。“南达科他”号在急驶中为了躲避燃烧的驱逐舰，差一点闯入正在撤退的日前卫舰群。日舰向其发射了 34 条鱼雷，但都没有命中。一直隐蔽在萨沃岛西北，由近藤亲自率领的战列舰“雾岛”号、重巡洋舰“爱宕”号、“高雄”号在向东南航行中已发现了“南达科他”号。当相距 4500 米时，日舰突然打开探照灯，把“南达科他”号照得雪亮，炮弹也雨点般地打来。日战列舰“雾岛”号射出的大口径炮弹在“南达科他”号的上层建筑上纷纷炸响，舰身剧烈抖动。零时 15 分，“南达科他”号带着周身大火，向西南高速逃遁。

可是，“南达科他”号的姊妹舰“华盛顿”号迅速地为它报了仇。“华盛顿”号一直在跟踪一个“大型目标”，因它担心这是自己的伙伴“南达科他”号，所以不敢轻举妄动。不料天赐良机，当日舰打开探照灯捕捉“南达科他”号时，“华盛顿”号疑云顿消。24 时，该舰 406 毫米口径的大炮突然发炮，重型炮弹暴风骤雨般地向正北方相距 7560 米的“雾岛”号倾泻，发射的 75 发 406 毫米的巨弹中有 9 发在舰面上开花，另有 40 发 120 毫米的炮弹也在战舰上炸响，钢铁的碎片和血肉模糊的肢体随着震耳欲聋的巨爆声飞向天空，又溅落到波涛汹涌的海面上。不到 7 分钟，32000 吨级的“雾岛”号便失去了战斗力，舵机被击毁，舰面烈焰翻滚。与此同时，日重巡洋舰“爱宕”号、“高雄”号也被击中数弹，日舰阵脚大乱。零时 25 分，溃不成军的近藤终于放弃了炮击机场的企图，放弃掩护日军增援残军任务，向东北方向逃跑。

日美舰队各自撤离之后，日军增援残军中幸存的 96 艘舰只仍冲破重重险阻，于 15 日凌晨在瓜岛靠泊，有 2000 人登陆成功。天亮前，日驱逐舰抛下 4 艘运输船慌忙撤走。

这场惊心动魄的大海战，持续了三天三夜，高潮迭起，最终以美舰队获得决定性胜利而告终。美军共击沉日军战列舰 2 艘、重巡洋舰 1 艘、潜艇 1 艘、驱逐舰 4 艘和运输船 11 艘，伤巡洋舰 3 艘。美军有 3 艘巡洋舰、7 艘驱逐舰被击沉，1 艘战列舰、2 艘巡洋舰和 4 艘驱逐舰遭重创。

由于日军补给中断，弹尽粮绝，士兵伤员羸弱不堪，瓜岛成了名副其实的“饥饿之岛”；由于岛上疟疾盛行，疾病蔓延，药品奇缺，死尸相枕，也成了名副其实的“死亡之岛”。

面对困境，日本大本营决定停止夺回瓜岛的作战，密令在瓜岛的部队撤退。为蒙蔽美军耳目，岛上日军仍奉命继续战斗，好像胜利就在眼前一样。

美情报机关没有获悉日军决定要撤离瓜岛的战略企图，反而全力以赴地部署兵力，准备向瓜岛上的日军阵地发动大规模进攻。对于日本人的每次撤退，情报失灵的美军都以为是对方在增援。

第十六章

盟军北非大反攻

英军在阿拉曼战线展开了全面进攻，希特勒命令正在休假的隆美尔火速赶赴前线。蒙哥马利采取“增压行动”，英军数百门火炮和成群的轰炸机对“非洲军团”展开了地毯式轰炸，顷刻间，“魔鬼的花园”已完全落入英军之手。隆美尔企图实施边打边撤的计划，然而希特勒“不成功，毋宁死”的命令只能令他的计划胎死腹中。当生存的希望变得日渐渺茫之时，隆美尔终于下定决心违抗一次元首的命令，幸存下来的部队开始向富卡防线缓缓撤退。

No.1 蒙哥马利绞狐序曲

在北非战场，自从 1942 年 1 月下旬隆美尔展开凌厉反攻以后，英军频遭重创，其中一次向德军投降的兵员就超过三万名。丘吉尔政府为此遭受了很大压力，于是任命蒙哥马利为第 8 集团军司令，前往非洲“猎狐”。

蒙哥马利一抵达司令部驻地，立刻撤换了一批“朽木”军官，采取晋升或从国内调进的手段，补充了一批年富力强的年轻军官。

接下来，他做好准备，等着沙漠之狐自己来跳陷阱。

8 月 31 日夜，德军来袭。如蒙哥马利预料，隆美尔从英军阵地的南翼主攻。

实际上，隆美尔的“非洲军团”在前一天就已出动，在通过自己的雷区不久，他们遇到了英军强大的地雷场，工兵奋力开辟通道，但情况远比原先想象的要复杂得多。正当此时，英国皇家空军的“威灵顿”轰炸机飞至，对德军的装甲车停车场进行了猛烈轰炸。照明弹把夜间变成白昼，许多车辆被炸飞上了半空，有的起了大火。而排雷工作却进展得十分缓慢，直到次日凌晨 4 时 30 分，第一个通道才被开辟出来，且为此付出了重大代价，德国第 15 装甲师师长冯•俾斯麦少将被地雷炸死，德国非洲军指挥官涅林也受了伤，不能指挥。拜尔莱因上校接替了他的职务，费了很大力气，德军才终于通过雷区，他请求准备下令撤回的隆美尔，准许他指挥第 15 和第 21 两个装甲师，继续向东进攻。隆美尔尽管有些迟疑，但还是同意了。与此同时，隆美尔还作出一个更大胆的决定，放弃原来的计划，直取阿拉姆哈勒法，以便占领可以俯瞰英国第 8 集团军前线的后方，以及整个战场中央的制高点。

没用多久，他就绝望地发现，他的“非洲军团”陷入了流沙地带。隆美尔有一幅地图，那是此前不久，一队巡逻士兵从死去的一个英国情报军官身上搜出的，地图上标明，附近沙漠地区是块“硬地”，便于装甲部队行进。可隆美尔怎么也想不到，当时令他欣喜若狂当作宝贝的地图，竟然也是蒙哥马利和甘冈的“杰作”，专门引诱他上当的钓饵而已，事实上，战争还未开始，就已经注定了他失败的命运了。

几百辆德军坦克、装甲车和卡车在假地图上标明“硬地”，实则是一片松软的洼地上歪歪斜斜地挣扎前行，头顶上英军飞机不停地俯冲轰炸扫射，从装甲车里跳出来、准备推车的德国士兵被高爆炸弹炸得惨不忍睹。隆美尔感到了灾难正在降临。此刻，希特勒答应给他发动攻势用的汽油迟迟还未运到，没有汽油，他纵有天大本事，也无法施展，更别说现在局势是如此的不妙了。

为节省汽油，隆美尔命令装甲部队转向北推进，作预定的左包抄运动。前方，罗伯茨准将的第 22 装甲旅此刻正严阵以待，坦克已开到战斗位置，炮手各就各位。黄昏来临了，

▲ 1942 年 8 月，抵达北非的蒙哥马利。

夕阳即将褪尽最后一抹余晖，天色骤然阴沉，折腾得差不多快筋疲力尽的德军坦克排成使人难忘的阵势，缓缓开了过来。英军士兵得到命令，在敌人坦克进入 1000 米距离前不准射击。这个距离很快就达到了，几秒钟后，伦敦约曼利郡部队的“格兰特”式坦克猛然开火，仅仅几分钟，所有的坦克炮口都喷出通红的火舌，突遭打击的德国人毫不示弱地迅速组织还击。德军使用的新式 75 毫米坦克炮威力巨大，使英军伤亡不小，防御阵地被打开了一个大缺口，罗伯茨准将立即命令苏格兰龙骑兵第 2 团尽快离开他们的阵地，前来封堵缺口。

德军也遭受了较大伤亡，但仍然试图继续前进，隆美尔用尽办法把他的坦克一直开到了离英军步兵旅的反坦克炮很近的地方。几百码的距离早已进入射程之内，然而奇怪的是，反坦克炮似乎全哑了口，保持令人心焦的沉默。德军坦克越来越近。忽然，炮声惊天动地，大炮终于齐鸣，猛烈的炮火过后，阵地上硝烟弥漫，冒起的尘土和坦克被击中燃烧的火光冲天而起，照亮了渐垂的夜幕。德军丝毫没有停止不前的意思，剩下的坦克顽强穿过密集的火力网，隆隆向前驶进，英军无法阻止它们，一些反坦克炮也被碾碎。幸亏英军及时获得炮兵的支援，又一轮地晃山摇的轰击之后，德军坦克有的当场被击毁，有的则拖着浓烟勉强开了几步，然后便一动不动了。

由于英军炮兵的火力太猛，德军损失严重，加之一直无法得到想要的燃料，隆美尔当天晚间不得不下令停止攻击。实际上，隆美尔迫切获得燃料的这个愿望早已成了泡影，因为电报泄密，3 艘供油船在离开意大利横渡地中海时，被英国空军和海军截击，沉到海底去了。隆美尔丧失了创造奇迹的基本条件。

蒙哥马利知道，隆美尔是不甘心就范的，这是由他的不服输的坚强性格决定了的，困兽犹斗的力量决不能小视。因此，他向部队发布命令，再次强调以下原则：装甲部队必须坚守阵地，不得擅自出击，只有在敌攻击坦克阵地时，才允许予以狠狠打击，使其退回。

由于英军坦克按兵不动，固守着阵地，并不理会德军的挑衅，眼见盘算落空，隆美尔有些气急败坏了。他和头天赶来督战的德军南线总司令凯塞林元帅谈话时，破口大骂“这些英国猪，竟然不出来攻击”，让他气恨不已又没什么办法。隆美尔所有的招数已经用尽，却依然不能改变整个战局，既然这样，他所能做的便只有撤退。事实上，此时时机尚且有利，如果再拖延不撤，一旦归路被断，全军就难逃当俘虏的厄运。

中午时分，蒙哥马利把甘冈召到他的指挥篷车内，商讨下一步计划，因为打击了沙漠之狐的嚣张气焰，他们两个人都显得很高兴。蒙哥马利指着地图，询问他的参谋长有何高见。

“可以考虑发起一次反攻。”甘冈说道，“隆美尔这次被打得很惨，损失了不少战车，后方补给品也被我们的空军炸毁，我们一反击，他就完蛋了。”

“但我发现在新西兰师和阿拉姆哈勒法山中间，有处间隙，隆美尔很可能会从那里逃走。”蒙哥马利说出自己的忧虑。

“派新西兰师守住南边的缺口，切断隆美尔的退路，他就跑不掉了。”甘冈建议道。

为了封住这个缺口，需要抽调一些部队，此外，重组预备队也很紧急，因为这是掌握战场主动权的需要。蒙哥马利请求亚历山大把正防守阿美利亚着陆场的第151旅调来；至于另一个预备旅，蒙哥马利打算使用鲁瓦伊萨特山上的南非旅，但南非师师长坚决不同意，所以蒙哥马利只好另想办法。最后，他从第30军中抽调一个中程炮兵团和一个反坦克炮团，来加强新西兰师，该军其余的部队，则陆续撤出改为预备队。这样问题总算是解决了。

9月2日，隆美尔开始第一阶段的撤退，并在3日加快了撤退速度。到9月7日，非

▲躲在被击毁的德军坦克后的英军士兵正在伺机进攻。

洲军团已在英军原来的地雷场及其后方站稳了脚跟。鉴于封堵，事实上已不可能，于是蒙哥马利宣布停止阿拉姆哈勒法战役。

在这次战役中，英军死伤和被俘 1751 人，损失了 68 辆坦克，其中 13 辆“格兰特”式坦克尚可修复。德军伤亡约 2900 人，49 辆坦克及装甲车辆被击毁击伤。单从数字上看，双方都不能称为胜利者，但英军显然更有资格享受这一荣誉，因为战场主动权从此由不可一世的隆美尔那里，转入蒙哥马利之手。隆美尔的作战参谋冯•梅伦廷后来在他写的《坦克战》一书中承认，阿拉姆哈勒法之战是“沙漠战争的转折点，是各个前线一系列败仗中的第一个败仗，预示了德国的战败”。

No.2 阿拉曼战役

阿姆哈勒法战役结束后一个星期，蒙哥马利制订了阿拉曼战役的进攻计划，代号为“捷足”，预定于 1942 年 10 月 23 日夜间开始实施。丘吉尔希望蒙哥马利把进攻时间提前到 9 月，却被蒙哥马利拒绝，丘吉尔被迫接受 10 月进攻。

排除了干扰，蒙哥马利获得了必要的时间来解决训练和重新编组部队这两个棘手的问题；同时进行情报收集，并根据新收集的情报，对作战计划进行调整。

“捷足”计划能否成功，阿拉曼战役最后能否获胜，关键在于隆美尔能否再上一次当。蒙哥马利把一切都做得天衣无缝，即便是最锐利的敌军侦察机和高倍望远镜，也休想察觉丝毫端倪。这时，英军的情报机构也开动起来，积极配合，故意发出一些虚假情报，以吸引隆美尔对南部防线的注意。

10 月 23 日晚 9 时 40 分，英军进攻开始了。

顿时，等待已久的千百门大炮向敌人的炮兵阵地发出震撼天地的怒吼。接着，阿拉曼沙漠上便成了火的海洋，烈焰奔突，沙尘蔽天。20 分钟后，暴风骤雨般的英军炮火又把德意军队的前沿阵地，变成了地狱。炮击过后，借着曳光弹和探照灯光，头戴钢盔的英军士兵，手端寒光闪闪的刺刀，排着严整的队形，走进烟幕尘雾。他们冲击的步伐是那么坚定有力。

突如其来的攻击把“非洲军团”代总指挥施图姆将军打蒙了。他在焦急中爬上一辆装甲车，准备去第 90 轻装甲师司令部方向了解情况，但在半途遭到英军炮火袭击，从车上摔了下来，心脏病突发，当场死亡。于是冯•托马将军接掌了“非洲军团”的指挥权。

德军很快组织起有效的反击，炮火给英军造成大量伤亡，前进受阻。到次日凌晨，除了南非第 3 旅，在北面发动攻势的第 30 军其余部队，几乎都没有占领预定目标地带。奉命打通两条走廊的第 10 装甲军在通过雷区时遇到麻烦，直至拂晓时，第 1 装甲师仅仅开辟出一条通道，第 10 装甲师稍好些，但也不过 4 条通道而已，他们都未能越过米泰里亚山脊而到达预先指定的开阔地带。这其中固然有敌军地雷障碍的因素，但拉姆斯登和第 10 装甲师师长盖特豪斯等人缺乏进攻意志也是一个原因，他们对德军专打坦克的 88 毫米高射炮十分顾忌，故而延滞了行动。

南面的第 13 军也陷入雷区造成的困境，第 7 装甲师在进攻后不久，即遇到敌威力强大的“一月”和“二月”雷区，“蝎子”扫雷装置被毁，士兵伤亡严重，部队拥塞在“一月”雷区的两侧，“二月”雷区则无法突破。到了早上 7 时 30 分，敌军实施反击，火力凶猛，第 1 法国旅阵亡了两个上校，车辆全部丢失，寸土未得。

至 25 日早 8 点，北面的装甲部队全部到达预定区域，这比原定到达的时间，即 24 日早晨 8 点，整整晚了 24 个小时。好在还不至于太晚，在形势上英军处在了有利地位，只有

▼ 1942 年 10 月 23 日夜，英军向德军发起了进攻。

▲在与隆美尔军队的战斗中被击毁的英军坦克。

▲ 1942 年 10 月 23 日，英军士兵在一处山坡上准备发起进攻。

▲正在沙漠中行进的德军装甲部队。

▲英国军队在撤退中被遗弃的已损毁的大炮。

南面的第 13 军仍顿步在“二月”雷区之前，一筹莫展。

步兵开始实施蒙哥马利的粉碎性打击计划，由米泰里亚山脊向西南发动进攻，但这一次，情况又变得困难起来。在经历一天的惶惑和迷惘后，此时，冯·托马将军已经准确判断出英军的主攻方向，在北面而不是南面。德军加强了反击，并且使用上了装甲部队，英军伤亡数字惊人。

25 日深夜，隆美尔从阿尔卑斯山的休养地回到了阿拉曼前线。除了身体略有康复，他几乎两手空空地归来了。希特勒答应提供的新式武器，一件也没兑现。此外，墨索里尼也远远没能满足他最低限度的运送军需品的要求，还有，令隆美尔更加担心的是，元首似乎对他本人失去了信任。在临来之前，希特勒对隆美尔说，他是“出于无奈”才让他回去继续指挥“非洲军团”的。

隆美尔一回来，就集中所有坦克兵力，全力反攻。

10 月 26 日夜至 27 日黎明，英军第 1 装甲师经过艰难努力，终于使第 7 摩托旅到达预定目标，推进到肾形山脊西北的“山鹬”阵地，和西南的“沙锥鸟”阵地。蒙哥马利听到这一消息，如释重负，拉姆斯登总算争了口气。但他马上担心隆美尔的反击。因为，澳大利亚师已经获得翼侧屏障，势必使隆美尔认为英军想在突出部突穿，从而倾其所有力量反攻。在这种情况下，英军能否顶得住，就很有问题了。

果然，隆美尔对英军澳大利亚师这一突出部如鲠在喉，将之视为眼中钉，肉中刺，必欲拔之而后快。于是，他迅速从南面调来了第 21 装甲师，加上德军第 15 装甲师和意大利利托里奥师，向英军澳大利亚师和装甲部队发起猛攻，他甚至把负责防守北面海岸的预备队第 90 轻装甲师也用上了。

但非常不幸的是，隆美尔赌得太早了，到最后关头，最需要预备队的时刻，他却没有了下注的资本。

10 月 27 日整个一天，英军同轴心国军队激烈交战，英国澳大利亚第 9 师、苏格兰第 51 师和第 1 装甲师打退了敌人一轮又一轮的疯狂进攻，始终坚守阵地，德国和意大利军队在英军的炮火和殊死的肉搏战中损失惨重。据估计，当天损毁的德军坦克共有 60 多辆，英军坦克则损失甚微。

10 月 28 日的早晨，一个不好的消息传至：英军第 2 步兵旅的第 2 营，在未能获得装甲部队的支援下，终因弹药告罄，而被敌所击破；第 24 装甲旅也因误入雷区，造成严重伤亡。蒙哥马利听了之后，很是痛心，他意识到，德军的装甲部队全部集中在了北面通道的正面，第 1 装甲师要再从那里突破，是永远不可能的了，必须寻找改变途径。

11 月 2 日凌晨 1 时正，英军的 300 门大炮同时喷出火苗，“增压”计划打响了。英军炮击德意军队阵地长达 3 个小时，接着，新西兰师在移动弹幕掩护下，开始向意军防线展开进攻，到黎明时，占领了预定阵地，并跟随第 9 装甲旅的坦克和战车，向西挺进。

但拉姆斯登的第 10 军的装甲部队再次扮演拖后腿的角色，因推进缓慢，而落在了步兵的后方。而第 9 装甲旅由于坦克性能不佳，沙尘导致能见度极差，在反坦克炮火袭击下损失惨重，最后不得不撤退。然而在蒙受巨大牺牲的同时，这个旅摧毁了敌人在西迪阿卜杜勒拉赫曼铁路防线上的 35 门大炮，并且幸存的坦克仍坚持战斗了一段时间，使第 1 装甲师的第 2 和第 8 装甲旅得以通过走廊，顺利在开阔地上展开。

随后，这支装甲群和源源不断涌上来的步兵一起向前推进，他们击溃了 1 个意大利步兵团、1 个德国装甲营，与此同时，开始攻击“非洲军团”的后方补给线。

隆美尔拼命组织反击，试图堵住那 4 公里宽的缺口，于是，11 月 2 日上午，一场惊心动魄的坦克会战开始了。

▲在前线指挥作战的隆美尔。

英军在泰勒阿卡基尔附近的开阔地上集中了 800 余辆坦克，而德意军队坦克，只剩下区区可怜的不到 100 辆。英军坦克以排山倒海之势碾了过来。经过两个小时的激战，英军重创德意装甲军队，自己也伤亡惨重。到了下午，两军坦克再次会战，输红了眼的隆美尔不惜投入了全部剩余坦克，对英军进攻部队的两翼展开反扑，但由于缺少空中支援，他的坦克只能接二连三成为英军飞机练习投射的活靶子，一半变成了废品。剩下勉强能使用的，仅有 55 辆，分别为德军 35 辆，意军 20 辆。而这时，蒙哥马利正在集结，准备发起最后进攻的坦克，还有数百辆。

为了避免全军覆灭的命运，这天下午 4 时 30 分，隆美尔下令撤退到阿拉曼以西 96 公里的富凯阵地，然后便向德国最高统帅部连发了两封密电，请求允许他的军队退却，否则“大部分会沦为英军的俘虏”。希特勒于次日回电，命令隆美尔竭尽全力坚持到底，“要么就是胜利，要么就是死亡，别无其他道路”。

一时间，隆美尔被无边的绝望和孤独所吞噬。

残存的德国和意大利军队停止撤退，继续进行抵抗。为了尽早结束战役，围歼“非洲军团”，蒙哥马利下令英军不要懈怠，全力以赴做最后一击。11 月 3 日夜间，英军印度第 4 师和苏格兰第 51 高地师向敌人发起了两次猛烈的攻击，于次日黎明，突破了泰勒阿卡基尔的中心阵地，并为装甲部队打通了一条通道。紧接着，成百辆坦克和装甲车排着声势骇人的阵势，咆哮着一辆接一辆鱼贯而过，驶入开阔地带，迅即向西面和北面冲去。巨大的马达轰鸣声，在空旷的沙漠里传出很远很远。

11 月 4 日下午，鉴于大部分阵地已被英军突破，心力俱疲的隆美尔只好不顾希特勒的命令，下令全线向富凯撤退，事实上，他下不下命令都已一个样，“非洲军团”已经一溃千里，成千上万的败兵争先恐后地向西逃跑，任何阻止都是徒劳的。

▼阿拉曼战役中，被俘的德、意官兵被押往战俘营。

No.3 沙漠之狐的末路

在黑沉沉的夜间，德意军队一路溃逃，狼狈不堪。

为追击逃军，蒙哥马利命英国空军把天空照得通明，数千枚照明弹如同吊灯一样，高挂在沙漠的上空，指引空军攻击敌方目标。在空军的支援下，新西兰师向富凯冲去，同时，第 1 和第 7 装甲师向马特鲁港展开合击。然而，就在此时，忽然乌云布满天空，转瞬之间，暴雨如注，原本坚硬的路面在几分钟之内便被滚滚洪流淹没。道路泥泞，给养、油料和弹药无法跟上。到 11 月 7 日，追击行动不得不停止。虽然沙漠空军继续给敌军以沉重的打击，但隆美尔还是充分利用了这 24 小时的喘息时间，使绝大部分的残余部队沿海岸公路撤走。

11 月 8 日清晨，当蒙哥马利率领一组巡逻部队进入马特鲁港时，发现隆美尔已于头天夜间离去，向西撤往塞卢姆。

这其中还有个插曲。在马特鲁港，蒙哥马利险些被俘虏。事情经过是这样的：他派遣一个侦察组，为他在马特鲁港一带选择司令部的地址。蒙哥马利的继子迪克·卡弗，也在这个侦察组中。当接近马特鲁港时，侦察组取道前往港口以东的“走私湾”海岸。不料，那里还留有德军，于是这个侦察组被德军后卫部队俘虏了。这时，蒙哥马利正领着一小支警卫队跟在这个侦查组的后面，双方发生了一场激烈的遭遇战。如果不是这样的话，蒙哥马利很可能也会走上那条通向“走私湾”的路，很可能也被俘虏。这真是十分惊险，而又万幸。

11 月 15 日至 17 日的第二次大雨，再次挽救了隆美尔和“非洲军团”，尽管拥有强大的装甲力量，英军却空无用武之地，没能全歼马特鲁港的残敌，也没能通过沙漠前往阿杰达比亚，切断逃向阿盖拉之敌。

就在第 8 集团军击败“非洲军团”，并奋力追击残敌时，11 月 8 日，由英军和美军组成的盟军的 3 个特混舰队，在艾森豪威尔将军统率下，分别在法属北非的阿尔及尔、奥兰和卡萨布兰卡登陆，“火炬”战役获得成功。这个消息使蒙哥马利十分高兴，因为这样第 8 集团军从此将不再是独自作战，它将和艾森豪威尔将军指挥的登陆大军一道，东西夹攻，加速法西斯军队在北非的崩溃。而对隆美尔来说，这却是一个坏得不能再坏的消息。

11 月 12 日，在埃及的轴心国军队被全部肃清后，蒙哥马利也被升任上将，同时被授予巴斯骑士勋章。

11 月 23 日夜间，隆美尔撤退到布雷加港和阿盖拉地区，开始构筑防御阵地。

11 月 28 日，绝望无助的隆美尔飞回德国向希特勒求救。正在苏联战场问题上焦头烂额的纳粹元首不分青红皂白地将隆美尔训斥了一通，最后答应派戈林和他一起到罗马，进行谈判，但最终一切都毫无结果。隆美尔后来写道："飞回非洲后，我意识到现在只能完全依靠我们手头的资源了。"

但是，隆美尔手头的资源实在少得可怜，在军需物资方面，尤其是坦克装甲车辆的用油上，已所剩无几。

相比之下，英军无论从后勤补给，还是兵力上来说，都占据着绝对的优势。但蒙哥马利也有他的问题，在迫近阿盖拉阵地时，他发现官兵中普遍有一种焦虑情绪，因为他们当中的许多人已是第三次来到这里，而且前两次都因隆美尔作了准备，把部队前出至开阔地带，而将英军赶了回去。大多数英军老兵视此为畏途。因此，蒙哥马利决定"必须尽快攻下阿盖拉，以免拖久了士气可能低落"。

这时，第 30 军已接替第 10 军的任务。蒙哥马利与利斯一起侦察了阿盖拉的阵地后，计划由弗赖伯格率领新西兰师迂回到敌人的南侧，开赴马腊达北面的阵地，从那里袭击隆美尔部队的后方，同时，由第 51 高地师和第 7 装甲师从阿盖拉的正面，发起进攻。时间定为 12 月 15 日。

蒙哥马利在把制订具体计划的任务交给利斯后，自己飞往开罗去度周末，顺道去看望

▼英军装甲部队在泥泞的道路上前行。

亚历山大，商讨下一步计划。他还准备购置一些新衣服，4 个月的沙漠生活之后，他该清洁一番了。此外，去教堂参加礼拜，也是必不可少的内容。

来到开罗之后，蒙哥马利意外地发现，自己已经成了家喻户晓的名人，星期天去圣乔治大教堂做晚祷时，他的出现，引起了不小的轰动。人们齐刷刷注视着他，蒙哥马利感觉到，所有眼睛的目光都集中到了自己身上。

从开罗返回班加西以东的司令部后，蒙哥马利做出了提前发动阿盖拉之战的决定，因为巡逻报告表明，隆美尔从 12 月 6 日夜间起，已经开始把非摩托化的意大利部队向后撤退到布埃拉特阵地。为了防止这个沙漠之狐逃掉，蒙哥马利做出了这个决定。他下令第 51 高地师从 12 月 11 日晚上起，对主阵地猛烈袭击，全面攻击从 14 日开始。

等到 12 月 15 日傍晚，弗赖伯格率领两个步兵旅到达海岸公路附近时，已经有包括坦克在内的小股敌军利用这两个旅中间宽约 10 公里的缝隙，成功脱逃。

接下来的第二天，战斗较为激烈，有的地方整天混战，双方形成拉锯局面。隆美尔的

▼被英军击毁的德军坦克。

坦克部队最后突围到了阿盖拉西面，这时他们遭到了新西兰师的截击，英国皇家空军也继续毫不留情地实施轰炸。最后，英军俘获了 450 名士兵、25 门大炮和 18 辆坦克。至此，阿盖拉战役胜利结束。第 8 集团军向西追击了 2000 多公里，已经深入到的黎波里塔尼亚。盟军攻取的黎波里，指日可待。

为了使部队保持充足的战斗力，蒙哥马利决定让第 8 集团军就地休整，圣诞节之后再发动攻势。面对即将到来的圣诞节，蒙哥马利作了细心安排，他要求部队在沙漠条件允许的情况下，尽可能以最愉快的方式度过。当时气候寒冷，火鸡、葡萄干布丁、啤酒等都要到埃及订购，但在参谋人员的努力下，这些东西全部被按时运到。

12 月 29 日，英军先头突击部队开始逼近布埃拉特防线。开罗的广播电台说，隆美尔的“非洲军团”已被装进蒙哥马利的瓶子，瓶塞即将盖上。隆美尔听到这个广播后，对身边的参谋人员说：“只要坦克能加满汽油，瓶子里的军队很快就会跑掉。”

实际上，无论是隆美尔还是巴斯蒂科元帅，都认为布埃拉特阵地不可能长期坚守，隆美尔已在考虑往突尼斯撤退，并且他通过雄辩，终于说服巴斯蒂科从意军最高统帅部那里获得了可以相机撤退的权力。

蒙哥马利认为，突破隆美尔的布埃拉特防线的要点在于速度，而进军的黎波里，关键取决于后方勤务。从班加西到的黎波里有 1000 公里，而从布埃拉特到的黎波里有 400 公里。因此，进攻前必须集结足够的供应物资，以保障部队进军的黎波里的需要。蒙哥马利下令尽快备足供 10 天战斗所用的汽油、弹药和供应物资。参谋人员报告说，必要的军需品的集结可望在 1943 年 1 月 14 日前准备就绪。于是，蒙哥马利决定于 1 月 15 日凌晨发动攻势。

1943 年 1 月 15 日，第 8 集团军开始向的黎波里进军。起初一切顺利，但到 1 月 19 日，进至胡姆斯－塔尔胡纳一线时。遭到负隅顽抗的敌军的拦阻，苏格兰第 51 师面对这股顽敌，竟束手无策。蒙哥马利叫来该师师长，严厉训斥他的懦弱无能和缺乏活力。这一通训斥起到了效果。1 月 23 日凌晨 4 时，英军先头部队进入的黎波里。当天中午，蒙哥马利在的黎波里塔尼亚的意大利副总督处正式受降。

同时，英美盟军在法属北非登陆后，使隆美尔的“非洲军团”处于东西夹击之中。为了尽快把法西斯留在北非的军队消灭掉，并对英美联军指挥权问题做出安排，1 月 14 日至 24 日，英美首脑在卡萨布兰卡会议上确定了 1943 年的战略。在这次会议上，双方还一致确定由艾森豪威尔继续担任盟军总司令，而且在蒙哥马利的军队进抵突尼斯边境后，也归其指挥，与肯尼思·安德森中将的英国第 1 集团军、乔治·巴顿少将的美国第 2 军合编为第 18 集团军群，司令由盟军副总司令亚历山大兼任。

2 月初，英美盟军东西并进，向德军退守的马雷斯防线逼近。蒙哥马利率第 8 集团军占领马雷斯以南数公里的梅德宁阵地。狡猾的隆美尔利用盟军合围之势未成、立足不稳之机，果断出击，于2月20日发起卡塞林战役，在卡塞林隘口将美军打得大败，使其蒙受重大损失。德军随即越过卡塞林隘口。

不过，隆美尔获得的只是战术意义上的胜利，此时，英美盟军在突尼斯前线的兵力共18个师另2个旅，人员装备整齐，而德军不仅在武器、人数上处于劣势，其后方补给线也只能依靠一条漫长而通过狭窄隘口的公路，时刻面临被切断的危险。

2月20日这一天，亚历山大将军给蒙哥马利发来紧急电报，请求采取行动以缓解美军所面临的压力。蒙哥马利担心，隆美尔从第1集团军的正面撤走后，会掉过头来对付第8集团军。于是，蒙哥马利满足了他的要求，到2月26日，第8集团军的行动迫使隆美尔停止了对美军的进攻。

为了给即将到来的马雷斯战役打好基础，巩固第8集团军的前哨梅德宁阵地，蒙哥马利从的黎波里火速调来新西兰师，作为拱卫，第7装甲师则部署在这个师的右翼。在新西兰师与第7装甲师之间有个缺口，蒙哥马利命第201近卫步兵旅来填补，同时为便于协调行动，这个旅也暂时归于第7装甲师麾下。

3月5日晚上，所有的迹象都表明，隆美尔将于第二天早晨发起进攻。

▼德军坦克部队沿公路向前行进。

▲“非洲军团”的士兵乘坐缴获的英军军车，用望远镜观察前方的情况。

▲为了不被蚊虫叮咬，德国士兵在头上蒙了纱巾，脚腕上缠了棉布。此时他们正在清理枪中的沙尘。

▲在硝烟弥漫的战场上，澳大利亚步兵正向德军阵地发起进攻。

果不其然，3 月 6 日天刚破晓，两群德军坦克从马雷斯防线内陆一端的群山中钻了出来，在清晨的薄雾中，沿着梅德宁与图坚之间的公路前进。几乎同时，另一支德军装甲部队也从哈卢夫隘口向梅德宁冲来。

英军的各种野战火炮随即对坦克目标进行了猛烈的轰击。当坦克快到近前时，威力巨大的反坦克炮将它们变成一堆堆废铁。在战斗中，英军士兵发现，昔日不可一世的“非洲军团”的确已成强弩之末，不仅战斗力急剧下降，在意志力方面也与以往不可同日而语，“非洲军团”坦克和步兵见势不利，有的转身便跑，或者稍作抵抗，就举手投降。英军的阵地事实上没有遭到任何突破。

到中午时分，隆美尔撤回部队重新编组，于下午又发动了进攻，但这次同样无功而返。当晚 8 时 30 分，隆美尔下令停止进攻，结束了他在非洲进行的最后一场战斗。

在这一天的战斗中，英军伤亡 130 人，坦克无一损失，而“非洲军团”伤亡人数为 650 人，他们此外，还损失了 52 辆坦克。

反攻的连续失败使隆美尔清楚地意识到，轴心国的军队如果再继续留在北非，就等于“明显的自杀”。3 月 9 日，他将部队交给阿尔林将军代理后，便返回欧洲养病。隆美尔向希特勒提出了尽早撤军的要求，但却被置若罔闻，并最终失去了“非洲军团”的指挥权。不久，冯·阿尼姆将军接替了他的职务。

之后，霍罗克斯率领部队前往第 1 集团军，并于 5 月 6 日率军从迈贾兹巴卜北面发动强大的闪电攻击，沿着迈杰尔达河谷一直冲进了突尼斯。5 月 13 日，继隆美尔负责整个指挥的意军总司令梅塞陆军元帅向第 8 集团军投降。至此，非洲战争全部结束，德意军队以惨败告终。

第十七章

意大利投降

1942 年末，战争形势已经发生了根本性的转变，盟军在北非的进攻势如破竹，美英联军也登陆了北非摩洛哥和阿尔及利亚。至 1943 年 5 月，多谋善断的艾森豪威尔将军和具有血胆英豪之称的巴顿将军率领的美军，与亚历山大和蒙哥马利率领的英军密切配合，一举击败北非的德意联军，并俘虏了 13 万意军和德军。

具有“沙漠之狐”之称的德军隆美尔将军已经回到德国，但为他赢得荣耀的装甲军团和步兵部队已荡然无存。意大利失去了北非最后一块殖民地，即 1912 年从奥斯曼土耳其帝国夺取的利比亚。轴心国经历了对非洲侵略到失去的轮回，除了丧失几十万大军之外，似乎什么也没有得到。但盟军已经完成了对德意轴心国的包围，下一步的行动只需在欧洲大陆进行了。

No.1 西西里岛登陆

1943 年 1 月中旬，正当美、英军在北非登陆成功，进攻取得胜利的时候，在刚刚从法西斯魔爪下解放不久的摩洛哥濒海城市卡萨布兰卡（现名达尔贝达），迎来了两位神秘的人物“P 先生”和“将军”。他们就是第二次世界大战中三巨头其中的两位，“将军”就是美国总统罗斯福，而“P 先生”则是英国首相丘吉尔。

罗斯福和丘吉尔在严格保密的情况下商讨北非胜利后的作战方针。经过激烈的争执和讨论，美英双方初步商定了一个折中方案：把跨越英吉利海峡的作战推迟到 1943 年以后，而美国则保留它在太平洋上的主动权。突尼斯的军事行动结束后，下一步的进攻目标是西西里岛。

1 月 20 日，英方拟制出西西里岛登陆的粗略作战计划纲要——代号为“爱斯基摩人”。其兵力由驻近东的英国部队和驻北非的美国部队组成。之后，英美参谋长联合委员会向美国总统罗斯福和英国首相丘吉尔递交了《1943 年作战方针》，明确规定肃清北非的轴心国军队之后，攻取西西里岛，战役发起时间不得迟于 1943 年 7 月。这样，经过方方面面协商，确定了登陆最佳时机为 7 月 10 日。因为陆军计划用伞兵部队实施先头突击登陆，而伞兵部队希望在月光下着陆，地面部队则希望在没有月光的拂晓前上岸夺取登陆场。7 月份只有 10 日这天能够满足这两个要求：月亮将照明空降场，但在地面部队登陆之前已经西沉。

希特勒和墨索里尼不是傻瓜，他们也早已预料到盟军即将进攻西西里岛。

当时德意军在西西里岛已经部署了约 30 万人的兵力，而盟军能够投入的登陆部队仅占有微弱优势，远远低于在太平洋战场上登陆作战中至少 3∶1 的兵力优势，一旦轴心国判明盟军进攻目标，加强西西里岛的防御，那么登陆作战将会面临失败，即使最后能够取得胜利，也必将付出惨重的代价。

为了避免出现这样的被动局面，盟军首先出动军情人员，设计一具装扮成参谋军官的尸体带着特制的高级文件，然后用潜艇将尸体抛入大海，利用潮汐冲上德国或亲德国的国家海滩，这样德国人就会以为他是溺水身亡。下面，就是由尸体来告诉敌人，盟军下一步的进攻方向。经过精心设计，一位西班牙渔民在丰尔瓦港发现了溺亡的英国军官“马丁少校”的尸体，并报告了驻守在当地的西班牙海军办事处。德国西线情报处处长冯•罗恩纳获悉后，对文件的真实性确信无疑。大约一个月后，又一具尸体冲上了意大利撒丁岛的主要城市——卡利阿里的海滩。死者是英国情报部门为了加强“马丁少校”信函中所发出的各种信息，而精心安排的另一盘“肉馅”。此外，为了扫清登陆作战的外围障碍，盟军于 1943 年 6 月实施了对西西里岛西南 110 公里的班泰雷利亚岛的进攻作战。

7 月 4 日至 8 日，参战部队从北非和中东各港口登船，英军第 8 集团军从的黎波里、亚历山大、塞得港、海法和贝鲁特出发；美军第 7 集团军从奥兰、阿尔及尔、比塞大起航；所有运载登陆部队的船队都伪装成护航运输船队，前往马耳他岛会合，再转向西西里岛。

一切准备就绪后，1943 年 7 月 10 日凌晨，西西里岛登陆行动开始了。

盟军首先派出英军第 1 空降师和美军第 82 空降师共 5400 名官兵在午夜时分空降，意图夺取纵深防御工事，保障登陆顺利实施。但是由于飞行员缺乏夜间飞行经验，又出于隐蔽考虑不得使用无线电，运输空降兵的机群队形散乱，偏离了航线，飞到了西西里岛东岸，找不到着陆场，只得再飞回海上重新进入，结果遭到德军高射炮的猛烈射击，被击落 8 架，击伤 10 架，还有 3 架因迷航返回出发机场。

7 月 10 日零时 30 分，盟军开始伞降，由于队形被德军高射炮火打乱，空降过程持续了一个多小时，伞兵着陆很分散，最远的距离目标地域达 100 公里，很多伞兵被大风吹到石头、树木、房屋上，伤亡很大。当夜，只有一支空降在目标附近的伞兵连占领了一个公路枢纽。

伞兵虽然分散在各地，但都主动就地投入了战斗，尤其是盖文上校集合起 200 余人在比亚佐山阻击德军开赴登陆滩头的援军，战斗异常激烈，盖文身先士卒，亲自使用火箭筒向德军坦克射击。美军伞兵顽强拼杀，德军坦克被击毁多辆，被迫退出战斗，美军以阵亡 50 余人、伤 100 余人的惨重代价，阻遏了德军的反扑，有力支援了滩头登陆的部队。

美第 7 集团军先头部队于 7 月 10 日 2 时 45 分在杰拉登陆。巴顿鉴于第一空降梯队未完成预定夺取杰拉东北高地及机场的任务，确定第二空降梯队于 7 月 11 日夜在德军已经放弃距登陆场有 3 公里的法勒洛机场附近伞降，以增援登陆部队。

7 月 11 日夜间，李奇微又派出西点军校 1935 届毕业生含本・塔克中校指挥的第 504 伞兵团执行空降任务。由于己方海军舰艇和地面部队事先没有得到通报，把机群误作敌机进行了猛烈的射击，总共有 23 架飞机被击落或相撞坠毁，伞兵伤亡和失踪共 383 人。

英军的情况并不比美军好多少，英军空降兵第一梯队搭乘的 137 架滑翔机因未能及时升高到预定脱钩高度，滑翔机只得在低空脱钩，因为高度太低，有 69 架坠入海中，机上所载的伞兵有 600 多人被淹死。

据统计，盟军在西西里岛登陆战役中，先后实施了 4 次空降，共出动运输机 642 架次，滑翔机 153 架次，空降总人数 9816 人，其中伞降 7816 人。但 4 次空降作战均未达成任务，空降兵伤亡 1500 余人，占总人数的 15%；运输机被击落 45 架，击伤 86 架，失踪 25 架；滑翔机被击落 69 架，着陆时坠毁 15 架，失踪 10 架。可惜的是，这些损失的 70% 都是由己方部队造成的。

盟军地面部队的登陆行动比空降兵的行动运气要好得多。恶劣的天气使德意军认为盟军不可能在这种时候登陆，因此戒备非常松懈。在巴顿和蒙哥马利指挥下，分乘3200艘军舰和运输船的16万美英登陆大军，在1000架飞机掩护下，在西西里岛的西南部和东南部实施了突然性登陆。

在海滩设防的意军部队是由当地人组成的杂牌军，厌战反战情绪很强，见盟军来到，有的乘机逃回家，有的则向盟军投降。

巴顿指挥下的美军各部队官兵作战十分英勇，进展神速，使美军轻而易举地就夺取了滩头阵地，并向纵深发展攻占了几个中小城市。日落前，美军控制了3处各宽12至15公里、纵深3至5公里的登陆场。美军共俘敌4000名，己方则战死58名，受伤199名，失踪700名。

7月11日凌晨，德军开始了反击。天一亮，古佐尼就下达命令，让戈林装甲师和利沃德师分别从东西和西北两个方向对美军进行夹击。6时35分，意大利的俯冲轰炸机也开始向杰拉登陆地区海上集结的盟军船只进行猛烈的轰炸。6时40分，德国的坦克部队冲破了美步兵第1师第26团第3营的防线。

戈林师是从卡尔塔吉罗内分兵两路向杰拉逼来的，他们冲破了第3营的防线。戈林师

▲在西西里岛登陆后的英军部队。

属于德军康拉特将军的右战斗群，他们想夺取昨天意大利坦克部队丢下的地方。

美步兵第 26 团的指挥所在离杰拉不远的地方，他们对敌人的进攻没有准备。团里的全部反坦克炮昨天在坦克登陆舰被炸毁时全部报销了。德军现在有 60 多辆坦克对其防线发动冲击，而 26 团却只有两辆轻型坦克，炮兵运上岸的大炮还在沙滩上没有运过来。步兵第 26 团其他营虽然对 3 营进行了策应，但力量还差得很远。于是，奥多 • 罗斯福在 26 团指挥所与艾伦通了电话，向他通报了情况："情况不太妙，我们已经与 3 营失去了联系，请问那些支援的中型坦克何时能上来。如果坦克上不来，要想打退敌人的反击，攻占蓬特奥利机场看来是很难办到的。"

于是奥多 • 罗斯福便回到了师部去督促坦克部队，他想，不能看着步兵第 1 师就这样被彻底打垮。

9 时 30 分左右，巴顿对步兵第 1 师此时所处的危难处境一无所知，因为双方的通信联络已中断。这期间有个插曲：一位战地摄影师在抓拍实战镜头时，碰见了巴顿将军。就在摄影师拍照时，一颗炮弹在巴顿身边不远处的水中爆炸了。不过巴顿毫不在乎，非但没有害怕，还兴致勃勃要参加对德军的反击。

德军的坦克进攻在第 7 集团军司令巴顿的指挥反击下，以失败告终。

对于巴顿来说，参加打仗特别是打大仗打硬仗就是他与生俱来的使命，西西里岛这块骨头越硬，越是让他兴奋不已。因此，一路上他身先士卒地极速前进，恨不得立刻拿下全部西西里岛。然而，蒙哥马利却不希望巴顿抢先。

抢占墨西拿是西西里岛作战胜利的重要标志。对于蒙哥马利来说，如能先于美军攻下墨西拿，将再次证明他高人一筹的军事才能，可以在他北非战场上取得的光辉战绩簿上再加上厚重的一笔。然而，如果让巴顿抢了先，自己"捉鼠能手"的威名则会受到很大的损伤，这对于好面子的蒙哥马利来说是不可接受的，更何况，这不仅是个人面子问题，还关系着大英帝国军队的荣誉。当然，还有另外一点见不得光的私心，那就是下一次在西欧战场开辟第二战场的统帅争夺问题。如果这次蒙哥马利再次建立奇功，那么"诺曼底登陆"战役的指挥权，将极有可能落入蒙哥马利手中。因此，蒙巴二将在西西里岛的角逐将不可避免。

早期英军发展顺利，这个问题还不是很突出。但是，随着进攻的深入，蒙哥马利就做出了令美军十分恼火的事情——在没有知会美军的情况下，蒙哥马利进入美军的作战地域，抢占了一条美军本拟用的公路，以便抢先进入墨西拿，并且不允许美军向巴勒莫推进。性情刚烈的巴顿虽然内心十分恼怒，但仍坚持了作为一个职业军人的基本操守。不过，这却令美军第 45 步兵师脱离接触，退回杰拉及转向西北方，同时让德军第 14 装甲军逃离包围圈，得以在埃特纳山区组织坚固的防御，丧失了围歼德军的好机会，并改变了西西里岛的战役进程。这也导致蒙哥马利与美军第 2 军军长布莱德雷的冲突加剧。

德军迅速组织了卡塔尼亚防线。在蒙哥马利指挥下，英军多次奋力突击，均告失败。崎岖的地形使盟军的轰炸起不了太大的作用，蒙哥马利费尽心机也一筹莫展，只能眼睁睁地看着英军一寸一寸地争夺阵地，几乎每一寸阵地上都染上了战士的鲜血。加上气候炎热，英军中开始流行疟疾，第 8 集团军只好以守为攻，等待援军。

当英军在卡塔尼亚受挫时，美军则按计划继续向前推进，3 天时间里攻占了科米索、比斯卡和蓬特·奥利弗三个机场，滩头阵地的最后目标也已占领，就连蒙哥马利第 8 集团军预定的攻占目标恩纳也被美军抢先一步占领了。并且，巴顿指挥美军攻下了巴勒莫。

No.2 被抛弃的墨索里尼

盟军在西西里岛节节胜利的作战形势严重影响了意大利人民和政府，甚至连墨索里尼

▲德军坦克兵向英军投降。

也产生了退出战争的念头。这使希特勒感到非常愤怒，他威胁墨索里尼说，如果意大利人准备放弃战争，德国也不会再派更多的军队来支持意大利军队。希特勒最后狂吠道："必须在意大利成立军事法庭来清除不良分子。"最后，希特勒建议墨索里尼召开一次首脑会议。对于这个建议，墨索里尼倒是欣然同意。

1943 年 7 月 19 日，第二次世界大战元凶希特勒和墨索里尼在意大利北部亚得里亚海疗养胜地路麦多山脉里米尼附近的山间别墅举行首脑会议。这次正好是两位独裁者第 13 次会议。正如西方所忌讳的那样，"13"是个不吉利的数字，会议并不令希特勒满意。

▼蒙哥马利在西西里岛与巴顿将军交谈。

这次会谈不同于不久前举行的几次，会谈时前后5个小时，几乎都由希特勒一人在说话，墨索里尼在一旁恭听。希特勒气急败坏地指责意大利的懦弱，他要求意大利必须争取现实可行的办法来挽救危局，墨索里尼则坐在一把大椅子上，脸上全无表情，忍耐着听他朋友的长篇大论。

希特勒近似咆哮地对墨索里尼说，意大利政府太不受尊敬了，国内败北主义横行，人心涣散。而要救意大利于危难于中，唯一的办法，就是要把懦弱的意大利军队归入德国的指挥之下。一直到会议结束，墨索里尼都没有任何表示，会谈毫无结果。但这次会谈所产生的反应，包括随墨索里尼同去开会的武装部队参谋长维多里奥·安布罗西奥将军在内的几乎所有人都感到，墨索里尼再也不适合当领袖了。

正在会议进行期间，传来了盟军飞机第一次在白天对罗马大肆轰炸的消息，意大利领袖的绝望情绪更深了。

墨索里尼与希特勒会晤之后，怀着沮丧的心情飞回罗马。到罗马之后，墨索里尼便去觐见国王维克多·埃马努伊尔三世。国王已知道西西里岛被盟军占领的消息，他认为意大利本身也维持不了多久，且军队纪律涣散。他认为德国人会出卖意大利。墨索里尼向国王保证在两个月后可以使意大利摆脱轴心国的束缚。国王只是紧锁眉头，神情紧张。墨索里尼此时哪里知道，他面前这位国王早在德、意首脑会谈之前，就与法西斯党内反墨索里尼的团体来往。而近来，他踌躇不前，思考是否应该逮捕墨索里尼。直到后来墨索里尼又一次到王宫谒见他时，他终于坚定了逮捕墨索里尼的决心。

说起国王及其近臣们密谋取消墨索里尼的首脑地位，墨索里尼竟全然不知。而几乎同时，法西斯党内也有一些人，在拟订迫使墨索里尼下台的计划。他们计划在法西斯党“大评论会”中，迫使墨索里尼“鞠躬下台”。“大评论会”是法西党最高委员会的会议，由墨索里尼创设，自“二战”以来，还未曾召开过一次，岂料这第一次竟成为使自己下台的会议。墨索里尼对来自两方面的威胁全然不知。当他得到会议通知时，显得非常不情愿，但畏于众多委员的压力，还是于7月24日出席了会议。

为了保证会议的正常进行，防止受到暴力的骚扰，警察总监事先采取了必要的措施。墨索里尼的私人卫队枪兵团，已被解除了保卫威尼斯宫的任务，当地布满了军事警察。

武装部队总参谋长布罗西奥自从与领袖一同会晤希特勒之后，他一直在考虑一个计划，为了维护意大利法西斯党的统治，必须把墨索里尼除去。当时，意大利的局势也非常紧张，人民支持反法西斯人民抵抗力量的活动空前活跃，如果不除掉墨索里尼，法西斯党便有被推翻的危险。总之，不论是否为法西斯党员，人人都倾向于让墨索里尼下台。这位法西斯党魁首已成为众矢之的。

就在墨索里尼觐见国王的第三天，法西斯党卫队首领狄诺·格兰第就把国王推上了武装部队总司令的宝座。墨索里尼失去了最重要的权力支柱：武装部队总司令和法西斯党党魁。

7 月 24 日，法西斯党最高委员会在威尼斯的帕拉举行会议，与会者全都身着黑色制服。格兰第出席大会时，已将一切后事都办理妥当。尽管墨索里尼的贴身护卫已被解除，但在多年的高压政策和恐怖手段生活下的谋反者们心里仍依旧隐隐地发抖，静视着进入室内的“领袖”。

大会开始，墨索里尼首先对着心事各异的委员们漫无边际地发表了一通推卸责任的演说，耗费了两个小时之久。演说之后，经过短暂的沉默，党内的反对派，那些更激进的法西斯党徒们相继发表了声讨墨索里尼的演说。格兰第发表了一篇被墨索里尼称为“猛烈抨击的演说”“一个久怀怨恨的人终于发泄积愤的一篇演说”。格兰第展示了决议案，让墨索里尼体面下台，争论持续了 9 个小时。最后表决时，19 人支持格兰第，7 人支持墨索里尼，就连墨索里尼的女婿齐亚诺也支持格兰第，从而否定了墨索里尼作为领袖的专制独裁的地位。

墨索里尼全无表情地说：“你们已造成了政权的危机，简直糟糕透了！”“向领袖敬礼！”忠实于“领袖”的斯考尔佐马上叫喊了一声。墨索里尼摆了下手，阻止了他，以伤感的语调说：“不必了，你是可以原谅的。”随后，大家都沉默地散去。

墨索里尼完全忽视了来自各方的威胁，他认为自己完全有能力应付所发生的一切。

反对墨索里尼的反对派，散会后顾不上休息，他们聚在一起，一场逮捕墨索里尼的预谋在暗中加紧进行。宫廷大臣阿奎罗纳和总参谋长安布罗西奥负责执行这项紧急任务。他们首先接管了电话局、警察局和内政部的要害机构，然后派出军事警察在王室别墅和威尼斯宫附近的隐蔽地点密布了岗哨。一切准备就绪之后，“好戏”就要开始了。

第二天清晨，即 7 月 25 日，星期日，墨索里尼若无其事地走进了他的办公室和往常一样开始工作，并巡视了罗马几个遭到轰炸的地区。斯考尔向他报告说，有些委员昨夜开会后都没有回家，有的人想法还在改变。墨索里尼以往日严厉的口吻说：“他们现在要反悔？可惜已太晚了！”

午后，墨索里尼请求觐见国王，下午 5 时，国王接见了他。

当墨索里尼到达国王寓所时，他看到各处的军警都增加了。在这样炎热的夏季，国王竟然穿着意大利元帅的制服。

国王把墨索里尼引进会客厅，墨索里尼立即向国王报告昨天会议的情况。国王起身打断了他的话语说：“我的亲爱的领袖，情况不妙了。意大利已经走上了分崩离析的道路。军队的士气一落千丈，士兵们不愿意再打下去了……大评议会的表决是具有决定性的……

意大利人对阁下的感情，早已烟消云散了……赞成格兰第的提议的竟有 19 票之多。而这些其中，有 4 个人竟是‘天使报喜勋章’的获得者！此刻，你已是意大利人最憎恨的人。你不可能有第二个朋友，你只剩下一个朋友，这就是我。所以，我要告诉你，用不着担心个人的安危，我会保证你的安全。我已经决定你的职位将由彼保罗·巴多格里奥元帅接替……”

▲墨索里尼与他的德国医生在一起。

短短的几分钟会谈就这样结束了，那位昔日不可一世的法西斯党魁首，如今已不见往日风采。墨索里尼无精打采地伸出手与国王握手言别。

墨索里尼走出王宫，就被警察和便衣带走，关进铁窗成为阶下囚。他首先被送到蓬扎岛，但为了防止德军从蓬扎岛将墨索里尼救走，巴多格里奥政府把墨索里尼从蓬扎岛转移到北方海军基地，又转移到意大利中部萨索山峰上的“康坡王”大饭店。

墨索里尼倒台的消息，虽然是希特勒预料之中的事，但由于它来得太突然，还是对元首的大本营产生了极大的震动。希特勒个人对墨索里尼的忠诚几乎从没动摇过，他在私下里经常提到墨索里尼，说他是意大利唯一可以信任的人。在公开场合，他也一再把他的纳粹“革命”和墨索里尼领导的法西斯“革命”称为世界新秩序的两大基础。现在，这位罗马的独裁者在掌权 20 多年之后，一下子被革除职务，被毫不客气地推上一辆救护车，成了阶下囚。更令希特勒悲哀的是，在意大利，对此事件居然没有人放过一枪，提过一声抗议。

令希特勒担忧的另一点是，如何防止因罗马政府的更替而导致丧失整个半岛的危险。如能有效地防止这一点，不但可以把军事局势挽救过来，而且也会减少罗马的事态对其他卫星国家的影响，因为这些国家正在密切地注视着，看意大利是否能够成功地退出战争。

在得到墨索里尼倒台的消息后，希特勒意识到了局势的严重性，他立即召集纳粹党领导人以及军界人士举行会议，并做出了几个重要决定：一是不与巴多格里奥领导下的意大利新政府合作；二是把他能调集的所有兵力调进意大利，以掌握控制权，以便在紧要关头守住意大利。

希特勒还决定把墨索里尼本人营救出来，让他领导复辟的法西斯政府。

墨索里尼下台后，被巴多格里奥政府四处转移，最后被送到阿布鲁齐山脉最高峰大萨索山上的一家小旅馆里隐藏监禁起来。希特勒一直关注着墨索里尼的行踪，后来一获悉他的下落就策划了一次惊人的空中营救行动。9 月 12 日，由奥托·斯科尔兹内指挥的一支党卫队执行了这项营救计划，并获得了成功。墨索里尼被送到了元首大本营。

两人一见面时情绪是热烈的，但没过多久就冷了下来。希特勒对意大利重建法西斯政权兴致勃勃，可这时的墨索里尼已经变得面目全非，整个人好像都垮了，一下子变成了一个没有政治雄心的老朽。

西西里岛登陆的结局，是意大利签署了投降协议，退出战争并对德宣战。

No.3 三巨头密商

在苏联战场，苏联军队也是节节胜利。

▲ 1943 年，墨索里尼与意大利国王在一起。

斯大林格勒会战后，斯大林急于解放全部苏联领土，他命令苏联军队全线出击，打算于 1943 年春到达第聂伯河。在斯大林的指挥下，英勇的苏军在许多战线上，取得了冬季攻势的重大战果。到 3 月底，战事暂时停歇，一直到 1943 年 7 月初才又重新打起来，库尔斯克突出部成为这一关键性较量的战场。长达两个多月的库尔斯克战役不仅演出了一场世纪坦克大会战，而且也是苏德空战的一个转折点。整个战争中，德军损失坦克近 2000 辆，飞机损失达 2000 多架。经库尔斯克一役后，德军元气大伤，再也无力阻止苏军前进。

到 1943 年 9 月中旬，苏军的推进迫使南方集团军群撤过第聂伯河。

而在亚洲和太平洋战场，中国已坚持了 12 年多的抗日战争，大量消耗和钳制了日本帝国主义的陆军主力，敌后根据地的军民，度过了极端艰苦的岁月之后开始进行局部的反攻。

美军在攻占所罗门群岛及吉尔伯特群岛后，正准备向马绍尔群岛进攻，以突破日本太平洋的弧形防线。形势的转折给同盟国提出了一系列新的问题。

种种迹象都显示，美国、英国、苏联等主要盟国迫切需要举行首脑级的会议，商讨制订以后的战略计划，并就一些国际问题和筹建战后国际组织等问题交换意见。

1943 年 11 月下旬至 12 月初，主要同盟国的首脑先后举行了开罗会议和德黑兰会议。在德黑兰会议之前，苏、美、英三国外长于 1943 年 10 月 19 ～ 30 日举行了莫斯科会议，目的是加强主要同盟国之间的了解，解决一些实际问题，并为召开三国首脑会议作准备。

▲关押墨索里尼的旅馆。

三国代表团的领导人分别是：苏联外交人民委员莫洛托夫，美国国务卿科德尔·赫尔，英国外交大臣安东尼·艾登。此外，三国的一些高级军事参谋人员也参加了这次会议。

在此之前，莫斯科外长会议通过了美国提出的联合行动加速战争的结束以及战后建立安全制度的《普遍安全宣言》。

莫斯科外长会议召开之后不久，主要同盟国政府首脑便决定举行会议。美国总统罗斯福、英国首相丘吉尔和中国国民党政府首脑蒋介石于 1943 年 11 月 22 ～ 26 日在埃及首都开罗举行会议。罗斯福总统的本意是召开有斯大林参加的美、英、苏、中四国首脑会议，但斯大林拒绝参加有蒋介石参加的国际会议，因为苏联对太平洋战争持“中立”态度，他不愿参加讨论对日作战的国际会议。为此，罗斯福和丘吉尔就决定把原来计划召开的一个会议分成两个会来召开。先召开由中国人参加、苏联人不参加的开罗会议，然后召开由苏联人参加、中国人不参加的德黑兰会议。

在开罗会议召开之前，罗斯福曾经踌躇满志地对儿子埃利奥特透露了他对国际局势的看法。他说：“美国将不得不出面领导并运用我们的斡旋进行调解。帮助解决其他国家之间必将产生的分歧：苏联和英国在欧洲，英国与中国、中国与苏联在远东。我们有能力做到这一点，因为我们是大国，是强国，而且我们不妄求。英国在走下坡路，中国仍在 18 世纪状态中，苏联猜疑我们，而且使得我们也猜疑它。美国是能在世界局势中缔造和平的唯一大国。这是一项巨大的职责，我们实现它的唯一办法是面对面地与这样的人会谈。”

在开罗会议上，罗斯福满怀热情，丘吉尔半心半意，蒋介石则是抱着讨价还价的目的要求罗斯福增加军援。整个会议是关于远东战略问题的辩论。

罗斯福、马歇尔、史迪威极力主张把日本驱逐出缅甸，保证中国陆上国际交通线，加强中国军队的力量，把中国作为最终打败日本陆上主力的重要战场。丘吉尔则否定缅甸有重要的战略价值，他更不希望由中国和美国人收复缅甸。他认为，打败日本靠海上力量就够了。但是，他不便过于反对罗斯福的意见，因此丘吉尔和蒋介石有条件地同意进行缅甸战役。

在开罗会议期间，罗斯福还同蒋介石秘密讨论了远东战后统治安排问题。罗斯福向蒋介石提出：在国际保证下，使大连成为苏联可以使用的自由港。根据罗斯福在德黑兰会议上向斯大林做出的暗示，蒋介石同意这一安排。

罗斯福总统认为，要中国继续作战来牵制日本军队是至关重要的。中国的机场对轰炸日本来说也是必不可少的。

在开罗会议上，三国首脑签订了《中美英三国开罗宣言》。会议之后，这份宣言被带到德黑兰会议上，征得苏联政府首脑斯大林的同意之后，于 1943 年 12 月 1 日公之于世。

◀ 1943 年 11 月，开罗会议期间罗斯福、丘吉尔的合影。

开罗宣言规定，三国作战的目的在于制止并进而惩罚日本帝国主义的侵略，剥夺日本自1914年第一次世界大战以后在太平洋所夺占的所有岛屿，把其侵占中国的领土东北各省、台湾、澎湖列岛等归还中国，使朝鲜自由独立，并坚持日本应当无条件地投降。

在此后的德黑兰会晤中，丘吉尔和斯大林进一步达成了相互间的密切谅解。而在此之前，英、苏关系自丘吉尔前一年8月访问莫斯科以后一直很紧张。丘吉尔在当时曾对斯大林说，1942年不会开辟第二战场。继盟国的这一决定之后，经由北路的运输船队给苏联输送的军火也不足。接着出现的事件就是英国海军以十分错误的办法处理了PQ第17号运输船队，丘吉尔将这一事件称为“整个战争期间最凄惨的海军插曲之一”。丘吉尔在7月17日的一封信中声称，要让运输船队停航一个时期，斯大林的反应十分愤慨。他于1942年7月23日写了一封信，这封信是对丘吉尔的一次直言不讳而又庄严的抗议，并且是在红军正面临着可能在斯大林格勒遭受惨败的危险而极其需要盟国补给的时刻提出来的。

丘吉尔的访问增进了当时双方的谅解，但是尽管这位首相做出了一次次慷慨激昂的保证，斯大林依然怀疑英国人是在耍尽可能地让苏联人单枪匹马地去抗战的计谋。随着斯大林格勒战役的迫近，斯大林的疑虑更为加深了，英、苏关系也进一步恶化。当温德尔·威尔基以美国总统私人代表的身份访问莫斯科时，曾暗示说美国是愿意在1942年开辟第二战场的，但丘吉尔和英国军方人员设置了障碍。温德尔·威尔基一离开苏联，苏联的宣传机构便掀起了一场反英运动。这反映了苏联人对迟迟不开辟第二战场的极度失望的心情。当德国侵略军横扫苏联大地并直逼斯大林格勒时，英国也就成了苏联人遭受失败的随手可牵的替罪羊。斯大林公开宣称，“迄今为止，盟国对苏联的援助所起的作用是微不足道的”，他要求“盟国全面地和及时地履行他们的义务”。之后，盟军在北非一登陆，斯大林就立即表示欢迎。丘吉尔事先曾将登陆之事通知了斯大林。对于“完成这一艰巨军事行动的第一流组织者”，斯大林慷慨陈词地表示敬意，不过这还不是过去商定的第二战场。

斯大林格勒战役所取得的巨大胜利，使萦绕在斯大林心头的焦虑稍稍得到了一点宽慰。他对盟友的态度也较为亲切了。

1943年11月底，斯大林、丘吉尔和罗斯福在德黑兰举行首次会晤。在正式会谈以及每天举行的非正式的午餐和晚宴上，三国首脑所讨论的问题涉及面很广。斯大林关心的是盟国当前的作战计划，特别是关于开辟第二战场的“霸王”作战计划。此外，他还预先想到了战后欧洲问题的解决，波、德两国的前途和维持和平等一系列的重大问题。丘吉尔和罗斯福谈到了东地中海的作战计划，以及把土耳其拖入战争以及派英、美海军部队进入黑海等问题。

经过几次讨论，三方对开辟第二战场问题达成了协议。11月30日，美、英向苏联正式宣布，“霸王”战役将于 1944 年 5 月发动，并在法国南部实施一个支援战役。斯大林也向英、美保证，在实施“霸王”战役时，苏军在东线将发动大规模的攻势，以阻止德军向西线调兵。罗斯福告知斯大林说，在三四天内，或者在他和丘吉尔回到开罗后，将立即任命“霸王”战役的总司令。

会议除讨论了在欧洲开辟第二战场之外，还对远东问题、分割德国、波兰的疆界、芬兰、法国、巴尔干以及战后建立“维护和平”的国际组织等问题交换了意见。会议签订了《苏美英三国德黑兰宣言》，并签署了这次会议有关军事方面的文件。

12 月 1 日，三国政府首脑离开了德黑兰。在分开前，他们发表了一个联合声明。三国首脑庄严地宣布：“我们是怀着希望和决心到这里来的。我们离开这里时已经成为事实上、精神上和目的上的朋友。”

德黑兰会议以及此前召开的开罗会议，决定以反法西斯同盟国家的联合力量击败法西斯德国和日本，在战后防止侵略势力和法西斯残余东山再起，维护世界和平，赞助各国人民的独立民主的愿望。两次会议尤其是德黑兰会议的召开，对于巩固反法西斯同盟各国的军事、政治合作，对于加快打败法西斯德国和日本的步伐起到了重要作用。

▲斯大林、丘吉尔、罗斯福在德黑兰会议上。

第十八章

诺曼底登陆

在法国西部，从挪威到西班牙数千公里的大西洋沿岸，德军在两年多时间里，构筑了一道有相当防御能力的防线——“大西洋壁垒”，防线的重点设在加莱地区，因此诺曼底一带的工事比较薄弱。

对“霸王”行动，盟军经过反复分析研究，最终确定将诺曼底地区的奥恩河口到科唐坦半岛南端的地域，作为盟军的登陆地域。1944年夏天，盟军第21集团军群共86个师，海军两个特混舰队5000多艘舰船，超过15000架飞机以及美军第3集团军等部队到英国本土集结待命。

登陆前夕，西线盟军与德国陆军师的数量之比是16：1，陆军人数之比为3：1，可见，盟军占有巨大优势。

No.1 悄然进行的对抗

1943 年 12 月 2 日，英国首相丘吉尔和美国总统罗斯福先后从德黑兰回到开罗，着手举行“六分仪——发现”会议（“六分仪 II ”会议），就战争全局和德黑兰会议上与斯大林的会谈结果，继续进行讨论。

12 月 4 日下午，他们举行了从德黑兰返回后的第一次全体会议。丘吉尔提出，除了进一步确认“霸王计划”的具体日期，还有一个重要的问题，那就是此计划大约要投入 100 万美国军队，再加上 50 万到 60 万英国军队。这场规模空前的战役能否获得成功，需要确定一个统帅来统一指挥。

这一次，幸运之神又一次降临到艾森豪威尔身上。这个消息使盟军总部广大官兵和同事们大为兴奋。

▼在盟军最高司令部内，艾森豪威尔及蒙哥马利等在地图前展望诺曼底登陆前景。

在欧洲开辟第二战场，必须横跨英吉利海峡，而大规模的渡海登陆战役必须获得充足的制空权。因此，艾森豪威尔想抽调深入德国作战的轰炸机，用于掩护“霸王”行动，他打算亲自领导皇家空军轰炸机部队和美国空军第 8 航空队。艾森豪威尔就此问题四处奔波协调。然而，尽管费尽了口舌，但是收获并不是太大，一些允诺并没有落到实处。

1944 年 1 月 14 日傍晚，伦敦淹没在一片战争气氛中。也许漫天大雾预示了艾森豪威尔此行任务的艰巨抑或是前景的扑朔迷离。但是，艾森豪威尔回来后还是很快就走马上任了。第二天，这位非常注重效率的将军一走进盟军最高司令部，这部巨大的战争机器就飞速运转起来。很快，他就把罗斯福和丘吉尔手下最王牌的干将组织起来，成为盟军指挥班底：英国特德担任最高副司令官，拉姆齐任海军总司令，马洛里任空军总司令，蒙哥马利任英军地面部队司令；美国史密斯将军任参谋长，布莱德雷任美军地面部队司令。

在紧张备战中，艾森豪威尔的工作十分繁忙，他在伦敦居住经常受到打扰，因为丘吉尔、美国大使和其他“重要人物”觉得可以随便在什么时候打电话找他，而且总部的工作人员也觉得伦敦夜生活的诱惑很难抵挡。为了排除干扰，2 月份时，艾森豪威尔把总部迁到了伦敦郊区的布歇公园。

艾森豪威尔需要做的事情很多。作为盟军的最高统帅，艾森豪威尔在给联合参谋长最初的几份电报的一份中宣称：“此行动标志着欧洲战争面临生死关头。我们必须克服一切障碍，忍受一切不便和甘冒一切风险，以求确保我们的打击是决定性的。我们只能胜，不能败。”

大约就在同一个时间，希特勒正在说，“破坏敌人登陆的企图要比西线任何一个单纯局部性的决定更有意义。在整个战争进程中，这是唯一的关键因素。”

英吉利海峡的两边，一场没有直接接触的对抗正在悄然进行着。

当时，在法国西北部有三处比较合适的登陆地区，即康坦丁半岛、诺曼底地区和加莱地区。诺曼底地区与另外两个地区相比，登陆条件要优越得多。这里沿海地势开阔，可同时展开 26 ～ 30 个师，距英国西南海岸的各大港口较近，便于输送部队和运送物资，德军在这里兵力薄弱，登陆容易成功。这里虽然缺乏良港，但可用人造港补救。因此，盟军在权衡利弊后，决定把在法国西北部登陆地区选在了诺曼底，规定登陆作战的代号为“海王星”，登陆时间初步定于 1944 年 6 月初。

为了确保在诺曼底登陆成功，盟军进行了周密的准备工作。参加“海王星”战役的盟军共 36 个师，总兵力约 288 万人，其中陆军为 153 万人；空军飞机 13700 余架，其中轰炸机 5809 架、战斗机 4900 架、运输机（包括滑翔机）300 架；海军各型舰艇 9000 余艘，其中登陆艇 4000 艘。地面部队编为 4 个集团军。美第 1 集团军、英第 2 集团军和加拿大第 1

▲美国总统罗斯福，主张尽早开辟欧洲第二战场。

▲1943 年 5 月 4 日，艾森豪威尔登上一艘英国军舰。

集团军组成的第 21 集团军群，由英军蒙哥马利将军指挥。美第 3 集团军直属远征军总部。

海峡东岸，就在盟军紧张准备的同时，希特勒一时一刻也没有闲着。为了预防盟军在西欧登陆，希特勒早就下令从挪威到西班牙修筑一道由坚固支撑点构成的“大西洋壁垒”。但由于工程量过大，“大西洋壁垒”一直到 1943 年末还远远没有完成。

对于盟军将在 1944 年发起的进攻，希特勒认为盟军在西欧登陆可能会带来两种后果：一是造成德军的总崩溃，二是成为德军扭转败局的好时机。如果不能击退盟军的登陆部队，就可能导致前一种结果。但倘若能一举歼灭盟军的登陆部队，就会使盟军与苏军两面夹击的企图破产，德军就可腾出 50 个师的兵力加强东线，从而阻止住苏军的进攻。为争取达成后一种结果，德军统帅部研究制订了抗登陆的计划，即集中大部兵力、兵器于敌人可能登陆的主要方向上，对已登陆的敌军实施决定性的反突击，一举歼灭登陆之敌。为此，希特勒责令德军密切关注盟军的动向，提前查明盟军登陆地点，以便提前做好反击准备。

要顺利地完成在诺曼底的登陆，部队必须在一天之内把 176000 名作战人员用上千艘军舰，在上千架飞机的掩护下，运过英吉利海峡，送往法国海岸。艾森豪威尔明白这是一项十分棘手的任务。

要做到这一点，必须事先不能让德国人知道这支声势浩大的军队将在什么地方及什么时候发起攻击，使德国人相信攻击将会在实际登陆点以外的其他地方发起。因为，盟军尽管能够掌握空中优势，但是却要用数量上远远少于敌人的兵力发起攻势。在陆地上，德国人在法国有 59 个师，而盟军在刚登陆时却仅有 7 个师的兵力。而这些德国师绝不是些可以轻视的守备部队——他们装备有最新式武器，而且士气也很高。其中许多人是在东线久战沙场的将士。因此，盟军不得不比一般的奇袭更加巧妙才行——他们必须引诱希特勒把他的精锐部队，特别是装甲师调离登陆地区，并不再返防。

这似乎是一件很难办到的事情。但幸运的是，艾森豪威尔手下有一批世界上最好的间谍，即英国情报机构的男女情报人员为他工作，同时，随着“坚忍不拔”计划的顺利实施，盟军完全愚弄了德国人。

当然，欺骗德国人并不是一件很容易的事，因为德国人自己就是精通军事欺骗的行家。1942 年，他们就曾发动了第二次世界大战中最费苦心和最成功的克列姆尔战役，彻头彻尾地欺骗了苏联人。因此，“坚忍不拔”计划的实施必须没有丝毫破绽。

计划是根据德国人的预想而制订的。指挥西线德国部队的伦德施泰元帅与希特勒的看法一致，他们认为登陆将会发生在“横跨英吉利海峡的较狭窄的部位”。他们的理由很充分：这里距离较短，可以缩短飞机和舰艇的往返时间；距离德国工业中心地区鲁尔和莱茵很近等。他们认为为了保证在加莱地区的登陆，盟军可能会在诺曼底实施佯攻。

为了使德国人相信相反的东西，盟军不得不大规模地设立虚构的作战力量。

首先，盟军派遣了 20 多名军官，分散于苏格兰各地。在 1944 年的整个春季，他们一直互发电报：“第 80 师需要 1800 双爬山鞋，1800 双滑雪板绑带。”“两个兵团汽车连需要引擎使用手册”等。而且这些电报是故意让德国人截获的。

同时，盟军又通过新闻媒体编造假消息。例如，曾经刊登过“第 4 集团军的足球赛”等内容。英国广播公司甚至还播发过诸如“在第 7 兵团战地的一天采访”之类的文章。

其次，在加莱海峡对面的多佛尔，英国人用电影和剧院的舞台布景人员建立了一个假的油料码头。英国国王郑重其事地视察了这一设施，艾森豪威尔也对码头的完工发表了一次情绪激昂的演讲。英国皇家空军的飞机也天天在码头上空巡逻，使德国的侦察机无法降到 10000 米的高度下进行侦察。这样，即使在德国侦察机的摄像机镜头里，码头也没有任何纰漏。

为了摧毁德国的运输线和海岸炮兵阵地等军事设施，削弱德军对诺曼底登陆的反击力量，艾森豪威尔又命令对诺曼底和加莱地区进行了轰炸。盟军空军每向诺曼底投掷 1 吨炸弹，就向加莱投掷 2 吨炸药。他们在对比利时和法国北部的地下抵抗运动空投物资时，也采取了同样的方式。尽管盟军为此付出相当大的代价，从 1944 年 4 月 1 日到诺曼底登陆期间，盟军共损失了 1.2 万名官兵与 2000 架飞机。其中，为制造在加莱登陆的假象而损失的官兵高达 8000 人，飞机高达 1300 架，但敌人却被迷惑了。

最后，也就是“坚忍不拔”计划的登峰造极之作，盟军虚构了一个威胁加莱海峡的美国第 1 集团军，并由巴顿去指挥第 1 集团军。英国情报处利用被策反过来的德国间谍的情报，使德军很快就知道了巴顿到达了英格兰。巴顿在伦敦看了一次戏，光顾了几家酒吧，参加了一次晚会，名字也频繁出现在报纸上——这一次，使德国人进一步相信，巴顿将指挥第 1 集团军对加莱发动进攻。

狡猾的德国人上当了，希特勒落入了圈套。

No.2 “大西洋壁垒”

一条从东普鲁士森林中穿过的铁路，通向一个叫作拉斯腾堡的地方。

森林之中的元首大本营戒备森严。通过第一道入口大门之后，透过高高的树干之间的空隙，可以看到用淡绿色伪装着的巨大水泥立方块、两米半高的通电铁丝网和机械地前后大步走动的哨兵。

大本营的最深处，就是第三帝国元首希特勒的私人指挥所——“狼穴”。这所大本营的元首避弹室的防卫更是固若金汤：有一套严密的保卫、安全、隐蔽、伪装系统，还有双层和三层监督系统，使“狼穴”成为一座坚实的堡垒。

在拉斯腾堡，很久没有公开在外界露面的希特勒时刻在考虑如何对付盟军可能的欧洲登陆。

1942 年 3 月，希特勒派陆军元帅冯·伦德施泰特指挥西线战场，并下令从挪威到西班牙沿岸构筑一道坚固的海岸防御体系。希特勒把这个由成千上万个互相支援的雷达站、指挥所、岸炮连坚固支撑点构成的防御设施，命名为“大西洋壁垒”。

1942 年 8 月 19 日，针对盟军的破坏性登陆，希特勒下令以最快速度建成“大西洋壁垒”，使那些防轰炸和防舰炮的混凝土建筑组成一条连续不断的防御地带，以便控制各主要港口和海滩。9 月 29 日在柏林召开的军事会议上，希特勒命令参加会议的军官们：“这条筑垒战线要配备 30 万德国哨兵，修筑 15000 个联钢筋水泥堡垒，要像齐格菲防线吓住法军那样镇住企图登陆的盟军。”

▼德军在海滩构筑的障碍物。

希特勒要求在重要港口和潜艇基地周围每隔约 46 米就浇筑一个钢筋水泥堡垒，使之构成串联的环节，海岸的其他地方则每隔约 91 米修筑一个。海军岸炮基地和潜艇基地另有特殊的要求，墙壁和天棚要用 4 米厚的钢筋水泥浇筑。希特勒要求“大西洋壁垒”上的重机枪、坦克、反坦克炮都要进行伪装防护，以便对付盟军的炮和轰炸。他提醒说，每个钢筋水泥掩体的设计必须把一切都考虑进去，要能防毒气，随时有氧气供应；盟军会使用凝固汽油弹进行攻击，因此掩体必须有台阶和突出物，以便阻止燃烧的汽油流入掩体；每个大一点的掩体，要配备火焰喷射器。这一设计真可谓周详、细密，用心良苦。希特勒妄图用“大西洋壁垒”阻挡盟军的进攻。

希特勒特别命令：必须于 1943 年 5 月 1 日前构筑完成上述任务，并配备齐兵力。这个命令规定的时限太短了，简直无法完成。伦德施泰特在战后评论说：“如果‘大西洋壁垒’要建成像希特勒要求的，或像宣传的那样强大，需要 10 年时间。”

1943 年 10 月，德军西线总司令伦德施泰特元帅仔细地视察海岸防御情况。这对于 69 岁的陆军元帅来说并不是一件轻松的事。视察后，他向元首希特勒上送了一份报告，大意是岸防工事不足，部队太分散。结论是：他的部队只能是“有条件地做好战斗准备”。

希特勒认真处理了这份报告，于 1943 年 11 月 3 日就西线防御一事颁布了一项具有根本性的第 51 号命令。

这份命令说：各种迹象表明，敌人计划至迟在 1944 年春入侵法国，最大可能的登陆地点是多佛尔海峡的加莱海滨，必须最大限度地加强该处的防御。未经他本人批准，不得再从西线调走部队，一旦敌人登陆成功，必须以强大的反击将其赶入大海。

这就是说要组成快速战略预备队，反击盟军的登陆。这一点也正是伦德施泰特经常提出的要求，并且作为他防御计划的核心。

1943 年 11 月 6 日，勇猛顽强的“沙漠之狐”——隆美尔元帅被希特勒任命为西线“特种任务集团军群司令”，归西线总司令指挥。其任务是研究西海岸的防御配系，负责改进从丹麦到西班牙边境数千公里的岸防工事，并草拟出迎击入侵之敌的作战计划。

精力充沛的隆美尔元帅于 1944 年 1 月调来此线。他到任后立即着手布防，立志要在海滩上击退盟军的任何入侵。

为了加强西线部队力量，希特勒又从苏德战场上调回了大批精锐的装甲师。

当盟军反攻时刻逼近时，德军已在法国北部和比利时、荷兰等国家境内集结了 41 个师，另有 18 个师驻守卢瓦尔河南岸，随时准备北上增援。

在被纳粹占领的法国，由于德军预计盟军将在加莱和布伦周围地区发动反攻，德军在这一地区驻扎的第 15 集团军共计有 19 个师。而驻守在诺曼底的德军第 7 集团军则只有 10

▲隆美尔（左三）在西海岸视察岸防工事。

个师。当时，德军在南欧还驻有 56 个师，在斯堪的纳维亚还有 18 个师警戒待命。

这样，德军投入整个战争的全部兵力中，共有 133 个师在西欧与盟军对峙，有 165 个师在东欧与苏联交战。在德军 32 个装甲师中，有 18 个师继续对付着苏联，12 个师准备迎击英美联军对法国的进攻。

令人不解的是，在第二次世界大战开始时，德国人曾经狠狠地教训过自己的对手，让他们尝过密集坦克群的威力。而如今说也奇怪，这回德军在西线的装甲部队却分散配置在比利时至波尔多漫长的战线上。

1944 年 1 月 15 日，希特勒进一步任命隆美尔为德军 B 集团军群司令，置于西线总司令指挥之下。但是，隆美尔保留有一定的权限，即在入侵发生时有权指挥第 7 集团军和第 15 集团军，不过其辖区仅限于从法国海岸算起向内陆延伸 25 ～ 35 公里范围内的作战地带。大多数装甲师不由他指挥，而是编入施韦彭堡将军指挥的装甲集群。

希特勒在 3 月 20 日的会议上，对盟军的登陆地点作了推测，比较接近真实情况。他的雄辩（虽然自己不太相信，他始终认为加莱是重点）也说服了大家，接受了他的预测，相信塞纳湾是反登陆的重点地区。

接下来就是反击部队的协调和装甲、机械化部队的部署和指挥权问题。

为解决这个问题，希特勒曾发布“元首”40 号令，但这个命令却并没有讲清陆、海、空军各自的职责，结果各军种对命令都有自己的解释，这又增加了各军种之间的摩擦，这方面最突出的是海岸防御问题。

本来海岸防御应纳入陆军作战范围之中，统一指挥。德国海军司令曾说过，海军岸防地部队的“军纪、训练、警备和给养应由海军负责，作战目的则由有关地区的陆上指挥官负责”，但是第 40 号命令却规定，只要敌人仍在海上，海岸防御就要由海军指挥，一旦开始登陆，即由陆军负责海岸防御。两种指挥对岸防炮的射击方式有不同的要求，造成岸防炮无所适从，不能正常发挥作用。

为统一指挥德军的西线作战，希特勒把伦德施泰特推上西线总司令的位置，但后来希特勒又把隆美尔派往西线，先是巡查防线，后又担任法国防区的总指挥职务，权力越来越大。委派隆美尔担任战术指挥一事，希特勒事先没有告诉伦德施泰特，这为两人之后的冲突埋下了伏笔。

伦德施泰特与隆美尔这两位元帅虽然都同样无权指挥海军和空军，但他们俩在对付盟军的大规模登陆观点，却大相径庭。

德军西线总司令、德国陆军元帅冯·伦德施泰特住在巴黎附近，每日过着“牛奶加蜂蜜”的享乐生活。他每天早上 10 点以前很少开始工作。他相当多的光阴花在阅读推理小说或卡尔·梅的探险故事上，或是消磨在耍弄温房里的大猎狗上。对于盟军即将发动的登陆作战，他始终认为，对付盟军登陆，地雷和抗登陆障碍物毫无价值，“大西洋壁垒”也不会起多大作用。他认为应当主要依靠大量的步兵和装甲快速预备队，将其配置在离海岸线一带相当远的后方，以便在入侵之敌组织好登陆场后立即进行机动反击。

伦德施泰特认为，盟军极可能在英吉利海峡最窄地方的勒阿弗尔和敦刻尔克之间的某处登陆。虽然这一带的海岸防御比任何地方都强，但伦德施泰特认为，同盟国军队为了在法国北部平原展开，并向鲁尔区挺进，是肯冒这个危险的。他认为盟国军队将进攻加莱海滨的另一原因，是该处设有 V–1 导弹和 V–2 导弹发射场，而这是希特勒准备向英国发射的“复仇”武器。

德军西线 B 集团军群司令隆美尔元帅没有显赫的家世，因卓越的军事指挥才能而蜚声整个世界。他是纳粹高级指挥官中少有的与美英打过几年仗的人，对盟军的作战特点有深入了解。

隆美尔认为，盟军登陆地点可能更往西一些，如诺曼底。但德国大多数将军却认为同盟国军队不会如此“愚蠢”，会把自己束缚在灌木丛生而又荒凉的诺曼底。

隆美尔同时还努力试图争取到对装甲部队的指挥权，然而这却并没有得到希特勒的认可。最终，希特勒搞了一个妥协方案：3 个装甲师，仅仅只有 3 个装甲师调拨给隆美尔指挥。这 3 个装甲师是精锐的第 2 装甲师、重新组建的第 21 装甲师和第 116 装甲师。其余的 4 个装甲师作为最高统帅部的预备队留在远离海岸的内陆，没有希特勒的命令，任何人都不能调动。

这样一来，隆美尔对西线德军装甲部队的指挥权已所剩无几了。

No.3 箭在弦上

当一切都即将准备就绪的时候，对于同盟国远征军最高统帅艾森豪威尔将军来说，最棘手的问题之一莫过于最后选择登陆日期（“D 日”）和时间（“H 时”）了。

围绕登陆日期“D 日”和时间“H 时”，盟军三军曾展开过长期激烈的争论。

陆军一直坚持，为保持登陆的突然性和上岸后的作战，最重要的是登陆部队第一梯队必须在黑暗中渡过英吉利海峡，在白天登陆。而该地夜晚天黑时间不长，因为在那个纬度上，6 月份 3 点钟天就会发亮，4 时 30 分就大亮了。

就具体确定“H 时”而言，陆军认为要认真考虑潮汐这个特殊的因素。在诺曼底这一段海岸，平均潮差 5.4 米，最大潮差 7.5 米，海滩的坡度很小，每 30 米才升高 30 厘米，低潮时滩头纵深长达 300 多米。在这种情况下，陆军希望第一梯队在快到高潮时上陆，以缩短部队通过暴露的海滩所需要的时间，并能在“D 日”第二次高潮时使第二梯队也顺利上陆。

与此相反，海军却赞成在低潮时登陆，因为此时舰艇可以在抗登陆障碍区以外抢滩，而海军工兵爆破队则可在高潮到来之前排除抗登陆障碍物。

空军只提出一个条件，登陆当夜必须有良好的月光以便空降作战。

三方各执己见。

为了把“D 日”和“H 时”最后确定下来，同盟国远征军最高统帅部于 1944 年 5 月 1 日召开会议。

经过几天的争论，通过了一个折中方案，决定“H 时”应在最低潮之后 1 ～ 3 小时、在日出之前 12 分钟到日出之后 90 分钟之间，即恰好在高潮与低潮中间上陆。

最后决定：由于 5 个登陆地段的潮汐情况各不相同，因此，分别规定了 5 个不同的“H 时”，最早的“H 时”（6 时 30 分）和最晚的“H 时”（7 时 55 分）之间相差 85 分钟。除了满足部队对潮汐和日光的要求外，参谋人员还查阅了天候年鉴，找出有利于飞行员飞行的月光日期，以便把“D 日”安排在有满月的日子里。

这样，在 1944 年 6 月上旬，基本符合三军要求、唯一能够利用的日子就只剩下 5、6、7 日三天。

5 月 23 日，艾森豪威尔考虑到进一步确定“D 日”的日期已刻不容缓，因为用以构筑“醋栗树”防波堤的船只到达登陆地域需要 6 天。于是，他把 6 月 5 日暂定为“D 日”，并把 6 日和 7 日作为天气不好需要推迟时的替换日期。这三个日子和预定的“H 时”十分机密，直到 5 月 28 日，当盟军海军司令拉姆齐将军发出“执行‘霸王’作战”的信号时，才将“D 日”和各登陆编队的不同的“H 时”通知各指挥官。

至此，实施登陆作战的准备一切就绪，287 万将士只等着“D 日”的到来。

然而，天有不测风云。

在临近关键的预定登陆日期——6 月 5 日时，天公却不作美，大雨倾盆，狂风大作。停在树丛和伪装物掩蔽下的艾森豪威尔的指挥拖车也被大风掀倒了，浸泡在泥水中……

从 6 月 1 日起，艾森豪威尔每天两次同高级将领们一起听取天气预报，一次是晚上 9 时 30 分，另一次是早晨 4 时。

6 月 2 日，整个北大西洋上空充满着连续性的低压气层，前景暗淡。

6 月 3 日，出现西风带不稳定天气，在格陵兰岛和亚速尔群岛的上空各有一个高气压，而位于两个高气压之间的低气压向东及东北方向横越大西洋，风和海浪情况很可能使 6 月 5 日不能成为“D 日”。

6 月 4 日，天气仍不见好转，预报说云层低，风大，波涛汹涌。这些情况预示着登陆作战是极其危险的。因为在这样的天气，空中支援是不可能的，海军的炮火也将失效，甚至连驾驶小艇也是异常困难的……

这一天对于挤在小小的登陆艇上挨雨淋的士兵来说，是难受的一天，而对守在岸上的高级指挥官们来说，则是最忧虑的一天。高级将领们为天气发愁，艾森豪威尔却更担心推迟行动会带来巨大的不利。

几天前，整个英国曾经到处都是盟军士兵，白天他们带着武器和野战装备在乡村大路上行军，夜间乘坐装甲车通过灯火管制的城镇和村庄，无数纵队向着港口集中。如今他们都登上各自的舰船，在狭小的船舱中一个挨一个地坐着，等待着起航。与此同时，用作“醋栗树”的船只也开始向南移动。另外，3 个师的伞兵们在 20 个机场集结，等待随时登上运输机和滑翔机飞向诺曼底……

这一切，真可谓刀出鞘，箭上弦了！

艾森豪威尔在权衡了所有因素之后，决定把原定于 6 月 5 日发动的进攻推迟举行。

6 月 5 日凌晨，刮来飓风般的大暴风，把艾森豪威尔营地的帐篷吹得东摇西晃，随之

▲行驶中的盟军舰只。

而来的是铺天盖地的滂沱大雨。

艾森豪威尔及其随员们在泥泞道上走了近两公里，于 3 时 30 分准时来到海军司令部参加气象汇报会。

汇报会一开始的气氛十分沉闷，每个军官的脸上都带着忧郁的神情。

气象委员会主任缓慢而认真地报告说："前一天预报的法国海岸的恶劣天气已经在那里实际出现，如果我们坚持要在 6 月 5 实行登陆，肯定会遭到巨大灾难。"

气象主任首先报告这一点，可能是想使在座的将军们更加相信他们的气象预告是十分准确的。他接着说："预报到 6 月 5 日 18 时，有两个低压系统将要在赫布里底群岛附近合并成一个低气压，在这个气象图上标号为 D1。"

气象主任一边说着，一边指了指挂在中央的一幅气象图，接着说："在未来 24 小时内 D1 将被填塞，英吉利海峡中的风力将减弱到 4 级，云量也将减少。"

"从6月6日早晨开始，将会有两天的好天气，5级西到西北风将逐渐减弱并转为西南风，最低云层高 300 米。浪高 6 米，在这样气象条件下，运载空降兵的飞机将不会出现混乱，舰船在海上保持航向虽然有点困难，但对其作战行动影响不大。登陆区域内海浪较低，拍岸浪也较少，可以实施强登陆……"

听到这个消息，在座的将军们个个喜出望外。

气象主任并不为将军们的欣喜所鼓动，他仍然不紧不慢地说："两天之后可能还会出现狂风暴雨，暴风雨会持续多久，现在从气象图上还不能肯定……"

这一预报使刚刚活跃了的会议，又一下子变得沉闷起来。

究竟是冒险于 6 月 6 日行动，还是再将进攻延期至少两周呢？这一生死攸关的抉择摆在了艾森豪威尔将军的面前。

艾森豪威尔权衡再三。作为一个军事家，艾森豪威尔深知战场上必需的冒险行动是多么重要，也深信他此次为登陆而做的呕心沥血的准备是多么充分。他有理由坚信，此次他在充分准备基础上的冒险是值得的，于是他最后决定：只要明天的天气情况得到进一步证实，就立即开始行动。

海军司令拉姆齐将军敏锐地感觉到，这次最高统帅部做出决定是肯定的了，于是他发出了必要的命令，最后确定了第一波登陆时间，即"H 时"：

剑区和黄金区：7 时 25 分；

朱诺左区 / 朱诺右区：7 时 35 分 /7 时 45 分；

奥马哈区和犹他区：6 时 30 分。

随即，艾森豪威尔再次征求各位指挥官的意见。蒙哥马利与以往一样，亟待发起进攻，海军司令拉姆齐也表示同意，空军司令利·马洛里却忧心忡忡，他担心这样的天气空军不能出动，即使出动，也不能准确实施轰炸，但是最后他还是同意了。

听完了在座的将军们的意见，艾森豪威尔独自默默地坐在大书柜前面的沙发上，沉思片刻。最后，他举目仰视做出了成败在此一举的决定，斩钉截铁地说："好！我们进军！"

此时，正是6月5日4时15分。

命令一发出，所有的人都跑出屋忙自己的事了，房间里只剩下艾森豪威尔将军一人。

▼艾森豪威尔、蒙哥马利等人在登陆后眺望战场。

他独自默默地坐在大书柜前面的沙发上，沉思许久，然后，轻轻走到桌子前细心地用铅笔写下几行字。他深知，如果盟军登陆作战进攻不利，他就会忙得一塌糊涂，那时他将腾不出手来写任何东西。他此刻应该起草一份公报，以备发表。

他写到“我们在瑟堡——勒阿弗尔地区的登陆失利，没能占领一个令人满意的立足点，部队被迫撤退”。艾森豪威尔舔了舔铅笔，划掉了最后几个字，然后补上：“我们把部队撤了下来。”他继续写道：“我决定在此时此地发动进攻，是根据所得到的最好情报作出的。陆军、空军和海军都恪尽职守，表现出极为勇敢的献身精神。如果谴责此次行动或追究责任的话，应由我一人承担。”然后，他郑重地签上了自己的名字。

天知道，艾森豪威尔做出了一个多么困难的决定。

No.4 生死“D”日

正式登陆开始的这一天，盟军在海上、空中和电磁领域向德军发动了强大的攻势。

海面上成百上千艘战舰冲破重重的迷雾，从英格兰南部的各港口出发。所有的舰船沿着各自的航道向诺曼底半岛前进。它们排列着整齐的队形在波涛汹涌的海中急驶，横排达32公里宽！

在诺曼底登陆日前一周，盟军出动空军对德国海军的10个雷达站进行了系统而精确的攻击，将之全部炸毁，让其不起作用。其余的则暂不攻击，让其工作。6月5日深夜，盟军实施第二步行动，有选择地留下几个雷达站后，对其余的实行干扰。留下的几个不受干扰的雷达站全在塞纳河以北，是德军15集团军防区。其目的是让这些雷达站能探测到盟军由12艘带有防空气球的摩托艇模拟的假登陆舰队。其中8艘摩托艇活动在加莱对面离岸14海里的洋面上，其余4艘则在巴夫勒尔角以东6海里的洋面上游动。

为配合摩托艇造假信息活动，盟军还出动了100余架飞机，进行支援。这些飞机在海峡上空不停地转圈飞行，每转一圈便投下一批叫作“窗子”的由金属铂制造的干扰包，每转一圈便调整一次飞行轨迹，使其在雷达屏幕上产生出类似大批舰队一步步靠近海岸的图像。

同样的手段，也使用在远离诺曼底的布洛涅地区。

奇迹发生了。

当盟军大批舰队在6月6日1时到4时向海滩接近时，海面上没有一架德军飞机。

盟军空军的另一项欺敌活动也大奏其效。这个任务是由8个空降兵做的。在盟军大批空降兵进入法国之前，最先进入法国的是几架带有200名假伞兵的运输机，这些假伞兵比

▲盟军伞兵在诺曼底实施空降。

真人小一些，全由橡胶做成。6 月 6 日零时十一分，8 名真伞兵分成两组，每组 4 人，先后降落，随后 200 名假伞兵也从天而降。假伞兵离机开伞后，所带的假手榴弹落地爆炸。这些假伞兵身上也装有爆炸引线，落地时引线被触发发生爆炸，此起彼伏，络绎不绝。

与此同时，已先着陆的两组真伞兵，也打开各种电子设备，播放出了事先录制好的枪声和炮声，部队运动的脚步声，士兵的咒骂声和指挥官下达命令的声音。估计声势造得差不多了，这些伞兵开始转移，再制造一场假象。

真正的空降兵是英军第 6 空降师、美军第 82 和第 101 空降师的全体将士。他们全副武装，并把脸涂成黑色，乘坐 1100 架飞机飞向法国海岸防线的腹地。

为保障海滩登陆，美国中型轰炸机和战斗轰炸机连续猛烈轰炸德军在诺曼底的阵地。

同时，盟军的许多轰炸机飞到加莱地区，在鲁昂和阿夫兰彻斯地区附近上空投下了大量的铝箔纸迷惑敌人，使德国人误认为是盟军的伞兵部队。德国防空雷达发现这些目标后，错误地判断加莱是盟军发起主要攻击的区域。

轰炸一直持续到部队开始抢滩登陆前 10 分钟。

当德军还弄不清登陆点到底是加莱还是诺曼底之时，盟军数以万计的舰艇已靠近了诺曼底。

“犹他”滩头是美军第 4 步兵师登陆的地点。

4 时 05 分，东方天际渐渐泛出了鱼肚白。美军“贝菲尔德”号及其随行舰艇在这里抛锚，然后登陆兵进行了换乘。

整个登陆部队被编为 26 个波次，他们将在控制艇的引导下向海滩冲去。参加突击的 32 辆坦克，利用科坦丁半岛的有利地形也安全下了水，其中 28 辆完成了 2 海里的航程，与第一批突击部队一起登上滩头。但是美军上岸后马上发现，这里根本不是原定的登陆点，而是向南了 1800 米！

登陆部队遇到一些零星炮火的袭击。到了傍晚，美第 4 师仅付出了 197 人的代价就已到达了卡朗坦与圣梅尔－埃克利斯之间的主要公路一线，在这里突破了希特勒的“大西洋壁垒”。

“奥马哈”滩头是美军陆军第 5 军的第 1 步兵师和第 29 步兵师登陆的滩头，他们由美军霍尔海军少将指挥的“O”编队遣送。然而，这个滩头登陆的情况可远没有那么走运。

这个滩头是德军异常坚固的设防地带。这里的海滩靠岸的一半已经密集地设置了 3 道水下障碍物：第一道是“比利时牛棚门”，这是设置在水中的一种 2 米 ×3 米的钢质构架，往上几乎挂满了饼状水雷；第二道是纵深 2.4 ～ 3 米的木质或混凝土水中拒马，其中 1/3 挂有水雷；第三道还是带角钢质的拒马，也全部挂有水雷。

此外，在平坦的沙滩上密布着反坦克壕和地雷，并且在每条通路两侧都有大量的火力点。尤其是俯视着海滩的那块高地上，有数不清的火力点和防御哨所……

散落在海岸边上的一些小村内，德军也都布设了重兵。在这一切的后面，便是一大片洪水。

登陆部队即使越过了水中3道障碍物，要向滩头进发时，也要首先穿过德军层层设下的布雷区、反坦克壕沟和楔形混凝土障碍物、有刺铁丝网以及相互交驻掩护的密集据点。

而更可怕的是，盟军对这里敌情的掌握是错误的。盟军情报部门一直认为，防守在这里的德军是战斗力很差的海防第716师，可是，实际上扼守这些防御工事的德军部队，是刚从别处调来的一个战斗力很强的精锐机动师——德军第352师。

在这段最危险的登陆地区内，大海也更为汹涌狂暴。

美第1师、第29师一部于“H时”之前13分钟抵达“奥马哈”的西半部。

由于敌人在沿海海底设置的众多障碍物，使得许多满载士兵的小艇无法继续前进，不得不停滞在海上。这些船只在敌人猛烈的炮火下，纷纷中弹起火。

▲盟军在“奥马哈”海滩建立的桥头堡。

◀ 蹲坐在狭窄的登陆艇里的盟军士兵。
▼ 盟军飞机掩护登陆舰船编队横渡海峡。

盟军28辆水陆坦克刚开上海滩，就遭到德军的炮火反击，2辆坦克登陆艇被击穿在海滩上，9辆坦克被击中起火。东段比西段更惨，指定在东段上陆的32辆坦克只有5辆上了岸，盟军相当数量的坦克沉入了海底。

这天能见度很差，进攻前的飞机轰炸和舰炮轰击，未能压制住这一登陆点的德军防御火力点。而一些登陆艇，也由于心急和慌忙，发射出的一排排威力强大的火箭炮弹，并没有准确落到敌军阵地上，而是在突击部队前面的浅滩上爆炸开花。

一些登陆艇穿过激浪，颠簸着驶抵海滩。第一批步兵由于晕船而被折腾得虚弱不堪，力气全无。负载沉重的步兵跌跌撞撞地走下船来，跳到水中，随即遭到德军猛烈炮火的袭击。

霎时间，已死的、垂死的和负伤的士兵横七竖八地布满了海面。有些士兵设法躲在滩头的障碍物后面，才幸免一死。

接下来的一批登陆部队也遭到了同样的命运。

"奥马哈"海滩防线上真是一片混战。

但是，在西西里岛建立奇功、不屈不挠的美军第1师依旧冒着敌人的炮火向海岸挺进。后续部队的士兵们在1～1.2米深的水中冒着敌人的猛烈射击顽强地向前冲击，他们越过那些在海水里已经死去和负伤挣扎的战友，隐蔽在前面行驶的坦克后面，编成纵队，向岸上猛烈进攻，许多人死在德军的枪口下和不断上涨的潮水里。

负责开辟通路的14个水下爆破队以52%伤亡的巨大代价开辟出了5条通路和3条不完整的道路，但又未能标示出来。然而，美军仍异常顽强地继续向海岸冲去，各突击艇波基本上都在按10分钟的间隔前赴后继地向岸上冲去，在海军舰艇强大火力支援下，一步步地向前推进。

在西部登陆的116团，A连伤亡66%，E、F、G三个连几乎全部阵亡；在东部的第16加强团情况更糟，本应在E红滩登陆的E、F连却登上了F绿滩，而本该在这里登陆的A连却跑到了根本不打算用的F红滩……

这里的伤亡真是惨不忍睹，该团E连连长及以下104人全部阵亡，而原有180人的F连仅有2名军官幸存。

最终，盟军驱逐舰发挥了巨大威力，德军士兵被迫举着双手从工事中走了出来。美军步兵在由登陆艇送上岸的两栖坦克的支援下，开始向内陆进军。

位于贝辛港以东的金海滩，由英军第30军实施登陆。他们遭到德军的猛烈抵抗，在海岸附近受阻达8小时，直到傍晚时分才到达贝辛港，因敌情不明未敢轻易发起攻击，只好在德军火力下潜伏过夜。7日拂晓，试图联络奥马哈的美军也未成功，最后利用了缴获的德军通信装备才与主力部队联系上，这才在海、空火力的支援下于6月7日攻占贝辛港。

总观“D 日”各登陆地段的发展形势，尽管不能 100%按预定计划实施，但“计划的每个重要的部分都已完成”。到登陆后的一周结束时，盟军终于实现了各路登陆部队的会合。

对盟军在诺曼底的登陆，德军反应迟缓出乎盟军意料。在“D 日”，德军并未组织反击，这主要是受恶劣天气影响。6 月 7 日，希特勒将西线装甲集群的 5 个装甲师的指挥权交给隆美尔，隆美尔决心凭借这支精锐部队大举反击。但这支装甲部队从 100 ～ 200 公里外赶来，一路上在盟军猛烈空袭下，根本无法成建制投入作战，即使有零星部队到达海滩，也在盟军军舰炮火的轰击下伤亡惨重，无力发动决定性的大规模反击。

6 月 8 日，德军 3 个装甲师向卡昂地区英、加军结合部猛攻，遭到英军反坦克炮和海军舰炮联合抗击，损失极大。

6 月 9 日，希特勒在伦德施泰特的极力要求下，同意从驻加莱的第 15 集团军抽调 17 个师用于诺曼底。但在盟军“卫士”计划的影响下，同时在总参谋长约德尔、最高统帅部办公厅主任凯特尔、西线情报处处长罗恩纳等人的反对下，希特勒于午夜时分，下令停止增援诺曼底，并将其他地区部队火速调往加莱。

同一天，美军第 2 步兵师在奥马哈海滩上陆，美第 5 军在得到该师加强后，向西、向南大步推进。

6 月 10 日，隆美尔和西线装甲集群司令冯 • 施韦彭格上将一致决定集中在诺曼底的所有装甲部队，在第 2 空降军的配合下，全力反击，以阻止盟军继续扩大登陆场。不料盟军的飞机轰炸了西线装甲集群司令部所在地，施韦彭格被炸成重伤，他的参谋长和很多参谋人员丧生，使得这次反击还未实施就胎死腹中。

6 月 11 日，盟军的人工港被拖到诺曼底投入使用，使盟军的卸载速度大大提高。在美军地段的“桑树 A”人工港，卸载车辆的速度高达每分钟 2 辆。

6 月 12 日，美军攻占卡朗坦。

至此，5 个登陆场连成了一片，形成正面宽 80 公里，纵深 12 ～ 18 公里的大登陆场。在 7 天里共上陆人员 32.6 万，物资 10.4 万吨，并继续向大陆运送更多的人员、物资、装备和补给。

第十九章

对德国法西斯的最后进击

希特勒做梦都没有想到，几年之后，当初被自己打得落花流水的“俄国熊”重新奋起，乃至攻守易势，将他和他的最高军事统帅部撵回到柏林——这个标有狗熊城徽的城市里。

究竟两只“熊”孰轻孰重，孰强孰弱？

究竟哪个是真正的英雄，哪个是真正的狗熊？

两只“熊”的交头和碰撞，究竟是历史的玩笑还是反讽？

柏林，你还是那个征服东方斯拉夫人的“小狗熊”吗？

No.1 暗堡行刺

正当希特勒在东、西各条战线上危机四伏之时，在德军内部，一场政变计划正在准备与实施中。

冯・施道芬堡伯爵原名克劳斯・菲利普・斯沉克，是希特勒从不理解的一名德国职业军官。从各方面来讲，他都是希特勒的敌对分子。他是个出生于德国南部著名世家的贵族，是个虔诚的天主教徒、出色的学者、喜好驰骋的骑手、音乐爱好者和小有名气的诗人。1926年，他成了骑兵团的一名见习军官。1928年，在对见习军官的考核中，他名列第一，其后一些年里，他就当起了骑兵团的下级军官。

1935年，希特勒命令总参谋长路德维希・贝克将军恢复根据《凡尔赛和约》关闭了的德国军事学院。贝克将军身材矮小，体质虚弱，但训练有素，意志坚强。他不相信希特勒，他担心恢复起新的军事学院之后，学院会落到希特勒手里而发生不测。于是，渐渐地在贝克周围形成了一个精干的军官小团体，他们准备一旦希特勒滥用权力时就除掉他。

这些军官当中大部分是贵族或与贵族有某种关系的人，虽然他们品格高尚，有文化素养，精通各种武器，但他们却是不合格的密谋者和暗杀者，很容易把好事做坏。尽管希特勒一上台就滥用手中权力，他们却迟迟不动，一再延迟暗杀他的时间。

战争期间，暗杀希特勒的一次重大行动于1943年3月13日发生在斯摩棱斯克。赫宁・冯・特莱斯科夫和费边・冯・施拉勃伦道夫把一个表面看是两瓶白兰地酒，可其中却暗藏定时炸弹的包裹，交由陆军参谋长海因兹・勃兰特，后者将之带到了希特勒乘坐的飞机上。这枚炸弹按预定时间应在30分钟后自行引爆，其时恰好在希特勒返回“狼穴”的途中。策划人看着勃兰特走上飞机，就肯定飞机飞到明斯克时炸弹一定会准点爆炸，但事出意外，因雷管失灵，希特勒安全飞抵大本营。

几天后，费边・冯・施拉勃伦道夫在柏林与鲁道夫・冯・格斯道夫上校相遇，得知希特勒、希姆莱和凯特尔要参观一个缴获苏军武器及图片的展览。格斯道夫是这个展览会的负责人，他打算在陪希特勒进展览厅参观时，在口袋里藏两颗定时炸弹。这种炸弹的定时为10分钟，当他听说希特勒只在展览厅里呆8分钟时，不得已临时放弃了这次行动。

1944年1月和2月间，谋杀希特勒的行动又有两次没有成功。1月里，冯・特莱斯科夫把炸弹交给3名年轻军官，让他们把炸弹藏在新的军大衣里面。结果这3个人都被炸死，而希特勒却在爆炸之前离开了。另一次谋刺行动是由约瑟夫・霍夫曼上校组织的，在2月20日遭到失败。他让几个战士把炸弹藏在军用背包里，也是因为炸弹爆炸之前希特勒就离开了现场而未能如愿。

▲施道芬堡（左侧立正者）在希特勒“狼穴”大本营。

盟军在诺曼底登陆后，使柏林的密谋分子陷入极度慌乱中。以施道芬堡为首的年轻人却没有完全放弃。他们在征求特莱斯科夫的意见。后者现在是驻防在崩溃中的苏联战线上的第 2 军团参谋长。他的答复使得那些踌躇不决的密谋分子重新走上正轨。

他说："必须不惜任何代价进行刺杀的尝试。即使失败，在首都攫夺权力的尝试也必须进行。我们必须向全世界和我们的后代证明，德国抵抗运动的成员敢于走出决定性的一步，而且不惜为此冒生命危险。同这个目标相比，其他任何事情都是无足轻重的。"

施道芬堡和他的青年朋友们重新振作起来，加紧执行计划。快到 6 月底时，施道芬堡被提升为上校，而且被任命为国内驻防军弗洛姆总司令的参谋长。这个职位不但使他可以用弗洛姆的名义给国内驻防军发布命令，而且可以使他直接地并经常地见到希特勒。

施道芬堡现在成了密谋集团的核心人物，成功的唯一希望完全在他身上。在密谋分子中，只有他可以进入戒备森严的元首大本营，因此杀掉希特勒非他莫属。

7 月 15 日早晨，施道芬堡再次乘飞机到元首总部去，皮包里装着一颗炸弹。这一次，密谋分子认为成功已有十分把握了，所以一致同意第一个"伐尔克里"信号——通知军队开始向柏林进军，坦克部队开始从克拉姆普尼茨装甲学校驰向首都——应在希特勒会议开始之前两小时发出，接管工作不得有任何延误。

7 月 15 日星期六上午 11 时，奥尔布里希特将军对柏林发出"伐尔克里"号指示。中午以前，军队就向首都中心移动，奉命占领威廉街。下午 1 时，施道芬堡挟着皮包，来到元首的会议室，作了关于兵员补充的报告，然后离开会议室，去同柏林的奥尔布里希特将军通话，用事先准备好的密语告诉后者说希特勒在场，他打算回到会场，让炸弹爆炸。奥尔布里希特通知他，柏林的军队已在移动。这件伟大事业的成功终于就要成功了，但是，当施道芬堡再次回到会议室的时候，希特勒却已经走了，而且没有再回来。闷闷不乐的施道芬堡赶快打电话告诉奥尔布里希特这里新的情况。这位将军马上撤销了"伐尔克里"信号，命令军队尽快地、尽可能不引人注意地回到军营。

7 月 16 日星期天晚上，施道芬堡邀请了一些知己和亲戚到他在汪西的家中聚会。其中有他的弟弟伯特霍尔特，一个不大说话的、内向的、有学者风度的年轻人，在海军总司令部任国际法顾问；有凯撒·冯·霍法克中校，他是施道芬堡的表兄弟、密谋集团同西线将领的联系人。

霍法克刚从西线回来，他曾在那里同福肯豪森、施图尔纳格尔·斯派达尔、隆美尔和克鲁格等许多将领进行过商谈。他报告说，德国在西线马上就要完全崩溃，但更重要的是，隆美尔虽然仍然反对杀害希特勒，但是，不管克鲁格跳向哪一边，他都会支持密谋集团。

7 月 15 日，传来了密谋集团在西线的领袖之一冯·福肯豪森将军突然被免去比利时和

▲幸免于难的希特勒发表广播讲话。

法国北部地区军事总督的职务的消息。他们担心，一定有人出卖了他们。

7月17日，他们听说隆美尔受伤甚重，因而不能把他考虑在刺杀计划内了。此时，秘密警察正在向密谋集团的核心进逼。

1944年7月20日早晨，阳光灿烂，天气很热。6点刚过，施道芬堡上校由他的副官瓦纳·冯·哈夫登中尉陪同，驱车经过城里一排排被炸毁的房子，在他那鼓鼓的皮包里，装着有关新的“人民步兵师”的文件。他将根据这些文件于下午1时在东普鲁士腊斯登堡的“狼穴”向希特勒汇报。在这些文件中间，用一件衬衣裹着的是一颗定时炸弹。

当施道芬堡走近“狼穴”会议室的时候，希特勒正坐在桌子的一边中央，背对着门。他的右首是陆军副总参谋长兼作战处长豪辛格将军、空军总参谋长科尔登将军和豪辛格的参谋长海因兹·勃兰特上校。凯特尔马上站到元首的左边，他的旁边是约德尔将军。此外，还有三军和党卫队的其他18个军官站在桌子四周，但戈林和希姆莱没有在场，只有希特勒和两个速记员坐着。

施道芬堡把那个装着炸弹的皮包放在希特勒的旁边的桌子底下。当时时间是12点37分，离定时炸弹爆炸还有5分钟。而此时，希特勒和军官们正俯身在地图上仔细地看着。

没有人注意到施道芬堡这时已缓缓

▲德军正在发射被希特勒视为“撒手锏”的 V-1 火箭。

▲盟军巴顿将军（左）同布莱德雷将军（中）和蒙哥马利将军的合影。

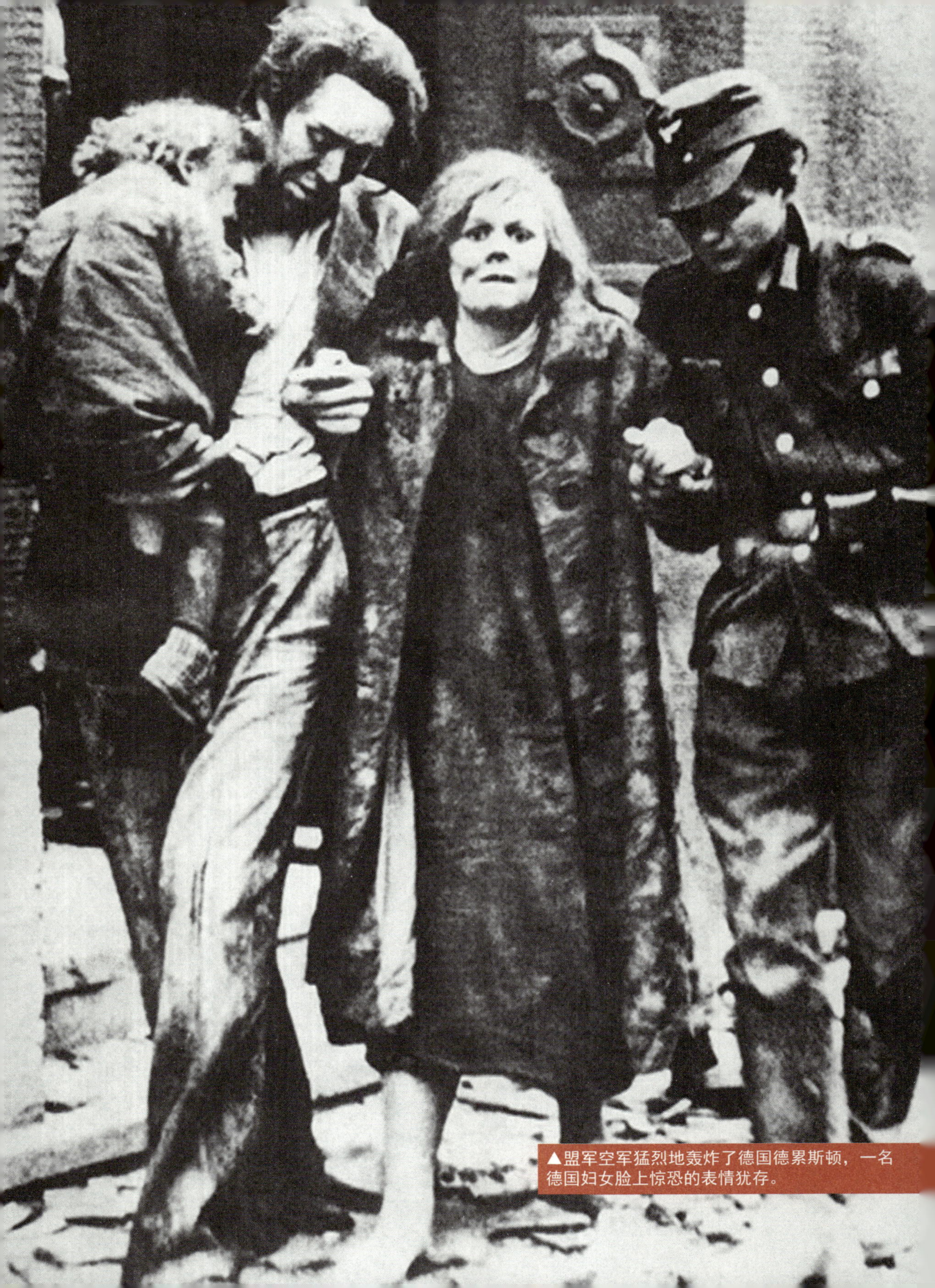

▲盟军空军猛烈地轰炸了德国德累斯顿，一名德国妇女脸上惊恐的表情犹存。

溜了出去，也许除了勃兰特上校之外。这位军官正在全神贯注地听他的将军讲话。他俯身到桌子上去想更清楚地看一看地图，发现施道芬堡那只鼓鼓囊囊的皮包碍事，先用脚想踢到旁边去，最后还是用一只手把它捡起来，放到桌子那个厚厚的底座的靠外一边。这样一来，在炸弹和希特勒之间，就隔着这个厚厚的底座了。也许就是这个看来无足轻重的举动救了希特勒的命，而送了勃兰特的命。

豪辛格正在结束他的关于当天的不利形势的汇报。他正说："苏联人正以强大的兵力在杜那河北面向西推进。他们的前锋已到杜那堡西南。如果我们在贝帕斯湖周围的集团军不立即撤退，一场灾祸……"

这句话还没有说完，就在这一瞬间——中午 12 点 42 分，炸弹爆炸了。

下午 9 点过后不久，德意志广播电台宣布，元首将在当天深夜向德国人民广播。

到处碰壁的谋反分子听到这个消息，不禁呆若木鸡。几分钟之后，他们获悉柏林卫戍司令冯·哈斯将军已被捕，纳粹将军莱因纳克在党卫队支持下，已接管对柏林所有部队的指挥权。

之后，这年的整个夏天、秋天和冬天，直到 1945 年初，狰狞的"人民法庭"一直在开庭，匆匆忙忙地进行阴风惨惨的审讯，罗织罪状，判处死刑。

死者的名单很长，秘密警察的记录是 7000 人被捕，将近 5000 人被处死。

在西线的陆军高级将领中，有两个陆军元帅和一个将军自杀。

隆美尔元帅也开始受到怀疑，虽然他并没有参加那次谋杀活动，可最终，隆美尔还是被逼服毒自尽。

随后，希特勒下令为隆美尔举行了隆重的国葬。他的棺材上盖着纳粹旗帜，上面放着陆军元帅的肩章、短剑和权杖。

No.2 雅尔塔会议

当苏军胜利地向西挺进之时，丘吉尔对苏联影响的不断扩大越来越感到不安。于是，他提出准备于 1944 年 10 月访问莫斯科，以便对合作事宜进行初步的讨论。斯大林立即对此发出了热情的邀请。在访问结束，离开莫斯科时，丘吉尔和艾登都认为他们这次访问是值得的，他们所受到的友好接待给他们留下了深刻的印象。尽管仍然遗留一些问题未能解决，但他们之间达成了全面的谅解。丘吉尔和艾登感到，他们完全可以信赖斯大林关于同盟国之间加强合作的意愿。

1944 年底，从维斯杜拉河发起大规模进攻的一切准备工作已经就绪。斯大林亲自指导计划的制订，计划的首要目标是攻占上西里西亚这一重要的工业城市。这一计划需使苏军从自己的阵地向前推进 160 多公里。然而，斯大林的目标还不止于此，他想的是奥得河和柏林，这就需要向前推进 480 公里左右。

到 1945 年初，整个战场上的形势已经有了很大的改变。纳粹德国正面临着全面崩溃的命运，日本帝国主义也处于日暮途穷的境地。第二次世界大战将以反法西斯统一战线各国取得彻底胜利而告终的前景已经确定无疑。于是这一年的 2 月，斯大林、罗斯福和丘吉尔在黑海之滨的雅尔塔举行会议。

而苏军在军事上取得的巨大胜利，并没有使它对盟国的态度发生变化。斯大林丝毫没有表现出胜利者的盛气凌人，也没有采取强硬的态度。

美国代表团住在利瓦吉亚宫，这里原是历代沙皇在黑海海滨的行宫。每天下午的全体

▼整装待发的苏军坦克部队。

会议都在这里举行。英国代表团住在沃隆佐夫宫。军事会谈和三国外长会议在尤苏波夫宫召开，这是建筑在山坡上的一座大型别墅。除了正式的会议外，三国领导人还进行了秘密会谈，另外还按常规举行正式和非正式的午宴和晚宴。雅尔塔会议被称为一次“高速度、大马力”的会议。期间最艰巨的莫过于翻译工作了。

有一次，斯大林被一件事惹怒了，他认为这是对他的无礼行为，后来这件事只是在引起了斯大林的幽默感时才化为乌有。此事发生在一次午宴上，虽然丘吉尔事先已劝告罗斯福不要开这种玩笑，但罗斯福仍然告诉斯大林和全体在场人员说，他和丘吉尔在密电中称斯大林为“约大叔”。可斯大林真的生气了，他愤怒地问道：“我什么时候可以退席？”贝尔纳斯挽救了局面，他说，人人都谈论山姆大叔，所以“约大叔”这一称呼并没有恶意，也并非无礼。斯大林体会到这是以友好口吻叫出来的名称，便平静了下来。

在 2 月 5 日召开的第一次全体会议上，三方讨论了德国的前途问题。大家都同意德国在无条件投降后应予“肢解”。根据罗斯福的建议，三国外长被指定在一个月时间内制订出“肢解”和控制德国的计划。斯大林原来不同意让法国参加进来，但现在他对丘吉尔的请求作了让步，同意让法国管辖一块占领区并参加管制委员会。此外，大家建立了一个特别委员会，在莫斯科秘密地审议关于德国赔款的复杂问题。

在三国领导人的心里，仍然想着如何把目前的团结维持到和平时期，并根据他们共管和势力范围的原则来考虑未来的发展。但是，战争越接近结束，他们各自内心的保留、怀疑和恐惧就越强烈。每一方都对其他一方做出一些让步，但又都在为这种让步寻求有效的保证。

他们的心理状态，可以用斯大林和丘吉尔的一段对话来加以说明。这是在雅尔塔讨论联合国组织的章程时发生的。讨论集中在有关否决权的条款上，各大国都想在这个组织的安全理事会中为自己保留这一权利。斯大林比他的两个伙伴更强调这一点，要求使否决权更加严格，以抵制任何打消或削弱它的企图。丘吉尔也大致说了这样的话，他认为这个组织还应该有能力采取行动，反对某个大国可能产生的统治世界的企图。

第二次会议考虑的是设立维持和平的世界性组织。在敦巴顿橡胶园举行的有关安理会内表决权问题的讨论最后陷入僵局。现在，大家又对罗斯福提出的一种妥协方案进行了讨论。他的建议是安理会的每个理事国应各有一票。一切冲突可以分为两大类，一类是指需加以经济、政治和军事制裁的；另一类是指那些可以采取和平手段解决的。只有安理会常任理事国一致同意才能实行制裁。这样，否决权就会成为在安理会职能中的一个举足轻重的因素。

斯大林对这一建议十分感兴趣，毫不掩饰地想弄清其内容。他说：“最大的危险就是我们自己之间发生冲突，因为如果我们保持团结，德国的威胁就不至于十分严重。因此我们现在就要考虑如何保持我们将来的团结，如何保证三大国（可能再加上中国和法国）能够维持一条统一战线。”接着他便谈到了苏芬战争，谈到了英、法是怎样把苏联从国联开除出去的，他希望能得到不让这类事情再度出现的保证。第二天继续开会时，斯大林宣布苏联政府接受需有三大国一致同意的新表决方案。

在敦巴顿橡胶园，苏联政府要求苏联的加盟共和国应成为创始会员国，每个加盟共和国都应有一票，英、美认为这种要求太过分，表示异议。而现在在雅尔塔，莫洛托夫宣布只要乌克兰、白俄罗斯和立陶宛这 3 个加盟共和国，或者至少其中两个能成为创始会员国，苏联政府就满意了。在这些和其他好几个重大问题上，斯大林都表现出愿意妥协的精神。丘吉尔在 2 月 8 日给伦敦写的一份报告说，“尽管有着令人沮丧的警告和预言，雅尔塔会议至今为止进展得相当好。”

可波兰问题却给会议带来了分歧。罗斯福认为波兰“500 多年来一直是一个造成麻烦的根源”。丘吉尔后来把波兰说成“导致大同盟垮台的第一个重大原因”。

斯大林清楚地解释了他对波兰的政策。在历史上，波兰既自己进攻过俄国，又充当过其他敌人进犯俄国的走廊。在过去的 30 年中，德国人曾两次取道这条走廊。苏联愿意有一个强大的波兰，能够通过用自己的力量来守卫这条走廊。斯大林没有明确地说出来，然而他显然不能容忍由伦敦的波兰政府所代表的、由苏联的死敌组成的旧政权复活。在这个问题上的根本分歧把同盟国分裂了。斯大林关心的是苏联的安全。丘吉尔和罗斯福则认为自

▼雅尔塔会议期间，罗斯福与斯大林单独会见时商讨远东问题。

己是在坚持民主原则。

三方在 8 次全体会议中，有 7 次都讨论了波兰问题。最终，关于波兰的边界线问题达成了初步的协议——波兰西部边界线的最后划分尚待和平会议上去确定。但在波兰政府的组成问题上，大家仍然存在着争论，最后商定卢布林委员会临时政府应在“更广泛的民主基础上实行改组，以容纳波兰国内外民主领袖”。另一条规定是，莫洛托夫和美、英大使应同波兰的各派领导人进行协商，以便根据这些原则改组政府。另外，众人还商定“这个波兰全国团结临时政府应当保证迅速根据普遍选举与无记名投票方式举行自由的和不受限制的选举”。

另外，远东战争的问题原先并未纳入议程，但是美国人担心这场战争可能再拖两年，所以急切地希望苏联参战。2 月 8 日，罗斯福向斯大林提出了这个问题。斯大林保证在德国投降后 2 ～ 3 个月内，苏联就会投入对日战争。他提出的条件是维持蒙古的现状，并恢复 1904 ～ 1905 年俄日战争前俄国在远东的权益。这些条件都被接受了，罗斯福答应去取得蒋介石的同意。

通过一系列的非正式会谈，三国领导人更进一步加深了对各自的观点和问题的了解。斯大林极其重视这些非正式的接触。他特意表明了他对三国同盟的信心，并希望“这一同盟不会丧失亲密无间和坦率发表意见的特点。在外交史上，我从来未见过像这样密切的三大国同盟，而且盟国之间有机会这样坦率地交换意见”。他深深地相信大国间的联盟和联合国是未来世界和平的基础。但是 2 月 11 日这三位领导人分手时，他们意识到他们不可能再相会了。罗斯福此时已体弱多病，显然离入土已为期不远了。斯大林和全体苏联人民对他怀有崇高的敬意，把他看作一位政治家和朋友。他们对丘吉尔也怀有敬意，甚至在某种感情上，承认他是一位伟大的战争领袖，不过，他们对他和英国人仍然怀有某种不信任。

关于对德国投降后的处置问题，三国领导人进一步交换了意见。关于德国的战后赔偿问题，苏联提出了一个在 10 年内由德国以实物支付总额为 200 亿美元的赔偿计划，并要求“按功分配”，给苏联的赔款不少于 100 亿美元。经过讨论，美、英同意以苏联的建议为基础在莫斯科成立一个三国组成的赔偿委员会，研究关于德国赔款的数额和方法等问题。

在各项战争问题上达成基本共识后，1945 年 2 月 11 日，苏、美、英三国在没有中国参加的情况下签订了《雅尔塔协定》。

No.3 滚滚铁流

柏林是德国政治、经济、文化和军事中心，是德国重要的交通枢纽，也是德国纳粹统

▲苏军白俄罗斯第 3 方面军对东普鲁士德军展开攻击。

▲在法西斯宣传机器的影响下，大批德国青年踊跃参军。

治集团的巢穴。攻克柏林就意味着纳粹德国的灭亡和欧洲战争的结束。

1945 年 1 ～ 4 月中旬，苏军在东部战场、盟军在西部战场的进攻都取得了重大的胜利。在东线，苏军歼灭了柏林方向的德国重兵集团，在宽阔的正面上前进至奥得河和尼斯河，并占领了奥地利首都维也纳，在东南和南面包围了柏林，苏军距柏林最近处只有 60 公里。在西线，盟军合围了鲁尔地区的德军集团，进抵易北河，向汉堡、莱比锡和布拉格方向展开进攻，距柏林也只有 100 ～ 120 公里。

同时，美、英军队统帅部也一改过去那种犹豫拖延的态度，加足马力以最快的速度向德国的中心地域和柏林推进，努力在苏军到达之前将其占领。

而纳粹德国在丧失了鲁尔、西里西亚的煤矿、钢铁基地，失去了匈牙利、奥地利石油产地之后，军用物资的产量急剧下降，国内经济处于崩溃的边缘，全国上下人心浮动。到 1945 年 4 月初，德国在技术装备、武器和弹药方面的生产量更少了。由于油料供应短缺，使得很大一部分新生产出来的飞机和坦克无法起飞和开动。并且，由于严重缺乏兵员，纳粹统治集团不得不强迫未满 18 岁的未成年男子应征入伍。

正当国际反法西斯联盟各国更加满怀信心地向德、日法西斯展开最后进攻之时，美国总统罗斯福却猝然去世。消息传到柏林，希特勒和他的宣传部长戈培尔等人一时欣喜若狂。纳粹头子们幻想历史的转折点已经到来，认为这是上帝安排的拯救第三帝国的大好时机。他们曾设想派代表去和美国新任总统杜鲁门谈判，并幻想着单独和美、英媾和企图拖延战争。然而，纳粹分子的这些幻想和念头很快就被无情的现实粉碎了。

纳粹头子们等待的奇迹不仅没有到来，反而等来的是越来越近的攻打柏林的炮声。

此前，朱可夫元帅正在白俄罗斯第一方面军为柏林战役作最后的准备工作。按照苏联最高统帅部的计划，由科涅夫元帅指挥的乌克兰第一方面军和由罗科索夫斯基指挥的第二方面军也参加柏林战役。但是，斯大林身边的一些知情人察觉到，在拟订这次具有决定意义的柏林战役计划时，斯大林总是有意地让朱可夫元帅指挥的部队扮演更重要的角色。

像以往组织大战役一样，朱可夫元帅利用战前的 10 天时间，再一次组织各级指挥员参加军事导演和战役准备讨论会。在战役准备讨论会上，朱可夫提出了一项大胆而别出心裁的作战方法，“以震慑和从精神上压倒敌人”。这项独特的作战方法是，考虑到德国守军在夜间更容易发生混乱和恐慌，苏军于黎明前两小时实施突击。突击时，利用 140 部对空探照灯的强烈灯光照射敌军阵地。这样一方面可以对德军造成心理上的压力和视觉上的不利，另一方面又能对苏军的突击部队提供进攻的便利。

为了给这场双方都早已做好充分准备的战役增加突然性的效果，朱可夫元帅决定在战役发起时，使用大量的航空兵、坦克兵、炮兵和物资储备，出其不意地全力猛攻德军的防御阵地。

在朱可夫的部队紧张地进行作战准备的同时，德军也在奥得河西岸拼命地构筑工事，准备与苏军决一死战。

4 月初，德军抵抗部队集团军群司令海因里希视察了他的部队在奥得河沿岸的防线。4 月 15 日晚上，海因里希在分析了前线各种报告之后，确信朱可夫将在第二天凌晨发起突击。他即刻向德军第 9 集团军发出了简短的命令："后撤，占据第二道防线的阵地！"德军在夜幕的掩护下立即开始后撤，这一行动整整用了大半个夜晚的时间。

海因里希上将的判断是正确的。朱可夫元帅的确打算在 4 月 16 日实施总攻。但在确定具体的攻击时间时，朱可夫却一反过去的习惯。在过去的进攻战役中，苏军总是从清晨开始实施炮火准备，一阵猛烈炮火轰击之后，天色已亮，这时步兵和坦克才开始实施冲击。对于曾在莫斯科战役中与朱可夫元帅交过手的海因里希上将来说，早已熟知苏军进攻的规律。朱可夫元帅对此也是心中有数，他将计就计，一反往常进攻的做法，出其不意地实施夜间冲击。

在实施炮火轰击的几个小时之前，柏林郊区的夜晚漆黑一片，阵地上寂静无声。此时，双方的千军万马都在各自的阵地上等待着这场具有历史意义的大搏杀。

这时，朱可夫元帅来到了近卫第 8 集团军司令员崔可夫的前线观察所，检查了部队的准备情况。5 点整，朱可夫元帅神情严峻地看着前面被大雾笼罩着的德军阵地，庄严果断地发布了进攻令。

顷刻间，苏军的数千门火炮、迫击炮和喀秋莎火箭炮几乎同时发射，轰炸机隆隆作响，炮火和炸弹火光把大地照得通红，前面的村庄迅速被夷为平地，森林里一片火光。德军阵地上几乎没有任何还击，朱可夫元帅便决定缩短炮击时间，立即发起总攻。

一瞬间，苏军几千枚信号弹升到空中，紧接着，间隔 200 米的一共 140 部探照灯一下子都放亮了，强烈的电光把德军阵地照得雪亮。德军士兵被这突如其来的强烈光柱照得眼花目眩，心惊肉跳。这样，隐藏在黑暗中的德军形同暴露在光天化日之下。苏军的炮火趁机猛烈向德军阵地射击，步兵和坦克部队协同一致地冲向前去。黎明时分，朱可夫的部队已经以迅雷不及掩耳之势占领了德军的第一线阵地，开始向第二线阵地发起冲击。

苏军的攻势越来越猛，德军前沿部队被淹没在一片炮火之中。苏军的作战飞机一批接一批地从德军阵地上呼啸而过，几百架轰炸机突击轰炸着炮火射击不到的地方。

在交战的第一昼夜，苏军发射炮弹有 2450 车皮之多，在纵深 8 公里的范围内，德军的防御基本被摧毁或受到强大火力的压制。在受到苏军如此猛烈的冲击之后，德军部队不得不退到泽劳弗以东的高地。

泽劳弗高地是苏军向柏林进攻的必经之地，此处高于四周地势，向东的坡面陡峭，背后是一片高原，这片高原将是展开柏林接近地交战的地段。

在战役发动之前，朱可夫元帅和他的下属们对泽劳弗高地一带地形的复杂性估计不足，他没有料到德军在高地的反斜坡上隐蔽的兵力和武器极不容易被苏军的炮火所损伤，因此，德军可以凭借这一有利的地势组织有效的防御。

因此，依托高地，德军不但限制了苏军坦克的行动，而且对苏军的炮兵也形成了重大障碍。它遮挡着德军的防御纵深，使苏军难以对德军的纵深进行观察。于是，苏军的炮兵只能实施面积射击，从而大大减少了杀伤力。

起初，苏军并没有意识到泽劳弗高地之战的严重性。等到苏军依然保持着冲击时的战斗队形出现在高地脚下时，德军的高射炮、防坦克炮开始拼命地向苏军进攻部队倾泻炮火。在德军大口径火炮面前，苏军的坦克一时间束手无策，一批批坦克被击中起火，大批步兵

▼朱可夫在前线通过电话下达战斗命令。

在德军居高临下的打击下献出了生命。

当朱可夫元帅接到崔可夫司令员关于苏军进攻受阻的报告后，发了脾气，他怎么也没有想到德军还有如此强大的抵抗力。他决定改变原来的作战计划，把预备在下一阶段使用的两个坦克集团也投入了战斗，并命令轰炸机以更猛烈的攻势轰炸德军炮兵阵地，命令炮兵集中火力彻底摧毁泽劳弗高地。然而，德军也在不断向高地增援部队，战斗打得异常激烈。

面对朱可夫部队狂潮般的冲击，德军不得不从泽劳弗高地向柏林退却。4 月 18 日，朱可夫的部队终于拿下了这个被称作“柏林之锁”的高地。

1945 年 4 月 20 日下午 3 时整，即柏林战役开始后的第五天，朱可夫方面军的第 3 突击集团军在库兹涅佐夫上将的指挥下，首先开始向柏林市区发起炮击。与此同时，科涅夫的部队也正疾速地向柏林开进。4 月 20 日，乌克兰第一方面军编制内的近卫坦克第 3 集团军攻克了德军总参谋部所在地措森，然后马不停蹄地继续向柏林挺进。到 4 月 21 日傍晚，科涅夫的部队接近了柏林市区的防御圈，越过了柏林环形公路防线。

4 月 25 日，朱可夫的部队开始转入市内战斗。起初，苏军的进攻还比较顺利，然而，越接近市中心，德军的抵抗就越激烈。德军利用各种高大的建筑物、纵横交错的防空通道等各种有利条件，拼死抵抗。为了避免街头巷战中造成更多的伤亡，苏军的坦克和步兵每一次发起冲击之前，都先用炮火和轰炸机打头阵，1 万多门各种火炮在间隔时间内同时发射。在苏军猛烈的攻击之下，柏林的防御土崩瓦解。同日，苏军与美军在柏林西南的易北河西岸胜利会师。这样，德国的领土被切成了南北两块，盘踞在捷克斯洛伐克的两个德军集团军群也失去了向柏林靠拢的退路。

No.4 希特勒之死

4 月 25 日以后，希特勒考虑的主要事情，是为自己的死做准备。那天下午，希特勒将他的高级侍卫官海因兹·林格叫去，对林格做了明确的指示：他自己将用手枪自杀，死后，林格必须立即把他的尸体抬到总理府花园，在那里焚烧，直至不留下任何痕迹为止。

“我死之后，绝不能有任何人再看见我的尸体，或认出那就是我的尸体。”他说，“焚化之后，你就回到我的房间，把能够引起回想到我的任何东西都收在一起，把每一件东西——制服、文件和凡是我用过的东西——都拿到外边去烧掉。”希特勒告诉林格，只有一件东西要留下来保存，那就是安东·格拉斯画的腓特烈大帝的油画像，那是他执政后不久买的，是他所最珍视的东西。那张像，他要交给自己的飞机驾驶员汉斯·巴尔带出柏林，并由汉斯·巴尔永远保存起来。

4 月 28 日下午，希特勒宣布当晚他要与爱娃·布劳恩举行婚礼。由谁来主持结婚仪式呢？戈培尔想起了当年他的婚礼是由一个地方小官瓦尔特·魏格纳主持的。可是现在要找他也太困难了。几个士兵被打发出去，到魏格纳在柏林的住处去找他，但没有找到。直到那天很晚的时候，才在腓特烈大街的街头找到他。那时，他正在那里和冲锋队员们一起作战。他被带进暗堡，可他身边没有结婚证书，于是又急忙跑回家去取，然后沿着瓦砾成堆的街道，冒着苏军猛烈的炮火赶回总理府。他一路跑来，累得疲惫不堪，胳膊上还戴着冲锋队袖章，快到午夜 12 点的时候，才走进暗堡，发现希特勒和爱娃·布劳恩正焦急地等着他，因为婚礼马上就要举行了。

结婚证书是一张现成的证件，上面有表格，分姓名、住址、父母姓名，父母结婚日期、新婚夫妻身份证明，以及他们的出生日期等栏目。希特勒说出了他的出生日期和地址，住

▼希特勒与爱娃在总理府地下室。

址填的是柏林总理府。在身份证明一栏，他填了“无须证明”几个字。爱娃·布劳恩的栏目填得要详细一些。

两个证婚人是戈培尔和鲍曼，他们两人的简历也被填入了结婚证书。

结婚仪式举行完之后，瓦尔特·魏格纳就离开了暗堡。在回家的路上，当他走到威廉大街时便饮弹身亡了。

参加希特勒与爱娃的婚宴的有鲍曼、戈培尔、玛格达·戈培尔、克莱勃斯将军、勃格道夫将军、营养厨师曼切阿莱小姐，以及两个秘书荣格夫人和克里斯蒂安夫人。

婚礼结束后，希特勒准备了遗嘱。在他的个人遗嘱里，他主要说明他为什么要与爱娃·布劳恩结婚，并且要与她一同死去，以及对一些遗物的处理事宜。在个人遗嘱里，希特勒通篇都在把自己打扮成一个具有历史意义的人物。他这篇遗嘱是准备作为公开文件而拟订的。

在政治遗嘱里，希特勒正式把赫尔曼·戈林开除出党，任命海军上将邓尼茨取代他担任德国总统和最高军事统帅；撤销前帝国党卫队首脑和内务部长海因里希·希姆莱一切党政职务；任命卡尔·汉克担任帝国党卫队和德国警察首脑；任命保尔·吉勒斯特担任内务部长。

革除了戈林和希姆莱的党内外一切职务之后，用一个海军上将和一个政治上的平庸之辈取代了他们，这样一来，希特勒对他那实际上已经垮掉了的政治前景，似乎又产生了幻觉。他做出这些决定，好像是他打算暂时退休似的。所有这些任命，还有其他一些，都郑重其事地列出了名单，登记造册。希特勒认为，名单上的人都可指望以各种尽可能的方式继续推动这场战争。戈培尔和鲍曼肩上的责任最重，因为希特勒把他们两人当作自己的直接继承人。虽然他们两人都表示决心与他同死，他还是要求他们为了德国后代子孙继续战斗，并要求他们“在我死之后，他们能在工作中和共同信念上成为亲密的伙伴，我的精神将永存在他们之间，永远伴他们前进”。

4 月 29 日凌晨 4 点钟，荣格夫人完成了 3 页个人遗嘱和 10 页政治遗嘱的打字文件。希特勒把鲍曼、戈培尔和冯·贝罗叫进去作第一个遗嘱的见证人，让马丁·鲍曼、布格道夫将军、哈斯·克莱勃斯将军、约瑟夫·富尔博士在第二个文件上签了字。

临死的前一天，希特勒睡了几个小时。

4 月 30 日下午将近 3 点，在希特勒即将自杀的那一刻，奥托·根舍守在那间小屋子门外，海因兹·林格站在更远一点的地方。突然间暗堡里发生了一阵混乱，玛格达·戈培尔疯狂地向那间小屋子冲去，哭喊着说还有希望，希特勒绝不能自杀，要是让她和希特勒说几句话，她是能说服他的。根舍身高 1.82 米，样子像个凶神。虽然玛格达·戈培尔闯不过去，但她

▲苏军士兵把象征胜利的红旗插到德国国会大厦上。

不肯罢休，他就只好打开那扇没上锁的门，进去问希特勒是否接见她。希特勒那时身子正倚着桌子站着，屋子里没有爱娃·布劳恩，她一定在浴室里，想洗干净去见上帝，因为根舍听到浴室里的流水声。希特勒转身说："不见。"随后屋门就被关上了。

海因兹·林格站在门外，全神贯注地听着屋子里的声音，没有听到震耳的枪声。在房间里溢出一股淡淡的火药味的时候，他才意识到希特勒已经死了。听不见枪声，是因为希特勒用毛巾裹住了手枪，使枪声变得低哑沉闷。

根舍和林格走进那间屋子的时候，他们发现希特勒和爱娃都还坐在那张沙发上。林格说，希特勒左额上有个德国银币大小的洞，血从那里顺着面颊慢慢流下来。爱娃咬破了一瓶氰化钾毒药，坐在那里，头靠着希特勒的肩。服毒后，她伸过胳膊，把面前小桌上的一只花瓶碰到了地上。她给人的印象非常安详，好像睡熟了似的。

有人抓紧时间用闪光灯给死去的希特勒拍了张照片。接着，林格用毯子把他的尸体包了起来，顺着楼梯抬到通向总理府花园的紧急出口处；后边跟着鲍曼，他手里抱着爱娃。两具尸体被放在出口处附近的一个小坑里，随后全身被浇上了汽油。在他们死后 10 分钟，火化便开始了。

希特勒死后，鲍曼立即电告邓尼茨，希特勒已提名他为继承人，但把希特勒已死的事实又隐瞒了整整 24 个小时。

早在这天清晨，朱可夫部队的大炮就已经朝德国国会大厦开火。由库兹涅佐夫上将指挥的第 3 突击集团军与负隅顽抗的德国守军鏖战至夜间，战斗异常激烈。

在此期间，戈培尔和鲍曼做了一次徒劳的努力，企图同苏联人谈判。苏联人的答复是要求德方无条件投降。

4 月 30 日晚间 21 时 50 分，苏联英雄米哈伊尔·耶果罗夫中士和麦利唐·坎塔里亚下士将苏联的红旗插上了国会大厦主楼的圆顶。

5 月 1 日，德国汉堡广播电台播送了希特勒死亡的消息：

> 我们的元首阿道夫·希特勒同布尔什维主义战斗到最后一息，今天下午在德国总理府的作战大本营里为祖国牺牲了。4 月 30 日，元首任命海军元帅邓尼茨为他的继承人。

就在这同时，德军代表要求同苏军停战。苏军代表根据斯大林元帅的指令，再次拒绝了德军的停战要求，同时声明说，德国政府和军队只能无条件地投降。

5 月 2 日早晨，德军炮兵上将、柏林城防司令魏德林一行来到苏军阵地前沿洽谈柏林守军投降事宜，他被带到崔可夫的指挥所。崔可夫和索科洛夫斯基验明证件后，要求魏德林向德军柏林守军草拟投降命令。当天中午时分，柏林守军投降。至此，柏林战役以苏军大获全胜而告结束。

除了在意大利的德军于 4 月 29 日已经无条件投降外，5 月 4 日，德军最高统帅部命令所有在德国西北部、丹麦和荷兰的德军向蒙哥马利元帅投降。5 月 5 日，凯塞林的集团军包括驻守在阿尔卑斯山北部的德军第 1 军团和第 9 军团在内，都纷纷投降了。

1945 年 5 月 9 日，在位于柏林市的一所规模不大的工程学院会议厅里，德军全面投降仪式正式举行。至此，一个时代结束，新的时代开启。

第二十章
远东终局

日本天皇宣布投降的诏书在广播之后，日本举国上下一片悲号之声。他们听惯了广播中传来的“皇军”捷报，而这一次，却是足以令大和民族精神支柱崩溃的消息。但是，不知日本人民有没有意识到，从此之后，尽管他们不能靠蹂躏别的民族而生存，但他们的孩子再也不用充当肉弹，他们再也不用担心夜晚会响起警报，那令人生畏的原子弹再也不会光顾日本。

No.1 八路军揭开中国战场战略反攻序幕

自 1943 年起，华北敌后抗日根据地陆续进入恢复和再发展的新阶段，广大抗日军民把斗争的焦点逐渐引向敌占区，在斗争中逐渐由被动转为主动。从 1943 年秋季起，日军在华北敌后战场逐渐失去主动权，而力量正处于上升阶段的八路军在一些地区开始占有相对优势，并首先发起攻势作战，揭开了中国战场战略反攻的序幕。

1943 年 7 月，在日军配合下，伪暂编第 24 集团军由河南省新乡至安阳间平汉线各要点及其两侧地区出动，侵占八路军太行抗日根据地的林县县城及其周围地区和冀鲁豫抗日根据地卫河以南部分地区。为粉碎日伪军在太（行山）南扩张的企图，保卫和扩大抗日根据地，在八路军总部统一部署下，冀鲁豫军区和第 129 师兼太行军区分别组织了卫（河）南战役和林（县）南战役。

7 月 30 日，冀鲁豫军区集中主力一部，在地方武装的配合下发起卫南战役。进犯的伪军大部被歼，残部逃回卫河以西地区。至 8 月中旬，卫南战役胜利结束。八路军共歼灭伪军 5600 余人，收复了卫河以南地区。

8 月 18 日，林南战役打响。第 129 师集中太行军区、冀南军区所属主力部队，编成东、西两个作战集团，向侵入林县及其周围的日伪军发起进攻。激战至 8 月 27 日，林南战役结束。八路军共歼灭日伪军 7000 余人，林县以南、辉县以北拥有 40 余万人口的广大地区得以解放。

继卫南、林南战役之后，八路军山东军区于 1943 年 11 月在鲁南、滨海等地区发起进攻。11 月 15 日，鲁南军区所部向盘踞费县东柱子村一带的伪军刘桂堂部发起攻击，歼其 1100 余人，攻克据点 12 处，鲁南地区的抗日斗争局面有所改善。

卫南、林南战役和山东军区讨伐伪军的战役，是八路军主动发起的几次较大规模的反抗作战。这说明，八路军已在一定程度上夺取了战场主动权，具备了攻势作战的能力，局部反攻的条件开始成熟。

1944 年，日军中国派遣军抽调大量兵力实施打通大陆交通线的作战，并抽调一部兵力支援太平洋战场，中国敌后战场的日军兵力大为减少。八路军、新四军和华南人民抗日游击队到 1943 年年底已度过最困难的时期，敌后抗日根据地的军事、经济实力有所增强。根据新的形势，中共中央确定 1944 年的斗争方针是：继续团结国民党共同抗日，集中力量打击日伪军，巩固与扩大抗日根据地。从 1944 年起，华北、华中、华南敌后抗日军民对日伪军普遍展开局部反攻。这种反攻，从春季到冬季，此起彼伏，持续不断。

山东军区为攻歼大股伪军和拔除深入抗日根据地内的日伪军据点，连续发动了春、夏、秋、冬季攻势，进行了沂水战役、莒县战役及讨伐伪军吴化文部、荣子恒部战役等作战。

在一年的攻势作战中，山东军区共歼灭日伪军近 6 万人，收复县城 9 座、国土 4 万余平方公里，解放人口约 930 万。

晋冀鲁豫边区为进一步突破日伪军的封锁线和扩大抗日根据地，于 2 月至 8 月连续实施了春、夏季攻势；从 9 月起，又展开了向敌占城镇和交通线推进的秋、冬季攻势。在一年的攻势作战中，晋冀鲁豫边区部队共歼灭日伪军 7.6 万余人，收复县城 11 座、国土 6 万余平方公里，解放人口 500 余万。

晋察冀军区在春、夏季攻势中，一面巩固抗日根据地的基本区，一面积极向游击区和敌占区伸展。随后，又展开了以摧毁抗日根据地内的日军铁路、公路线为主要目标的秋、冬季作战。在一年的攻势作战中，晋察冀军区共歼灭日伪军 4.5 万余人，拔除敌据点、碉

▼八路军第 115 师缴获的日军汽车之一部。

堡 1600 多处，解放人口约 758 万。

晋绥军区在春、夏季攻势中，对深入抗日根据地内的日伪军孤立据点展开了围困战，拔除了不少据点。8 月下旬至 9 月底，晋绥军区又展开了以攻歼忻（县）静（乐）、离（石）岚（县）公路沿线日伪军为重点的秋季攻势。晋绥军区经过一年的对敌斗争，共拔除日伪军据点 100 余处，解放村庄 3100 余个、人口 40 余万。

新四军第 1 师兼苏中军区在春季攻势中，于淮安、宝应以东地区组织了车桥战役，歼灭日伪军 900 多人，解放了淮安、宝应以东纵横 50 公里的地区；在夏、秋季攻势中又拔除敌据点数十处，并打破了日伪的“扩展清乡”和“强化屯垦”计划。新四军第 3 师兼苏北军区在春、夏、秋季攻势中，收复了 1942 年冬被日伪军“扫荡”时侵占的大部分地区及六塘河两岸地区，还开辟了部分新区。新四军第 4 师兼淮北军区在春季攻势中拔除了灵璧、睢宁、泗县等地的一些日伪军据点，控制了睢泗公路全线。新四军第 5 师在春、夏季攻势中拔除了潜江、石首、黄冈等地日伪军据点多处，并开辟了部分新区。新四军第 6 师第 16 旅在秋、冬季攻势中收复了溧阳、郎溪、广德、长兴间大部分地区，使苏南抗日根据地扩大到宣（城）长（兴）公路以北地区。新四军第 2 师兼淮南军区、第 7 师兼皖江军区及浙东地区的新四军部队，在 1944 年也对日伪军进行了积极的攻势作战。1944 年，华中敌后抗日根据地军民共歼灭日伪军约 5 万人，收复国土 7400 余平方公里，解放人口 160 余万。

华南人民抗日游击队为打击和钳制日军，配合国民党军在湘桂、粤汉铁路沿线等地作战，于 1944 年春季开始对敌占城镇和交通线展开攻击。东江纵队以广九铁路为作战重点，多次袭击铁路沿线的车站及其两侧的日伪军据点，并以一部向港九地区出击，一部挺进粤北，开辟新区。战斗在珠江三角洲的人民抗日武装于春、夏季攻势中，拔除部分日伪军据点，扩大了抗日根据地；10 月后以一部向粤中挺进，开辟新区。在海南岛，琼崖独立总队（1944 年秋，改为广东省琼崖抗日游击队独立纵队，简称“琼崖纵队”）在除五指山中心区外的各地展开攻势作战，开辟了白沙县阜龙乡抗日根据地。华南人民抗日游击队在一年的作战中，巩固了东江、珠江地区原有抗日根据地，开辟了粤北、粤中部分新区，发展了潮（州）汕（头）地区和雷州半岛的抗日游击战争。

No.2 日本军政全面危机

从 1944 年 4 月中旬到 12 月初，日军击败了国民党部队 50 多万人，控制了平汉、粤汉、湘桂三条铁路线，占领了洛阳、长沙、桂林和福州四个省会以及郑州、许昌等百余个大小城市，取得了衡阳、南宁等 7 个空军基地，从而打通了中国大陆的交通线。

与国民党战场的失利局面相反，1944 年由中国共产党领导的解放区战场，开始局部反攻。在日军“一号作战”行动中，侵华日军中有 50 万人用于豫、湘、桂战役，因而在其他占领区防守力量相对薄弱，这就使八路军、新四军更有利于局部反攻。华北、华中、华南各解放区都扩大了战果。

在中国解放区战场的失利，塞班岛的陷落，不仅仅是日本军事上的失败，也引发了日本国内政治上的动荡。塞班惨败后，东条英机的夫人接到无数匿名电话问她丈夫自杀了没有，有些人更直接意图将东条英机暗杀。

7 月，东条英机下台，小矶国昭内阁宣誓就职。可是，日本的战局并没有因为新内阁的上台而好转。美军继续以强劲的攻势如秋风扫落叶般地对日军发动咄咄逼人的攻势。

▼ 1944 年，八路军乘着黑夜发起大破击。

当美军占领马里亚纳主要岛屿之后，就击碎了日本大本营1943年9月规定的“绝对确保”的防御线，从根本上改变了日本的战略态势。此后，盟军可以任意选择攻击目标，甚至是日本本土。

根据新的形势，1944年7月21日，日本大本营决定加强菲律宾、中国台湾、琉球群岛、日本、千岛群岛一带的防线。在这条战线上的作战统称“捷号作战”。

8月4日，日本联合舰队接到大本营的命令，要在菲律宾方向决战，在决战中击溃敌人。

大本营为了加强菲律宾的防务，解除了黑山的菲律宾方面军司令官的职务，继任者是号称为“马来之虎”的山下奉文。

在麦克阿瑟的目标莱特岛上，日军只有不到2万人的由牧野四郎中将率领的第16师团。

莱特岛在东北面的萨马、南面的棉兰岛之间，其东海岸沿莱特湾是一片长56公里的肥沃平原，便于登陆。但岛上的其余地区是山区，到处是茂密的森林，又易于坚守。

在新几内亚北面200海里屡阿默勒尔蒂群岛的荷兰迪亚和马努斯，有一支巨大的舰队——包括战列舰、巡洋舰、小型航空母舰、驱逐舰、运输舰、油槽船、两栖登陆艇、扫雷艇、救难曳航船和浮动干船坞——正准备向莱特进发。运输舰和登陆艇载有麦克阿瑟的第6集团军。进攻莱特将是到那时为止太平洋规模最大的作战行动。麦克阿瑟和尼米兹所有的部队以及海军轰炸机部队将第一次联合作战。

10月18日黎明，天气晴朗，美步兵突击营很容易地在苏兰岛旁另一小岛荷蒙汉岛登陆。大概就在此时，牧野的一位参谋在莱特湾上空飞过，因为雾色迷蒙，未发现美军。岛上没有日军，也没有防御工事。突击营一枪未发便完成任务，随后竖起标志灯给舰队导航。在南面15海里，突击营的其他人也在迪纳加特岛蜂拥上岸。这个岛上也杳无人迹，他们在岛的顶端的“荒凉角”竖起第二个标志灯。舰队将在这两个岛之间进入莱特湾。

2个小时后，战列舰“宾夕法尼亚”号及2艘巡洋舰和其他若干艘驱逐舰开始炮击莱特岛。水下作业队另乘登陆艇开进海湾侦察海滩情况。岸上是一排排整齐的椰子树，日军沿树挖了壕沟。日军朝登陆艇开火，击沉1艘。其他作业队冒着枪林弹雨继续侦察。很快，他们带回了令人高兴的报告：岸上没有地雷和其他障碍物。

日军指挥官牧野的通信设备几乎完全被暴风雨所破坏，他一点也不知道刚刚发生的战斗的情况。刚乘飞机在海湾上空飞过的军官报告说，没有发现重要的情况，这使他感到放心，于是他报告第35军司令官铃木说：早先在湾内发现的美舰可能是躲避台风去了。

这时，由420艘运输舰和157艘军舰组成的美国舰队在菲律宾以南几千平方公里的海面排开，逐渐驶向莱特湾。

10月19日拂晓，他们驶进莱特湾，炮击了登陆地段的海滩。同时，航空母舰上的飞机则攻击比萨场的各个空军基地。这个地区残存的日本航空兵力伤亡殆尽。

到 20 日日暮时，60000 名美军、100000 吨物资和装备已经上了岸。

当日本联合舰队司令丰田得知美军先头部队已在莱特湾登陆时，他马上命令日本机动部队分四路向菲律宾进军。

10 月 23 日到 26 日，美日进行了连续 4 天的海战，美国舰队共击沉日本战列舰 3 艘、航空母舰 4 艘、轻重巡洋舰 10 艘，驱逐舰 9 艘。美国方面只损失轻型航空母舰 1 艘、护卫航空母舰 2 艘、驱逐舰 3 艘。这是美国海军的一大胜利。日本海军几乎全军覆灭，现在的

▼美军炮兵在滩头构筑阵地。

残余舰队，除了在保卫本土方面还能起点次要作用外，再也没有什么大的作为了。

山下奉文在失去海空军支持后，孤立无援，深感守住吕宋岛的希望非常渺茫，因此，他计划进行拖延战术，尽量阻挠吕宋岛落入美军手中。他把部队分为三组：北部 14 万人，防止盟军从仁牙因登陆；中部 3 万人，保卫克拉克机场设施；南部 11 万人，保卫南吕宋。

1945 年 1 月 9 日，美国第 6 集团军的 4 个师在仁牙因湾登陆，31 日占领克拉克机场及其要塞。

2 月 3 日，美军进抵马尼拉外围，经过 1 个月的苦战，美军肃清了菲律宾首都的日军。

此后，吕宋岛的日军退往东部山中负隅顽抗，直到 1945 年 9 月上旬才全部投降。

至此，菲律宾已从日本法西斯铁蹄下获得解放，现在除了硫磺岛和冲绳岛之外，日本本土已暴露在盟军面前。不过，更可怕的事情在等待东条和小矶。

小矶国昭继续执行东条的战争政策，全国上下反对内阁的呼声越来越高。

此时中国敌后的反攻，莱特和硫磺岛的陷落，更是使小矶将军的内阁处于风雨飘摇之中。特别是硫磺岛的失守，在日本引发了难以估量的震动；再加上美机连续轰炸东京，全城一片火海，举国上下人心惶惶。

美军占领硫磺岛后，进一步加强了对东京和日本其他本土的轰炸。夜间空袭的目标，通常都在居民区。

3 月 9 日下午 5 时 36 分，第一架 B — 29 轰炸机从关岛的机场飞上了天空。

晚 6 时 15 分，从提尾安和塞班起飞的 B — 29 轰炸机也开始加入这个庞大的空中行列。333 架轰炸机“嗡嗡”地向北面飞去。

新月放射昏暗的光芒，东京上空满天星斗。午夜，领航机找到了目标，准备用 M — 47 燃烧弹显出东京的心脏地区。

东京有大量木屋，从它还叫“江户”的时代起，历来易受火灾。这些火灾成了城市生活中不可分割的部分，有人给这些火灾起了一个富有诗意的名称：“江户之花”。

3 月 9 日午夜前后，领航机以每小时 480 多公里的速度低空飞向这个麻痹大意的城市时，还没有被发现。

零时，最前面的 2 架飞机交叉飞过目标上空，一齐投下一串炸弹。在离地面 30 米时，M—47 火箭爆裂，射出一根根 1 米长的燃料棒，接触到东西就爆炸，把粘胶似的火种散开去。

霎时间，东京闹市区便出现了两条交叉火线。这时，又有 10 架领航机飞来，朝这两条交叉火线投下燃烧弹。后边跟上来的是主力，3 个联队，井然有序，但队形并不一致，高度是 1470 ～ 2760 米不等。探照灯疯狂地朝袭击者照射，高射炮弹一个接一个开花，却没有任何效果。日军并没有战斗机起飞迎击。

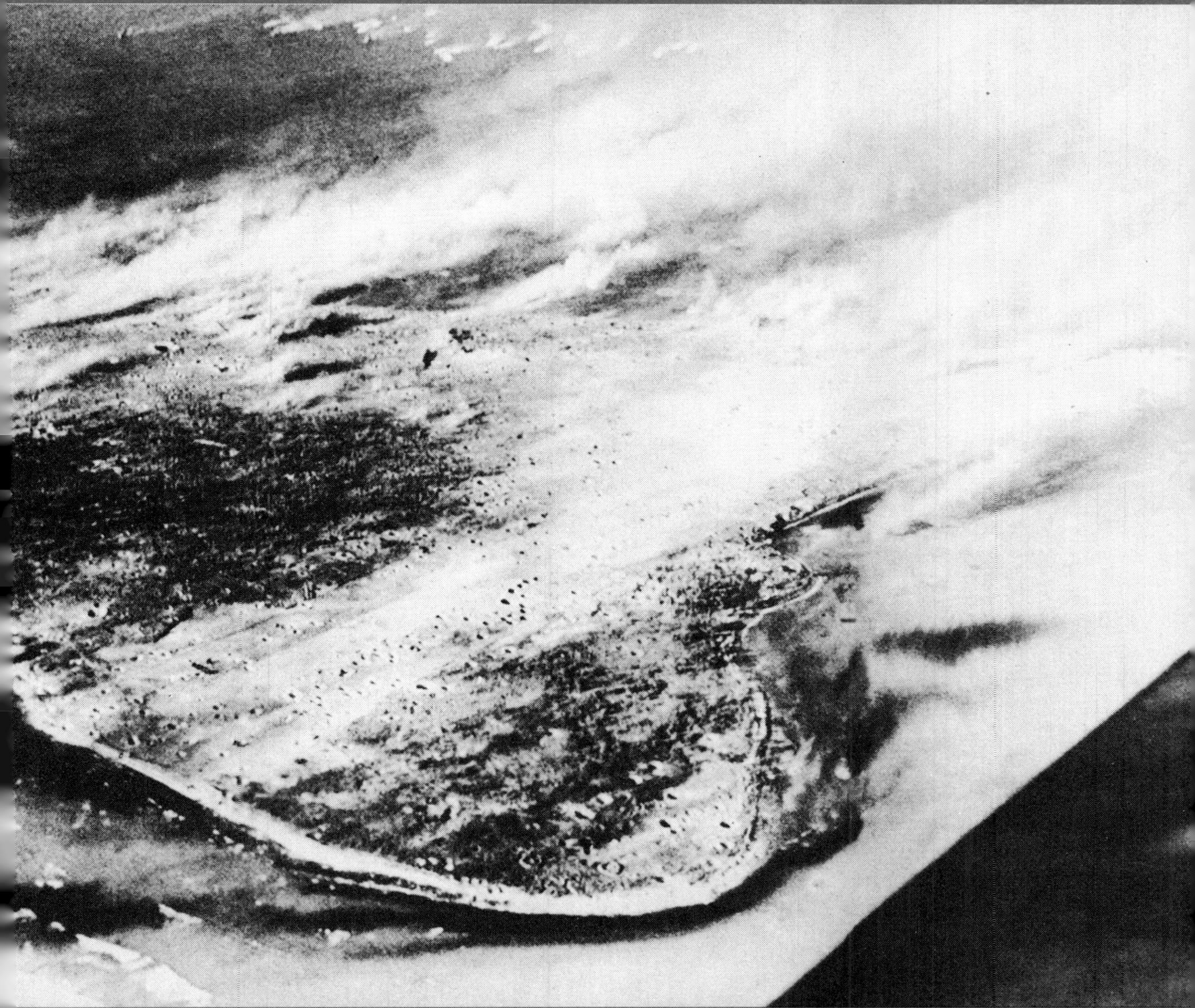

▲美军对马里亚纳群岛的提尼安岛实施空袭。

▲美军飞机执行侦察任务。

轰炸机向地面倾泻下数以万计的燃烧弹，火越烧越旺。

东京在燃烧，到处是倒塌的房屋，到处是死尸。事后估计，这次空袭约有 13 万人死于非命。

在国外战场连续失利、日本本土横遭轰炸的情况下，随之而来的是整个生产的大幅度下降，终至一蹶不振。

面对这种局面，1945 年 6 月召开的一次御前会议的报告哀叹：“随着战争的紧迫，陆海交通及重要生产日益停滞不前，粮食的紧张也日益严重，因而综合地发挥现代化的作战力则极为艰难。”

日益发展的政治、经济和军事危机，使小矶国昭的内阁再也无法维持下了。小矶于无奈中被迫辞职。

No.3 惊世核爆

内焦外困的日本，越来越无法阻挡美军的攻击。

从日本向南弯弯曲曲朝台湾伸去的方向，有一条长达 1264 公里的长尾巴，这是一串由大约 140 个岛屿组成的琉球群岛。在这个群岛的正中，就是守卫日本本土的最后一个重要堡垒冲绳。在太平洋战争的 3 年里，驻防在琉球群岛的日军仅 600 人，到 1944 年 4 月 1 日，由牛岛满中将负责指挥的第 32 军才在此驻扎。

美军在冲绳登陆时，正是希特勒的第三帝国进入最后挣扎的阶段。这时，日本帝国主义也完成了自杀性的保卫本土的最后计划“决战行动”。他们集中了 1 万余架飞机——大部分是匆忙改装的教练机。这些飞机的 2/3 将用来保卫九州，其余则用来击退在东京附近登陆的美军。在国会的最后一次会议上，还强制通过了《国民动员法》，规定 15 ～ 60 岁的男人和 17 ～ 45 岁的女人，都得参加义勇兵。

在整整 3 个月中，战死的或失踪的美国海军陆战队和水兵共计 12520 人，是在太平洋的战争中损失最惨重的。

面对日军疯狂的抵抗，美国人愤怒了，于是，空军向美国总统罗斯福发电报，请求对日本开展“无限制轰炸”。罗斯福同意了空军的这种建议。

这时，美国总统罗斯福去世，杜鲁门继任总统。面对日军此时的状况，各方商议之后认为，应力争以最小的代价结束战争。紧接着，美、苏、英、中四国对日本发出警告，要求日本投降并允许盟军占领，并使日本彻底非军国主义化。只要不威胁战后和平，允许日本发展经济，可以不取消天皇制。这构成了波茨坦会议的基调。

7 月 17 日至 8 月 2 日，苏、美、英三国在德国柏林郊外波茨坦举行会议。除了处理德国和欧洲的一些问题外，会议还讨论了日本问题，并通过《波茨坦公告》，要求日本政府立即宣布所有武装部队无条件投降。由于苏联当时还没有对日宣战，这个公告以美、英、中三国名义对外公布。

从 7 月 27 日到 8 月 1 日，美国每天都出动飞机在日本各城市上空散发《波茨坦公告》和传单。传单警告说，如果不接受《波茨坦公告》，他们将会受到更猛烈的空中轰炸。每次传单散发之后，紧接着就是一次普通炸弹的猛烈轰炸。日本政府对此无动于衷。

杜鲁门和军方已经认识到，要使日本接受公告的要求，必须用猛烈的打击来证明美国有能力摧毁日本帝国，原子弹就是最佳的武器，能以极小的代价来结束这场战争。经过精密的论证和演习，美国正式决定对日本使用原子弹。

8 月 6 日，广岛居民和往常一样，该上学的上学，该上班的上班。8 点左右，当防空警

▼轰炸过后的东京街道。

报响起时，许多人只是抬头看看天，一点也没有感到惊慌。

当原子弹落下时，不少人都看见，从高空的B-29轰炸机上掉出来个纸屑般大小的白点。又过了一会儿，人们觉得那似乎是个降落伞，没有人会想到它是一颗威力无比的毁灭性炸弹。一个叫田中的日本人，这时候甚至还朝“小男孩”伸出双臂，嘴里喊着：“你好，天使！”

又是一个巧合，在“小男孩”蓝色的铅皮上，还确实有一个“天使”，那是一张驰名全球的女电影明星丽塔·海沃丝的玉照，不知是哪位美军人员想搞个恶作剧而贴上去的。

但接下来人们才明白，这不是上帝派来的给人们带来幸福的天使，而是魔鬼的使者。

在此之前，广岛是那么的生气勃勃。天守阁、广岛大学、国泰寺、三龙公园，一个比一个美丽的地方，让人流连忘返，让人神思飞扬。在此之前，孩子们高高兴地走向学校，公务员匆匆地迈进机关，恋人们挽着手悠闲地散步。但1945年8月6日8时15分43秒之后，随着一道强烈的闪光，美丽的广岛变成了人间地狱。

▼杜鲁门、斯大林和丘吉尔在波茨坦会议上。

原子弹下坠以后，没有落到 T 字形的相生桥上，它偏离了预先设计的弹着点 250 米，在广岛市中心岛川医院上空 555 米的位置爆炸。

在浓浓的雾气中，广岛开始燃烧。熊熊的烈火，从市中心一带开始，向四面扩展。火舌像一道道河流向四周流去，后面是挟带着燃烧火焰的火风。一根根粗大的火柱，旋转飞舞着向四面八方扑去。福屋百货商场、本州西部供电公司、广岛市政府，一个个大型建筑物被无情地笼罩在火海之中，火从窗口里往里冲，很快就钻进去。不一会儿，一幢大楼就被吞没了。火焰就像飞鸟一样，从这幢楼飞向那幢楼，从这条街飞向那条街。到处都是黑烟，到处都是烧焦的气味。

火海中一切都是那么触目惊心。从横川车站到三龙公园，马路仅仅有 100 多米长，但躺了 90 多具尸体。有一对男女被烧得焦黑，但他们的手紧紧地握着。还有一具尸体面部的器官都烧掉了，看起来像个骷髅。还有一具尸体的手向前伸着，似乎想逃出火海。

在爆炸中心，温度高达亿度，爆炸中心的许多人在一瞬间消失得无影无踪，他们幸存的亲属始终以为他们只是失踪了。更多的人在一刹那之间被炸得粉碎，以至于寻找残骸都不可能。无奈之中，死难者的亲属只好就地捧起一把灰土，权当祭奠的亡灵。没受伤的人希望找到自己的亲属，受伤的人更渴望与亲人团聚，在灾难面前，他们这种希望更加迫切。

美国在日本广岛投掷了第一颗原子弹之后两天，也就是 8 月 8 日，苏联外长莫洛托夫约见日本驻苏联大使，递交了对日宣战书。苏联出兵，使日本人吃惊不小，因为他们怎么也没有料到苏联会在 9 月上旬之前对日宣战。第二天，即 8 月 9 日，美国又向日本长崎投下了另一颗原子弹。

就在苏联政府向日本递交宣战书的同时，苏联远东军总司令华西列夫斯基元帅遵照斯大林的指示，指挥他的 3 个方面军以迅雷不及掩耳之势越过了边境线，对日军发起了猛攻。

苏军在地面进攻开始后，出动了 480 多架次轰炸机，在大批歼击机的掩护下，分批轰炸了日军占据的沈阳、长春、吉林、哈尔滨、齐齐哈尔、索伦和朝阳等军事工业中心和交通枢纽。日军为了保全其战斗机，在战役开始的第一天就全部转场至朝鲜和日本本土。这样，苏军就完全掌握了制空权。苏军地面部队在没有空袭顾虑的条件下，迅速向前推进。

在 8 月 9 日到 14 日的短短 6 天之内，苏军和蒙古军在不同的方向上向前推进了 50 ～ 500 公里，完成了对沈阳、长春、吉林、哈尔滨、齐齐哈尔等地日军的分割包围。日军除了在海拉尔、同江、富锦、孙吴、瑷珲等筑垒地域及牡丹江附近阵地上进行抵抗外，全线基本上失去了有组织的抵抗。

为了迅速打败日本关东军，苏军使用部分兵力围攻日军的抵抗基点，而主力则迅速继续向纵深推进。日本关东军司令部获悉苏军已经越过大兴安岭，正在向长春、沈阳挺进，于是，

▲原子弹爆炸后在长崎上空形成的蘑菇云。

在 8 月 12 日，匆匆将总指挥部由长春迁往通化的预备指挥所。这一举动，一时间造成了指挥中断，部队陷入混乱状态。

苏联出兵对日作战，中国的反攻，美国投掷的 2 颗原子弹和对日本本土的猛烈轰炸，加速了日本帝国主义的溃败，促使了日本政府迅速投降。

8 月 14 日上午 10 时 50 分，日本天皇在皇宫防空洞内举行御前会议，日本政府随即根据这次御前会议的决定，赶忙拟就了宣布接受《波茨坦公告》的电报稿。电文如下：

日本政府荣幸地就美国、大不列颠、苏联和中国四国政府 8 月 11 日对日本政府 8 月 10 日关于接受《波茨坦公告》各项规定的照会的复照，通知四国政府如下：

一、天皇陛下已下诏，接受《波茨坦公告》各项条款。

二、天皇陛下准备授权并保证日本政府和大本营签署为实施《波茨坦公告》各项规定所必需的各项条款。天皇陛下还准备对日本陆、海、空当局及其所属不管驻何处的所有部队发布命令，停止战斗行动，放下武器，并发布盟军最高司令认为在执行上述条款中有必要发布的其他命令。

至此，不可一世的日本法西斯军国主义正式向全世界宣布无条件投降了。但是，以东条为首的法西斯死硬分子仍在垂死挣扎。

以东条的下属中少佐、阿南的妻舅竹下中佐和东条的亲属左贺少佐为首的叛乱分子，一段时间以来就伺机准备阴谋活动，仍准备以生命阻止投降，但是最终没有成功。

No.4 大审判

日本政府宣布无条件投降后，麦克阿瑟被任命为对日最高受降官。9 月 2 日，日本投降仪式在停泊于东京湾的战列舰“密苏里”号上举行。

投降仪式后的第六天，麦克阿瑟来到东京。抵达后 3 天，他下令逮捕首批被指控的 40 名战犯。日本前首相兼陆军大臣东条英机首当其冲。东条英机试图自杀，但被美国医生救活。

在东条被逮的第二天清晨，另一名罪不容恕、即将被捕的大战犯杉山元陆军元帅也对准自己的头部扣动扳机，当场丧命。

继 9 月 11 日发布第一批 40 名战犯逮捕令后，9 月 19 日盟军总司令部追加逮捕了原陆军大臣荒木贞夫等 11 名战犯；12 月 2 日又发出对原陆军元帅、皇族梨本宫守正王和原外相广田弘毅等 59 名战犯的逮捕令；12 月 6 日又下令逮捕前首相近卫等 9 人。

欧洲纽伦堡军事法庭的审判进程比远东要早一些。1945 年 11 月 20 日，欧洲国际军事法庭在纽伦堡开庭。整个“二战”期间，纽伦堡成为纳粹的巢穴，自从德意志工人党成立起，每年的年会都在这儿举行。因此，希特勒得意地宣称纽伦堡是帝国的党代会之城。而盟国却恰恰选择了这一地点，作为对德国纳粹分子审判的地点。被告席上，那些曾经统治德国 12 年之久、不可一世的纳粹分子，目光呆滞，垂头丧气，在威严的法庭上，一个个失去了往日的光彩。审判持续了 248 天。

1946 年 9 月 30 日，纽伦堡军事法庭宣读了长达 250 页的判决书。被告席上的人坐着听适应他们的四条起诉理由：共同策划或密谋发动侵略罪；破坏和平罪；战争罪；违反人道罪。摄影机在转动着，照相机在“咔嚓咔嚓”地响，荧光闪闪，映得被告席上的人们脸上出现死人般的青白色。

纽伦堡审判的最终结果是，作为推动战争的元凶，戈林等 12 人被判处绞刑；赫斯等 3 人被判处无期徒刑；施佩尔等 2 人被判处 20 年有期徒刑；康斯坦丁·冯·纽赖特被判处 15 年有期徒刑；卡尔·邓尼茨被判处 10 年有期徒刑；弗兰茨·巴本等 2 人被释放。此外，在美国举行的对其他人等的后续审判，也被计入纽伦堡审判之内。

有了纽伦堡审判的经验，在远东的日本，检查团的工作更有经验。检查团于 1946 年 3 月逮捕了原日本军令部长永野修身等 3 人，随后又于 4 月 26 日逮捕了原驻苏联大使重光葵和参谋本部参谋总长梅津美治郎。

为了惩办发动侵略战争的罪犯，由中国、美国、英国、苏联、澳大利亚、加拿大、法国、荷兰、新西兰、印度和菲律宾 11 个国家，于 1946 年 5 月组成远东国际军事法庭，在东京对日本 28 名甲级战犯进行了正义的审判。这 28 人对于日本的侵略国策的制订和侵略战争的推行都是负有重大责任的。

远东国际军事法庭设在东京市立谷原日本陆军省和参谋本部旧址。这个充满贪欲、阴谋、疯狂和杀机，制造战火与灾难的巢穴，而今孤独地站在废墟瓦砾中。审判就是要这样，要深入它的内部，杀死它的罪恶灵魂。坚固而宽敞的大厅，经过连续几个月的修整和改造，变成一副美国气度，傲慢而奢侈。法庭庭长韦伯就在一号战犯东条英机的办公室里办公。

1946 年 5 月 3 日，远东国际军事法庭正式开庭。从 1946 年 5 月 3 日第一次开庭起，到 1948 年 11 月宣判止，远东国际军事法庭共进行了长达两年半时间的审判工作。

审判期间共开庭 818 次，审判记录 48412 页，有 419 人出庭作证，有 779 人书面作证，受理证据 4300 余件，判决书长达 1213 页，可以说是历史上最大的裁判。法庭接受了证明

▲在东京湾停泊的“密苏里”号战列舰。

日本军国主义者犯有策划、准备、发动和执行侵略战争罪行的各种证据。

1948 年 11 月 4 日，是饱受日本帝国主义侵略战祸的人民特别注目的日子。

这一天，国际法庭对以东条为首的 25 名甲级战犯开始宣判。当天上午，韦伯庭长开始宣读长达 1200 余页的《判决书》，一直到 12 日下午才读完，接着宣布对 25 名被告的判决。

平沼骐一郎、白岛敏夫、梅津美治郎因病缺席，所以只有 22 名战犯出庭。被告被一一叫出来听取对本人的审判，3 名缺席者由辩护律师站起来代听。东条英机被判处绞刑，另外还有 6 人被判以绞刑，即板垣征四郎、土肥原贤二、松井石根、广田弘毅、木村兵太郎及武藤章。为了严惩板垣、土肥原及松井这几个双手沾满了中国人民鲜血的战犯，在对其

▲纳粹战犯在纽伦堡国际军事法庭上接受审判。

量刑期间，中国首席法官梅汝璈表示，如果达不到目的，他只有蹈海一死以谢国人。他废寝忘食地做了大量的工作，为公正判决做出了杰出的贡献。

东京国际军事法庭的行刑室设在巢鸭监狱的一间方形的屋子里。绞刑台高与宽各有 2.4 米，通向它要登上 13 级台阶。四台绞架垂下黑色的吊索。

1948 年 12 月 22 日 23 时 30 分，7 个剃着光头、身穿灰色死囚服的大战犯被美国宪兵带到了一个小佛堂里。花山信胜教诲师为死囚们忏悔，为他们诵经祷告，低沉的声音仿佛来自遥远的彼岸。

7 个大战犯双手反绑，被押进了行刑室。东条英机大口大口地吃着最后的晚餐：大米饭，豆汁汤，烧鱼……

时刻到了，第一批上绞架的东条英机、土肥原贤二、松井石根和武藤章被验明正身，引上 13 级台阶。

东条英机提议道：“请松井君带领大家三呼天皇陛下万岁！”

松井石根歇斯底里地喊了一声：“天皇陛下万岁！”

另三人随声应和：“万岁！万岁！万万岁！”

这种场面与在纽伦堡的情形是何等相似啊！担任行刑手的美军中士约翰·伍德一定会这样想。他曾在纽伦堡对德国主要战犯执行了同样的使命。当时屠杀犹太人的头号刽子手斯特雷切在验明正身后，像玻璃碎裂般地尖叫一声：“希特勒万岁！”一旁的凯特尔元帅则高呼：“一切为了德意志！”

▲纽伦堡审判中的一幕。

▲ 1946 年的纽伦堡，戈林正在和他的律师谈话。

7 名甲级战犯的尸体在行刑后，当即被秘密运往横滨市西区的文保山火葬场焚化。为了不给日本军国主义分子留下可作悼念的遗物，骨灰被美军用军舰载于 100 海里以外，弃之于海中……

▲纽伦堡国际军事法庭内景。